Richard Bach
EinsSein

Richard Bach

EinsSein

Eine kosmische Reise

Roman

Aus dem Amerikanischen
von Marion B. Kroh

Goldmann Verlag

Die Originalausgabe erschien unter dem Titel »One«
bei Silver Arrow Books, William Morrow and Company, Inc.,
New York

Deutsche Erstveröffentlichung

Der Goldmann Verlag
ist ein Unternehmen der Verlagsgruppe Bertelsmann

1. Auflage

Satz: IBV Satz- und Datentechnik GmbH, Berlin
Printed in Germany · Mohndruck, Gütersloh
ISBN 3-442-30554-3

…mit Leslie

Vor fünfundzwanzig Jahren war ich noch Berufspilot, dem Fliegen verfallen. Mein Leben wurde von Bordinstrumenten und Einsatzplänen bestimmt. Trotzdem beschäftigte mich immer wieder auch die Frage nach dem Sinn unseres Daseins. Fünf Jahre später machte ich dann den Versuch, die Welt mit den Augen einer Möwe zu sehen; zehn Jahre danach entdeckte ich, daß der Gott, den die Menschen suchen, in uns selbst zu finden ist. Trotzdem fühlte ich mich einsam und verlassen, ein Nichts, ein Niemand. In meinem Kopf spukten allerlei Schlagworte herum, deren eigentliche Bedeutung sich mir nicht erschloß. Ich jonglierte mit Worten und Ideen, doch der Schleier lüftete sich nicht.

Ich will einmal annehmen, daß es Ihnen nicht viel anders erging als mir und daß meine Lebensabenteuer den Ihren ähneln. Wir haben ein wenig an der Oberfläche der Geheimnisse des Lebens und dieser Welt gekratzt, getrieben von dem Wunsch zu verstehen, was sie in ihrem Innersten zusammenhält. Aber haben Sie trotzdem nicht auch oft Rastlosigkeit und Einsamkeit verspürt? Haben Sie nicht ein Leben lang nach Ihrem Traumpartner gesucht? Nun, mir ist es ebenso ergangen. Aber ich bin ein Glückspilz, wie Sie vielleicht aus *Brücke über die Zeit* wissen, denn dort habe ich Ihnen meine Lebensgefährtin Leslie Parrish-Bach vorgestellt.

Leslie und ich schreiben jetzt gemeinsam. Aus Richard und Leslie ist *RiLeschardlie* geworden; wir sind zu einer Einheit verschmolzen, bei der keiner von uns beiden weiß, wo der eine anfängt und der andere aufhört.

Das Erscheinen von *Brücke über die Zeit* hat ein überwältigendes Leserecho ausgelöst. Zu den Lesern, die mich bei meinen früheren literarischen Abenteuern begleiteten, sind viele hinzugekommen: Menschen, die sich nach Liebe sehnen, und solche, die sie gefunden haben. Viele Leser sehen ihr eigenes Leben in unserem widergespiegelt – das erfahren wir immer wieder aufs neue durch die zahlreichen Briefe, die wir erhalten.

Für gewöhnlich widmen wir uns der Leserpost beim Kochen, wobei der eine laut vorliest, während der andere sich um unser leibliches Wohl kümmert. Manche Briefe brachten uns so zum Lachen, daß der Salat versehentlich in der Suppe landete, während andere uns die Augen mit Tränen füllten und das Salz überflüssig machten.

Eines Tages vertieften wir uns beim Nachtisch in den folgenden Brief.

> »Erinnern Sie sich an jenen anderen Richard, über den Sie in *Brücke über die Zeit* soviel nachdachten, den Burschen, der davonlief, weil er seine zahlreichen Liebschaften einer Frau, seiner Leslie, vorzog? Ich dachte, daß es Sie vielleicht interessiert, von ihm zu hören. Ich bin jener andere, und ich kann Ihnen erzählen, wie es ihm erging.«

Die Parallelen waren verblüffend. Ein Schriftsteller, der wie ich durch einen Bestseller zu plötzlichem Ruhm und Reichtum gelangt war und dem dieselben steuerlichen Fehler unterlaufen waren wie mir. Auch er hatte es aufgegeben, nach einer Lebensgefährtin zu suchen, und sich mit immer neuen Affären zufriedengegeben.

Eines schönen Tages aber begegnete ihm eben jene eine, die ihn um seiner selbst willen liebte und ihn eines schönen anderen Tages vor die Wahl stellte: entweder die anderen oder sie. Leslie hatte mich vor dieselbe Wahl gestellt. Wie ich, so stand auch er plötzlich an einem Scheideweg.

Ich hatte mich damals für Leslie entschieden, da ich bei ihr die ersehnte Wärme und Vertrautheit zu finden hoffte. Nicht so unser Freund. Er verließ seine Laura, überließ Heim und Sportmaschine dem Gerichtsvollzieher und floh vor dem Fiskus nach Neuseeland, so, wie ich es damals fast getan hätte. Nun schrieb er:

»...Ich bin auch hier ein erfolgreicher Schriftsteller, besitze Häuser in Auckland, Madrid und Singapur. Ich kann es mir leisten, in der ganzen Welt herumzureisen, bis auf die USA. Ich habe keine engen Freunde. Ich denke oft an Laura und frage mich, wie mein Leben jetzt wohl aussähe, wenn ich ihr, beziehungsweise *uns*, eine Chance gegeben hätte. Sind Sie beide noch zusammen? Habe ich damals die richtige Entscheidung getroffen? Oder haben *Sie* die richtige Entscheidung getroffen?...«

Unser Freund ist steinreich, es gibt wohl kaum einen Wunsch, den er sich nicht spielend leicht erfüllen könnte. Dennoch ertappte ich mich dabei, wie ich mir verstohlen eine Träne aus dem Auge wischte. Leslie erging es ebenso.

Wir hatten ihn ja immer für eine fiktive Gestalt gehalten, für eine Erfindung unseres Geistes. Dieser Brief jedoch beunruhigte uns. Es war, als hätte es überraschend an unserer Tür geläutet und wir wüßten nicht, ob wir öffnen sollten oder nicht.

Dann, Zufall oder nicht, bekam ich ein Buch über die Quantenphysik in die Hände. Es hieß *The Many Worlds Interpretation of Quantum Mechanics* und vertrat, grob vereinfacht, die These, daß es die Welt in der Art, wie wir sie zu kennen meinen, gar nicht gibt, weil sie fortwährend in unendlich viele Welten zerfällt – vergangene und zukünftige.

Ich versuchte, das Gelesene umzusetzen und auf mich anzuwenden, wobei ich unter anderem zu dem Ergebnis kam, daß jener Richard, der an der Weggabelung davonlief, sich nun keineswegs in Luft aufgelöst hatte. Es gab oder besser gibt ihn immer noch, in einer anderen Welt, die parallel zu dieser, zu meiner, existiert. In jener Welt führt auch Leslie Parrish ein anderes Leben als in dieser, wo Richard Bach ihr angetrauter Ehegatte ist. In der Parallelwelt hat sie ihn links liegenlassen, nachdem sie herausfand, daß ein Leben mit ihm nicht die erhoffte Liebe und Erfüllung bringen würde, sondern endlose Plackerei.

Das Buch ließ mir keine Ruhe.

Nacht für Nacht überdachte mein Unterbewußtsein die Aussagen jenes Buches und die Folgerungen, die sich daraus ergaben.

Was wäre, wenn man einen Zugang zu diesen Parallelwelten finden könnte? Wenn man einem jüngeren Richard und einer jüngeren Leslie begegnen könnte, um sie vor Fehlern zu warnen – oder ihnen für richtige Entscheidungen zu danken? Was, wenn man ihnen all die Fragen stellen könnte, über die man sonst nicht einmal nachzudenken wagt? Was hätten sie über das Leben zu sagen? Über Jugend, Alter und Tod? Über Karriere, Liebe, Krieg und Frieden, Verantwortungsbewußtsein, Entscheidungsfreiheit, Ursache und Wirkung? Oder über die Welt, die wir für so real halten, für so unverrückbar und so unveränderlich?

Halt den Mund, sagte ich. Schlaf lieber.

Du glaubst, daß du nicht hier sein solltest, in dieser Welt voller Kriege und Zerstörung, Haß und Gewalt? Warum bist du dann trotzdem hier?

Laß mich in Ruhe, ich will schlafen, sagte ich.

Gute Nacht, sagte *es*.

Aber das Unterbewußtsein schläft nicht, und selbst in meinen Träumen hörte ich, wie es Seite um Seite raschelnd umblätterte.

Ich bin wieder wach. Die Fragen sind nicht verschwunden. Verändern Entscheidungen, die wir treffen, tatsächlich unsere Welt? Was wäre, wenn die Quantenphysik recht hätte?

I

Aus nördlicher Richtung kommend, näherten wir uns Los Angeles in unserem regenbogenfarbigen Amphibienflugzeug. Die Bergkette, die wir langsam an Höhe verlierend überflogen, sah aus wie eine alte, verblaßte Fotografie. Wir hatten einen langen Flug hinter uns. Im Dunst zeichneten sich gleich einer Fata Morgana die Umrisse der Wolkenkratzer ab, die wie von der Sonnenhitze gebackene Waffeln aussahen.

»Wie weit noch, Liebling?« fragte ich über das Bordsprechgerät.

Leslie machte sich am Entfernungsmesser zu schaffen, und die Anzeige leuchtete auf. »Zweiunddreißig Meilen nördlich«, antwortete sie, »fünfzehn Minuten. Willst du mit dem Kontrollturm sprechen?«

»Danke«, sagte ich lächelnd. Wie sehr hatten wir uns verändert, seit wir uns zum ersten Mal begegnet waren! Sie, die früher panische Angst vor dem Fliegen gehabt hatte, hatte ihren Pilotenschein erworben, und ich, dem schon der bloße Gedanke an den Bund der Ehe Entsetzen eingeflößt hatte, benahm mich nach elf Ehejahren immer noch wie ein verliebter Gockel.

»Hallo, Los Angeles Tower, hier spricht *Martin Seabird Eins Vier Bravo*«, meldete ich mich und gab unsere Position durch. Unter uns nannten wir unser Flugzeug liebevoll *Growly*, dem Tower meldeten wir uns natürlich mit dem offiziellen Namen.

Womit haben wir so viel Glück verdient, dachte ich. Nach einem halben Jahrhundert voller Herausforderungen und herber Prüfungen hatte jeder von uns einen Punkt erreicht, wo wir das Leben dankbar und in der Gewißheit genossen, daß wir glücklicher waren, als wir es uns je hätten träumen lassen.

»*Martin Eins Vier Bravo,* haben Radarkontakt«, ertönte die Stimme im Kopfhörer.

»Ziemlich viel Verkehr«, bemerkte Leslie.

»Hm, stimmt.« Ich schaute zu ihr hinüber. Ihre blonden Haare glänzten golden in der Sonne, umspielten ihr schönes, vertrautes Gesicht, die ebenmäßigen Konturen. Ihre klaren, hellblauen Augen blickten routinemäßig auf die Anzeigen und zum Himmel.

»*Martin Eins Vier Bravo*«, meldete sich der Tower. »Gehen Sie auf VIER SECHS VIER FÜNF.«

Wie verschwindend gering war doch die Wahrscheinlichkeit gewesen, daß diese erstaunliche Frau und ich uns begegnen würden! Und doch hatten sich unsere Wege nicht nur gekreuzt, nein, sie waren sogar miteinander verschmolzen, und aus zwei Fremden waren Seelenverwandte geworden.

Wir waren unterwegs nach Spring Hill zu einem Symposium von Wissenschaftlern, die sich mit den entscheidenden Menschheitsfragen aus der Sicht der Grenzwissenschaften beschäftigten: Wissenschaft und Bewußtsein, Krieg und Frieden, die Zukunft unseres Planeten.

»Sie haben uns gemeint«, ließ Leslie sich vernehmen.

»Wie? Ach ja«, antwortete ich zerstreut. »Wie lautete die Nummer noch gleich?«

Amüsiert schaute sie mich an. »Erinnerst du dich nicht?«

»VIER SECHS VIER FÜNF.«

»Na, siehst du«, sagte sie. »Was würdest du ohne mich bloß anfangen?«

Es waren die letzten Worte, die ich hörte, bevor die mir bekannte Welt ihr Gesicht veränderte.

2

Der Radartransporter ist ein kleiner schwarzer Kasten am Armaturenbrett, in den vierstellige Zahlencodes eingegeben werden, vermittels derer der Kontrollturm ein Flugzeug auf dem grünen Radarschirm identifizieren kann: Flugzeugnummer, Ziel, Höhe und Geschwindigkeit, vier Parameter, die zur Überwachung des Luftraumes unbedingt nötig sind.

An jenem Nachmittag, als ich unseren Code routinemäßig eingab, hörte ich ein leises Brummen, das sich schnell vom tiefen C zu einem unerträglich schrillen, hohen Ton steigerte, dann ein fauchendes Geräusch wie bei starkem Auftrieb, nur viel, viel intensiver, und gleich darauf ein gelblicher Blitz, der das Cockpit grell erleuchtete.

»RICHARD!« schrie Leslie.

Ihr Gesicht war starr, Mund und Augen weit aufgerissen.

»Keine Sorge, Liebling«, begann ich, »ein paar Turbulenzen, nichts weiter. Gleich...«

Dann sah ich es. Die Worte blieben mir im Hals stecken.

Los Angeles war nicht mehr da.

Fort war die Stadt, die sich eben noch von Horizont zu Horizont erstreckt hatte, keine Berge mehr, keine Dunstglocke.

In Nichts aufgelöst.

Der Himmel war von einem ungetrübten, stählernen Blau, kalt und endlos. Wenn wir nach unten schauten, bot sich uns nicht etwa der vertraute Anblick von Stadtautobahnen oder Wolkenkratzern; unter uns dehnte sich endloses, blaues Meer, dem aber die Tiefe unserer heimischen

Meere fehlte. Kobaltblaue Sandbänke spiegelten sich in dem seichten Wasser, auf dessen Oberfläche sich das Sonnenlicht in silbernen und goldenen Mustern reflektierte.

»Wo ist Los Angeles?« fragte ich. »Siehst du…? Sag mir, was du siehst.«

»Wasser! Wir sind über dem Ozean!« stieß Leslie ungläubig hervor. »Richie, was ist passiert?«

»Keine Ahnung.« Ich war mehr als nur verwirrt. Die Nadeln bewegten sich alle im grünen Bereich, nur der Magnetkompaß drehte sich träge und richtungslos um sich selbst.

Leslie überprüfte sämtliche Schalter und Knöpfe in der Hoffnung, einen Kurzschluß zu entdecken, der möglicherweise als Erklärung für das Phänomen in Frage gekommen wäre, aber es hatte keinen gegeben.

»Die Funkverbindung ist gestört«, murmelte sie mit wachsender Angst in der Stimme, »nicht kaputt, es rauscht, aber sie funktioniert auch nicht mehr…«

Es war uns unerklärlich. Sämtliche Navigationsinstrumente waren tot. Auf dem Radarschirm leuchtete eine Anzeige auf, die wir noch niemals vorher gesehen hatten: KEINE POSITION.

In unseren Köpfen gähnte eine große Leere.

»Ist dir etwas aufgefallen, kurz… vorher?« fragte ich meine Frau.

»Nein«, murmelte Leslie ratlos. »Doch, natürlich! Da war dieser seltsame Ton, wie ein Fiepen. Und dann der gelbe Blitz… oder eine Stoßwelle… Dann war alles fort! *Wo sind wir?*«

Ich konnte auch nur die Situation beschreiben. »Der Motor funktioniert, die Navigationsinstrumente sind tot, der Magnetkompaß ebenfalls… Das einzige Instrument, das gar nicht ausfallen *kann*, ist ausgefallen!«

»Der Tower…« sagte Leslie zaghaft.

»Gute Idee!« Ich drückte die Sprechtaste. »Hallo, Los Angeles Tower, *Martin Eins Vier Bravo*…«

Ich wartete und schaute hinab auf dieses fremde, endlos scheinende Meer. Der Meeresboden sah aus wie ein lebendes Kunstwerk, auf dem glitzernde Flüsse wie gebündelte Lichtstrahlen zum Horizont hin sich verlierend und in unzählige Nebenflüsse sich verästelnd dahinflossen – ein verwirrendes, schimmerndes Netz.

»Hallo, Los Angeles Tower«, versuchte ich es noch einmal, »hier spricht *Martin Eins Vier Bravo*. Hört ihr mich?«

Ich drehte auf volle Lautstärke, aber außer einem Rauschen war nichts zu hören. Keine Antwort.

»Hört mich irgend jemand? Bitte melden Sie sich...«

Weißglitzernde Stille. Schweigen.

»Bin am Ende meines Lateins«, bemerkte ich ziemlich kleinlaut.

In der Hoffnung, von weiter oben einen besseren Überblick zu haben, zog ich die Maschine höher. Vielleicht konnten wir wenigstens eine Spur von der Welt entdecken, die sich soeben in Luft aufgelöst zu haben schien.

Doch die nächsten Minuten gaben uns weitere Rätsel auf. Wie hoch wir auch stiegen, der Höhenmesser zeigte immer Meereshöhe an. Nicht einmal die Luft wurde dünner, dabei mußten wir nach meiner Schätzung mindestens auf siebzehnhundert Meter gestiegen sein. Auch aus dieser Höhe erblickten wir nur endlose, ständig sich verändernde Sandbänke, die sich von Horizont zu Horizont erstreckten. Keine Berge, keine Inseln. Keine Sonne, keine Wolken. Keine Schiffe, kein einziges Lebewesen weit und breit.

Leslie deutete auf die Treibstoffanzeige. »Unser Verbrauch ist gleich Null«, bemerkte sie kopfschüttelnd. »Wie ist das möglich?«

»Wahrscheinlich ist die Leitung verstopft.« Der Motor heulte auf, als ich Vollgas gab, die Nadel rührte sich nicht.

»Auch das noch«, schimpfte ich. »Hoffen wir, daß sie nur verklemmt ist. Ich schätze, wir haben noch genug für zwei Flugstunden. Je eher wir Treibstoff sparen, desto besser.«

Leslies Augen glitten über den Horizont. »Wo wollen wir landen?«

»Spielt das eine Rolle?« fragte ich frustriert.

Das Meer funkelte und perlte unter uns. Wir verfielen in ein trübseliges Schweigen.

Ich nahm die Geschwindigkeit zurück, und wir verloren langsam an Höhe. Unter uns glitzerten zwei Flußläufe besonders hell. In vielen Windungen schlängelten sie sich aufeinander zu, verliefen dann eine Weile parallel und vereinigten sich schließlich. Zahllose Seitenarme strebten von ihnen fort wie Zweige an einem Baum.

Trotz der verfahrenen Situation meldete sich meine Neugierde. Irgendeinen Grund mußte es für dieses Muster doch geben. Ob es sich um erkaltete Lavaströme handelte? Oder um ein gigantisches Netz von Unterwasserstraßen?

Leslie faßte mich an der Hand. »Richie«, begann sie mit eigentümlich weicher und zugleich trauriger Stimme, »glaubst du, daß wir tot sind? Vielleicht sind wir mit einem Flugzeug kollidiert, oder irgendein Geschoß hat uns getroffen, und alles ging so schnell, daß wir es gar nicht gemerkt haben?«

An dieser Stelle muß ich erwähnen, daß Leslie mich für einen Experten in Fragen des Sterbens hält, weil ich mich seit vielen Jahren schon damit beschäftige und unzählige Bücher darüber gelesen habe. Doch ich hatte diese Möglichkeit noch nicht in Erwägung gezogen. Sollte Leslie recht haben? Aber wieso war *Growly* dann auch hier? In der umfangreichen Literatur zu diesem Thema, mit der ich mich, wie schon gesagt, vertraut gemacht hatte, stand nirgendwo geschrieben, daß Sterben den Öldruckmesser außer Kraft setzt.

»Unser augenblicklicher Zustand hat meiner Meinung nach nichts mit Sterben zu tun«, erklärte ich daher zuversichtlich. »In den Büchern steht, daß der Sterbende einen Tunnel sieht, aus dem ihm Licht entgegenstrahlt, und daß da dieses unglaublich überwältigende Gefühl von Liebe ist. Auch kommen ihm Menschen entgegen, die ihm viel bedeutet haben... Wenn wir uns schon die Mühe gemacht haben, zusammen zu sterben, gleichzeitig, meinst du nicht, daß sie sich ein bißchen mehr beeilt hätten, um uns rechtzeitig zu begrüßen?«

»Und wenn deine Bücher sich irren?« erhob sie zaghaft Einspruch.

Wir sanken schweigend tiefer, eingehüllt in eine Wolke von Traurigkeit. Wieso mußte unser Leben gerade jetzt, auf dem Höhepunkt von Zufriedenheit und persönlichem Glück, enden? So schnell, so unerwartet.

»Fühlst du dich tot?« bohrte Leslie weiter.

»Nein.«

»Ich mich auch nicht.«

Wir überflogen nun die parallel verlaufenden Linien und hielten Ausschau nach Korallenriffen oder Treibholz, ehe wir zur Landung ansetzten. Auch wenn man tot ist, sollte man es tunlichst vermeiden, sein Flugzeug bei der Landung durch Unachtsamkeit fluguntüchtig zu machen.

»Ziemlich unbefriedigende Art und Weise, sein Leben zu beenden«, sagte Leslie. »Wir haben keine Ahnung, was passiert ist, wir wissen nicht einmal, wie wir ums Leben gekommen sind!«

»Der grelle Blitz, Leslie, die Druckwelle«, gab ich zu bedenken. »Wäre es möglich, daß wir einem atomaren...? Sind wir die ersten Opfer des Dritten Weltkriegs?«

Sie dachte nach. »Das halte ich für unwahrscheinlich. Wir hätten doch irgend etwas spüren müssen...«

Schweigend flogen wir dahin. Traurig, sehr traurig das alles.

»Es ist unfair«, begann Leslie von neuem. »Unser Leben war gerade so schön! Wir haben hart gearbeitet, hatten so viele Schwierigkeiten überwunden... Ich fing gerade an, es so richtig zu genießen.«

Ich seufzte. »Tja, wenn wir wirklich tot sind, dann doch wenigstens gemeinsam. Das ist immerhin schon etwas. Jedenfalls haben wir es uns immer so gewünscht.«

»Es heißt, daß das Leben wie ein Film vor einem abläuft, in Sekundenschnelle«, redete sie weiter. »Hast du den Film deines Lebens gesehen?«

»Noch nicht«, antwortete ich wahrheitsgetreu. »Du?«

»Nein. Außerdem soll einen Dunkelheit umgeben. Das stimmt auch nicht!«

»Meinst du wirklich, daß alle diese Bücher sich irren?« warf ich ein. »Denk an unsere eigenen außerkörperlichen Erfahrungen! So etwa soll der Vorgang des Sterbens ablaufen – mit dem einen Unterschied, daß man am anderen Morgen nicht mehr aufwacht.«

Ich war immer der festen Überzeugung gewesen, daß der Vorgang des Sterbens von einem neuen Verständnis begleitet sein müßte, daß er gewissermaßen eine Bewußtseinserweiterung darstellen würde, ein freudig-erwartungsvolles Abstreifen dieser beengenden Hülle, bei dem man alles Materielle sowie alle bildhaften Vorstellungen hinter sich läßt. Wir waren also nicht darauf vorbereitet, über einen endlosen Technicolorozean zu fliegen.

Unter uns dehnte sich das Meer wie eine spiegelglatte Fläche. Das Wasser war klar, weder Algen noch Fischschwärme mahnten zur Vorsicht. Wir machten uns fertig zur Landung.

Leslie deutete auf die zwei parallel verlaufenden, glitzernden Linien. »Die beiden sehen aus wie Freunde«, sagte sie, »wie zwei gute Freunde.«

»Es könnten Startbahnen sein«, mutmaßte ich, »aber wie auch immer, ich habe jedenfalls ein gutes Gefühl. Laß uns dort vorne landen, wo sie zusammenlaufen, einverstanden? Fertig zur Landung?«

»Ich denke schon«, lächelte sie. Routinemäßig fuhr ich das Bugrad ein, die Landeklappen aus und brachte die Maschine in eine leichte Kurvenlage. Das Meer neigte sich uns anmutig entgegen.

Einen endlos scheinenden Augenblick lang segelten wir wenige Meter über dem Wasser, während die Reflektionen von Meer und Himmel auf unserem Flugzeug tanzten. Dann wühlten die Schwimmer die Oberfläche auf, und *Growly* schoß wie ein Rennboot in einer Wolke aus weißen Wassertröpfchen dahin. Ich fuhr die Bremsklappen aus, und *Growly* kam zum Stillstand. Das Motorengeräusch verstummte, nur das Plätschern des Wassers war zu hören.

Und plötzlich war es verschwunden. Kein Wasser, kein Flugzeug. Statt dessen Hausdächer mit roten Ziegeln, dazwischen Palmen und schließlich die Fensterfront eines großen Gebäudes, auf die wir wie zwei Geschosse zuflogen.

»VORSICHT!«

Im nächsten Augenblick befanden wir uns bereits im Inneren des besagten Gebäudes. Wir fühlten uns schwindlig, aber passiert war uns nichts, nicht einmal einen Kratzer hatten wir abbekommen. Vor uns lag ein langer, breiter Flur. Ich zog Leslie an mich, wir drückten uns fest aneinander.

»Alles in Ordnung?« fragten wir wie aus einem Mund.

»Ja«, antworteten wir, »und du? Ja, ich auch!«

Die Wand, durch die wir gekommen waren, wies keinerlei Spuren eines gewaltsamen Eindringens auf, selbst die Scheiben waren unversehrt geblieben. Wir schienen die einzigen lebenden Wesen an diesem Ort zu sein. Vollkommene Stille umfing uns.

»Was zum Teufel geht hier eigentlich vor?« brach es aus mir heraus.

»Richie, ich kenne dieses Gebäude«, unterbrach mich Leslie mit vor Erstaunen geweiteten Augen. »Wir waren schon einmal hier!«

Ich schaute mich um. Ein langer Gang mit vielen Türen, ziegelrote Teppiche, ein Aufzug, Palmen in großen Übertöpfen. Vom großen Fenster am Ende des Ganges blickte man auf sonnenbeschienene Ziegeldächer, in der Ferne zeigten sich Hügel, die von goldenem Glanz überflutet waren. Ein dunstiger, blauer Nachmittag. »Es sieht aus wie ein Hotel, aber ich erinnere mich an kein Hotel.«

Der Aufzug summte leise, gleich darauf glitten die Türen fast lautlos auf. Drinnen standen ein schlaksiger, steif wirkender junger Mann und eine gutausschende junge Frau in Bluejeans, die ein verschossenes Herrenhemd unter einer abgewetzten Navyjacke trug. Auf ihren blonden Locken saß eine kecke, zimtbraune Mütze.

Leslie wurde blaß und schnappte nach Luft. Der junge Mann und die junge Frau, die dem Aufzug entstiegen, waren niemand anderes als meine Frau und ich vor sechzehn Jahren, an jenem denkwürdigen Tag unserer ersten Begegnung.

3

Zu Salzsäulen erstarrt, standen wir mit offenen Mündern da, während Leslie die Jüngere eilig Kurs auf ihr Zimmer nahm, ohne den jungen Mann auch nur eines Blikkes zu würdigen. Es galt, schnell zu handeln. Um keinen Preis der Welt durften wir die beiden einfach so auseinandergehen lassen oder sie gar aus den Augen verlieren.

»Leslie! Warte!« rief meine Frau.

Die junge Frau blieb stehen und drehte sich nach der Stimme um, erkannte uns jedoch nicht. Vielleicht konnte sie uns auch gar nicht sehen, vielleicht waren wir nicht mehr als blasse Schatten oder undeutliche Umrisse, die sich kaum von der großen Fensterscheibe hinter uns abhoben.

»Leslie«, sagte meine Frau und ging beherzt auf ihr jüngeres Ich zu, »hast du einen Augenblick Zeit?«

In der Zwischenzeit schlenderte Richard der Jüngere auf sein Zimmer zu. Daß die junge Frau aus dem Aufzug Bekannte getroffen hatte, schien ihn nicht zu interessieren.

Ich versuchte, klar zu denken. Nur weil ich im Augenblick noch nicht begriff, was das alles zu bedeuten hatte, hieß das noch lange nicht, daß ich für mein Tun nicht verantwortlich war. Es kam mir kindisch vor, daß diese beiden jungen Leute in entgegengesetzte Richtungen gingen, wo wir doch wußten, daß sie füreinander geschaffen waren.

Ich hatte vollstes Vertrauen in Leslies Fähigkeit, mit ihrem früheren Ich zurechtzukommen, und beschloß deshalb, dem jungen Mann nachzusetzen.

»Entschuldigung«, sagte ich hinter seinem Rücken, »Richard?«

Er drehte sich neugierig um. Ich erinnerte mich genau an das sportliche Jackett, das er trug. Es war aus einem hellen, weichen Stoff, und das Futter war an einer Stelle eingerissen. Ich hatte es mehrfach selbst genäht, ohne den gewünschten Erfolg zu erzielen. Beim Tragen riß es jedesmal von neuem ein.

»Ich denke, ich muß mich nicht erst vorstellen«, sagte ich.

Er blickte mich an, und der Ausdruck höflicher Verbindlichkeit wich aus seinem Gesicht. Seine Augen weiteten sich zu der Größe von Kaffeeuntertassen.

»*Was...?*«

»Schau«, sagte ich in beruhigendem Tonfall, »wir verstehen es auch nicht. Wir waren im Landeanflug auf Los Angeles, und irgend etwas hat uns erwischt...«

»Bist du...?«

Die Stimme versagte ihm, und er stand stumm vor mir. Natürlich war es ein Schock für ihn, aber was sollte ich erst sagen? Seine Anwesenheit verunsicherte mich ungemein. Ich hatte keine Ahnung, wieviel Zeit uns blieb, ein paar Minuten vielleicht oder gar noch weniger... Und er vergeudete diese kostbare Gelegenheit durch Zweifel am Offensichtlichen.

»Die Antwort lautet ja«, sagte ich daher. »Ich bin der, der du in ein paar Jahren sein wirst.«

Er schien sich von seinem Schock zu erholen, doch nun erschien Argwohn auf seinem Gesicht. »Wie hat meine Mutter mich immer genannt?« wollte er wissen, wobei er mich mit herausfordernd zusammengekniffenen Augen ansah.

Seufzend sagte ich es ihm.

»Wie hieß mein Hund, und welches Obst mochte er besonders gern?«

»Richard, was soll das?« antwortete ich. »Lady war kein Rüde, sondern ein Weibchen. Sie mochte Aprikosen. Außerdem hattest du ein selbstgebautes Newton-Teleskop – mit einem Kratzer im Spiegel, weil dir die Schere darauf gefallen ist. Im Zaun vor deinem Kinderzimmerfenster gab es eine lose Latte, durch die du ungesehen verschwinden konntest...«

»Verstehe«, unterbrach er mich. »Ich nehme an, du hast noch mehr auf Lager.«

»Genau. Es gibt keine einzige Frage zu deiner Person, die ich nicht beantworten könnte. Außerdem habe ich sechzehn Jahre mehr Antworten, als du Fragen hast!«

Sein Blick sprach Bände. Ein Grünschnabel, dachte ich. Und kein einziges graues Haar. Ein wenig Grau wird ihm gut stehen.

»Wollen wir nicht reingehen?« fragte ich, »oder möchtest du das bißchen Zeit, das wir vielleicht haben, hier im Flur verplempern?« Sein Blick, dieser Blick! »Weißt du, daß du vorhin im Aufzug deine zukünftige... deine große Liebe getroffen hast? Ach, was frage ich, natürlich nicht.«

»Die Blonde?« Er äugte betont unauffällig zu Leslie und Leslie hinüber, senkte seine Stimme zu einem Flüstern. »Sie ist eine Superfrau! Warum sollte sie ausgerechnet...«

»Weiß ich auch nicht. Tatsache ist, daß sie dich attraktiv findet. Du kannst es mir ruhig glauben.«

»Na klar, ich glaube dir«, sagte er leichthin. »Warum auch nicht?« Er suchte nach seinem Zimmerschlüssel. »Gut, komm rein.«

Es war alles so unlogisch, aber es paßte. Ich war nicht in Los Angeles, sondern in Carmel. Wir schrieben das Jahr 1972. Es war Oktober, und ich befand mich im dritten Stock des Holiday Inn. Noch während er nach dem Schlüssel suchte, wußte ich bereits, daß überall im Zimmer ferngesteuerte Möwen herumlagen, die Protagonisten des Films, den wir an der kalifornischen Küste damals drehten. Ein paar der Modelle funktionierten wunderbar, andere stürzten dauernd ab und mußten repariert werden.

»Ich hole Leslie«, sagte ich. »Sieh zu, daß du das Zimmer ein bißchen aufräumst, ja?«

»Leslie?«

»Sie ist... Tja, siehst du, es gibt zwei Leslies. Da wäre einmal die eine, der du im Aufzug begegnet bist und die dich so beeindruckt hat, daß du nicht einmal ›Hallo‹ sagen konntest. Die zweite ist dieselbe Leslie, nur sechzehn Jahre später, meine Frau.«

»Ich kann das alles nicht glauben!«

»Warum räumst du nicht einfach erst einmal auf«, sagte ich, »ich bin gleich wieder da.«

Leslie stand mit dem Rücken zu mir; sie war völlig in das Gespräch mit ihrem jüngeren Ich vertieft. Aus einem der angrenzenden Zimmer tauchte unvermittelt ein Zimmermädchen auf. Sie schob einen vierrädrigen Wäschekarren vor sich her in Richtung Aufzug, direkt auf meine Frau zu.

»He, passen Sie auf!« schrie ich.

Zu spät. Leslie drehte sich zwar um, aber der Wagen erwischte sie voll. Das Zimmermädchen schob ihn ungerührt mitten durch Leslie hindurch, trampelte hinterdrein und lächelte dabei der jüngeren Frau freundlich zu.

»Hey!« sagte diese, leicht aus der Fassung gebracht.

»Hey«, sagte das Zimmermädchen. »Einen schönen Tag noch!«

Ich rannte zu Leslie. »Alles in Ordnung?«

»Nichts passiert«, sagte sie. »Wahrscheinlich hat sie mich nicht...« Ihr Gesicht nahm einen furchtsamen Ausdruck an, dann faßte sie sich wieder. »Richard, ich möchte dir Leslie Parrish vorstellen. Leslie, das ist Richard Bach, mein Mann.«

Ich lächelte über diese Vorstellung. »Hallo«, wandte ich mich an die jüngere Leslie. »Können *Sie* mich sehen?«

Sie blinzelte und lachte. »Hätten Sie es lieber, wenn ich Sie nicht sähe?« Kein Schock, kein Argwohn. Sie schien unser Auftauchen nicht ganz ernst zu nehmen.

»Nichts für ungut«, erwiderte ich, »aber nach dem Vorfall eben bin ich nicht mehr ganz sicher, ob wir ein Teil dieser Wirklichkeit sind oder nicht. Ich wette...«

Ich streckte meinen Arm zur Wand hin aus, schon halb ahnend, daß er einfach hindurchfahren würde. So war es auch. Die Faust verschwand hinter der Tapete, und die jüngere Leslie klatschte lachend in die Hände.

»Irgendwie werde ich das Gefühl nicht los, daß wir hier so etwas wie Geister sind«, versuchte ich zu erklären. Und das, so schlußfolgerte ich weiter, ist auch der Grund dafür, daß wir bei unserer Ankunft direkt durch die Hotelmauer keinen Schaden erlitten haben.

Wie schnell paßt der Mensch sich doch den unglaublichsten Situationen an! Ein Sturz ins Wasser, und schon bewegen wir uns anders, atmen anders als normalerweise, und innerhalb von Sekunden haben wir uns der neuen Situation angepaßt, auch wenn uns das nasse Element vielleicht gar nicht behagt.

Nicht anders erging es uns jetzt. Wir waren kopfüber in unsere Vergangenheit gestürzt, wunderten uns, wie das passieren konnte, und versuchten im übrigen, uns der ungewohnten Situation anzupassen und das Beste daraus zu machen. Das Beste schien in diesem Augenblick zu sein, unsere beiden jungen Freunde zueinanderzuführen, ihnen die vielen Jahre des Suchens zu ersparen, die wir verloren hatten, bis wir verstanden, daß wir verwandte Seelen waren.

Es berührte mich eigenartig, mit der jüngeren Leslie so zu sprechen, als lernten wir uns gerade erst kennen. Immerhin war sie ja ebenfalls Leslie, und doch hatten wir nichts miteinander zu tun!

»Anstatt uns hier zu unterhalten...«, ich deutete in die Richtung, aus der ich gekommen war, »Richard hat uns eingeladen. In seinem Zimmer können wir ungestörter reden, meint ihr nicht auch? Zumindest würden keine Wäschekarren durch uns hindurchgeschoben.«

Leslie die Jüngere warf einen schnellen Blick in den Flurspiegel. »Oh, eigentlich hatte ich nicht vor, noch auszugehen. Ich sehe schrecklich aus.« Dabei ordnete sie die langen blonden Haarsträhnen, die unter der Kappe hervorschauten.

Meine Frau und ich sahen uns an und lachten.

»Phantastisch«, rief ich, »das war der letzte Beweis. Wenn Leslie Parrish jemals in einen Spiegel schauen und mit ihrem Äußeren zufrieden sein sollte, könnte sie gar nicht die echte Leslie Parrish sein!«

Ich führte die beiden bis vor Richards Zimmertüre und klopfte. Selbstverständlich verschwand der Knöchel in der Tür, ohne ein Geräusch zu verursachen, worauf die jüngere Leslie grinste und sich erbot, das Anklopfen zu übernehmen.

Sie klopfte triumphierend, ein rhythmisches, leichtes Pochen, kein ordinäres Geräusch, fast schon Musik.

Augenblicklich wurde die Tür geöffnet. Richard hielt eine einen Meter lange Balsamöwe in der Hand.

»Hallo«, sagte ich. »Richard, darf ich dir Leslie Parrish vorstellen, deine zukünftige Frau. Leslie, das ist Richard Bach, dein zukünftiger Mann.«

Richard stellte die Möwe vorsichtig ab und schüttelte der jungen Frau die Hand. Sein Gesicht spiegelte Neugierde und Mißtrauen wider, während aus ihren Augen der Schalk blitzte, als sie seine Hand so feierlich wie möglich schüttelte. »Ich freue mich, Sie kennenzulernen«, erklärte sie mit todernster Miene.

»Richard, das ist meine Frau Leslie Parrish-Bach.«

»Hallo«, nickte er etwas zerstreut. Danach stand er schweigend vor uns, ließ seine Augen von einer Leslie zur anderen und weiter zu mir wandern, als seien die Heiligen drei Könige höchstpersönlich bei ihm zu Besuch erschienen.

»Bitte, tretet doch ein«, brachte er schließlich heraus. »Es ist zwar ein bißchen unordentlich…«

Das war es in der Tat. Wenn er aufgeräumt hatte, so waren seine Anstrengungen für unsere Augen jedenfalls nicht erkennbar. Balsamöwen, Fernsteuerungsmodule, Batterien, Werkzeuge, Leim, Farben... alles lag in einem wüsten Durcheinander im ganzen Zimmer verstreut.

Er hatte auf dem kleinen Glastisch vier Gläser, drei kleine Tüten Chips und eine Dose Erdnüsse bereitgestellt. Angesichts der Erfahrung von eben nahm ich an, daß wir uns mit den Chips schwertun würden – und nicht nur damit...

»Sie können übrigens völlig beruhigt sein, Miss Parrish«, ließ sich unser junger Freund vernehmen, »ich war bereits einmal verheiratet und habe nicht die Absicht, den gleichen Fehler ein zweites Mal zu begehen. Ich habe keine Ahnung, wer die beiden sind und was das alles soll, aber ich versichere Ihnen, daß ich Sie in keiner Form belästigen werde...«

»Ach, du lieber Gott«, stöhnte meine Frau *sotto voce* und verdrehte die Augen zum Himmel, »die berühmte Brandrede gegen das Heiraten!«

»Wookie, bitte«, flüsterte ich, »er ist ein netter Kerl, nur eben ein bißchen verunsichert. Wir wollen doch nicht...«

»Wookie?« Die jüngere Leslie schaute uns fragend an.

»Pardon«, meinte ich verlegen. »Es handelt sich um einen Spitznamen aus einem Film...«

»Immer schön der Reihe nach«, lächelte Leslie, die sich vorgenommen hatte, unsere unglaubliche Geschichte einigermaßen glaubhaft darzustellen. »Richard und ich wissen nicht, wie wir hierherkommen, wir wissen nicht, wie lange wir hierbleiben können, und auch nicht, was als nächstes geschieht. Aber wir kennen euch, eure Vergangenheit und eure Zukunft, zumindest die kommenden sechzehn Jahre.«

»Ihr werdet euch ineinander verlieben«, fuhr ich fort, »tatsächlich seid ihr schon dabei, es zu tun, ihr wißt es nur noch nicht, weil ihr euch ja noch nicht kennt. Im Augenblick seid ihr der Ansicht, daß niemand euch liebt oder versteht. Aber das stimmt nicht. Ihr werdet es schon sehen.«

Leslie die Jüngere hockte mit angezogenen Knien auf dem Fußboden und unterdrückte ein Grinsen. »Haben wir in dieser Angelegenheit auch ein Wörtchen mitzureden, oder ist diese Liebe etwas Unausweichliches, Schicksalhaftes?«

»Eine gute Frage«, bemerkte Leslie. »Laßt euch erzählen, wie es bei uns war. Dann«, sie unterbrach sich stirnrunzelnd und wußte nicht so recht, wie sie es sagen sollte, »dann müßt ihr tun, was ihr für richtig haltet.«

Ich versuchte, mich an dieses Hotel zu erinnern und daran, wie ich Leslie im Aufzug zum ersten Mal gesehen hatte. Doch es sollten noch viele Jahre vergehen, bis wir uns schließlich persönlich kennenlernten. An Gespräche mit älteren Leslies und Richards, die mir dringend ans Herz legten, mein Zimmer aufzuräumen, erinnerte ich mich nicht.

Richard der Jüngere saß auf seinem Schreibtischstuhl und staunte Leslie unentwegt an. Ihre Schönheit betörte und verunsicherte ihn so sehr, daß er gar nicht auf den Gedanken kam, es könne ihr ebenso ergehen.

»Als wir uns begegneten, ließen wir uns von äußeren Eindrücken irreleiten, die es uns unmöglich machten, das Offensichtliche zu sehen«, begann meine Frau zu erzählen.

»Jeder von uns beging Fehler, die uns gemeinsam nicht unterlaufen wären«, fügte ich hinzu. »Aber ihr... Jetzt, wo ihr Bescheid wißt... Ja, versteht ihr denn nicht? Ihr braucht diese Fehler nicht zu machen!«

»Viele Jahre später begegneten wir uns abermals«, nahm Leslie den Faden wieder auf, »aber zu diesem Zeitpunkt standen wir beide vor einem Scherbenhaufen. Uns blieb nur die Hoffnung, daß es uns gelingen würde, wenigstens noch ein bißchen von dem Glück zu erfahren, das wir schon Jahre zuvor gemeinsam hätten erleben können. Wie viele Enttäuschungen und leidvolle Erfahrungen hätten wir uns erspart! Aber als wir uns damals trafen, hier in diesem Hotelaufzug, so wie ihr beide, waren wir nicht selbstbewußt genug oder nicht reif genug...« Wieder unterbrach sie sich und schüttelte den Kopf. »Nun, wie auch immer, es mangelte uns eben an dem, was nötig gewesen wäre, und so ahnten wir nicht, was wir einander hätten bedeuten können.«

»Und deshalb ist es uns unbegreiflich, daß ihr euch nicht in die Arme fallt«, warf ich ein, »und Gott dafür dankt, daß ihr einander begegnet seid. Gemeinsam werdet ihr euer Leben entscheidend verändern.«

Unsere jüngeren Ichs warfen sich neugierige Blicke zu, schauten jedoch schnell wieder fort wie Kinder, die bei etwas Verbotenem ertappt worden sind.

»Wir haben so viel kostbare Zeit vergeudet, so viele Möglichkeiten, Fehler zu vermeiden, Unglück zu verhindern, nicht genutzt...«

»Unglück?« fragte Richard.

»Unglück«, nickte ich. »Das nächste Unglück steht bereits ins Haus, du weißt es nur noch nicht.«

»Aber ihr habt eure Schwierigkeiten gemeistert«, ereiferte er sich. »Glaubt ihr denn, daß ihr die einzigen seid, die mit Problemen fertigwerden können? Die Antworten anzubieten haben?«

Warum war er nur plötzlich so abwehrend? »Nun, ein paar Antworten haben wir tatsächlich«, erklärte ich, »aber entscheidend für dich ist, daß *sie* die meisten für dich hat und *du* die meisten für sie. Gemeinsam kann euch nichts aufhalten.«

»Was soll das heißen, nichts kann uns aufhalten?« fragte Leslie die Jüngere leicht verschreckt durch die Heftigkeit meiner Ausführungen. Vielleicht begann sie nun doch die Möglichkeit in Betracht zu ziehen, daß sie nicht träumte.

»Es soll heißen, daß nichts euch davon abhalten kann, in eurer Liebe zu ruhen«, antwortete meine Frau, »und gemeinsam ein so wunderbares Leben zu führen, wie es euch einzeln gar nicht möglich wäre.«

Es war mir unverständlich, daß sie zögerten, diese einmalige Gelegenheit, die wir ihnen boten, mit beiden Händen zu ergreifen. Wie oft geschieht es einem Menschen schon, daß er der Person begegnet, die er einmal sein wird? Die jeden Fehler kennt, den man gemacht hat und noch machen wird? Unsere beiden jungen Freunde hatten die seltene Gelegenheit, von der andere nur in ihren kühnsten Vorstellungen träumen können.

Meine Frau setzte sich neben Leslie auf den Boden. »Ihr habt eure Fehler, wie jeder Mensch, aber trotzdem seid ihr zwei ganz ungewöhnliche Menschen«, erklärte sie sanft. »Ihr seid euren eigenen inneren Überzeugungen treu geblieben, selbst als es euch schwerfiel und man euch deswegen kritisiert oder gar Schwierigkeiten gemacht hat. Deswegen seid ihr anders als andere, fühlt euch oft unverstanden und einsam. Aber gerade deswegen seid ihr füreinander wie geschaffen.«

Sie lauschten Leslie andächtig und konzentriert, ihre Mienen verrieten nicht, was in ihnen vorging. »Nun, was meint ihr?« fragte ich. »Sagt es uns nur, wenn ihr das alles für Unsinn haltet, und wir lassen euch in Ruhe. Wir haben da selbst noch ein kleines Problem...«

»Nein«, riefen sie unisono.

»Ihr habt uns gesagt, daß wir noch sechzehn Jahre leben werden«, begann Leslie die Jüngere. »Es gibt also keinen Krieg, keine Apokalypse. Aber... wer hat diese Zeit denn nun überlebt? Ihr? Oder wir?«

»Wir wissen genausowenig wie ihr«, entgegnete ich. »Wir sind ja nicht einmal sicher, ob wir noch leben! Alles, was wir wissen, ist, daß es uns – aus eurer Zukunft gleichsam – irgendwie möglich ist, euch – aus unserer Vergangenheit – zu begegnen, und zwar ohne daß das Universum auseinanderbricht.«

»Wir möchten euch um etwas bitten«, sagte Leslie.

Ihr jüngeres Ich sah sie fragend an. »Und das wäre?«

»Wir sind gewissermaßen eure Nachfolger, also diejenigen, die eure Fehler ausbaden müssen, aber auch von euren

Erfolgen profitieren. Wir sind stolz auf eure Siege und traurig über eure Niederlagen. Wir sind eure besten Freunde. Was auch geschieht, vergeßt uns nicht.«

»Außerdem«, fügte ich hinzu, »haben wir gelernt, daß es pure Energieverschwendung ist, Schwierigkeiten auf die lange Bank zu schieben oder nach bequemen Lösungen zu suchen. Der scheinbar leichtere Weg ist nie der leichtere Weg.«

»Wie vermeidet man es aber, falsche Entscheidungen zu treffen?« fragte Richard. »Wenn ich es mir recht überlege, bin ich schon oft den leichteren Weg gegangen.«

»Das ist keineswegs verwunderlich«, erwiderte ich. »Falsche Entscheidungen sind unumgänglich. Manchmal sind sie wichtiger als richtige.«

»Aber meistens sind sie mit unangenehmen Konsequenzen verbunden«, brummte der andere Richard nachdenklich.

»Seid ihr eigentlich unsere *einzige Zukunft?*« fragte die jüngere Leslie unvermittelt. Ich erschrak über die Tragweite dieses Gedankens.

»Seid ihr unsere *einzige Vergangenheit?*« antwortete meine Frau mit der sich aufdrängenden Gegenfrage.

»Aber natürlich…« sagte Richard.

»Aber nein!« entgegnete ich, »natürlich nicht! Denn *wir* erinnern uns nicht an eine Begegnung mit unseren zukünftigen Ichs hier im Holiday Inn. Und warum nicht? Weil es nicht uns passierte, sondern *euch!*«

Im Bruchteil von Sekunden taten sich uns ungeheuerliche Möglichkeiten auf. Hier saßen wir und versuchten, den beiden Ratschläge zu geben, aber vielleicht repräsentierten sie ja tatsächlich nur eine von vielen Vergangenheiten, nur einen der Wege, die in die Zukunft führten. Für einen Augenblick hatten wir ihnen Gewißheit bieten können, denn wenn es uns gab, würde es sie geben. Aber war es nicht auch möglich, daß wir nicht ihre unausweichliche Zukunft waren? Daß sie andere Entscheidungen treffen und andere Wege als wir einschlagen konnten?

»Es ist völlig unwichtig, ob wir eure einzige Zukunft sind oder nicht«, erklärte meine Frau bestimmt, »was zählt, ist die Liebe. Ihr dürft eure Augen nicht vor der Liebe verschließen...«

Mitten im Satz unterbrach sie sich und sah mich ängstlich an. Das Zimmer bebte leicht, ein dumpfes Grollen ließ das ganze Gebäude erzittern.

»Ein Erdbeben«, stellte ich fest.

»Wie bitte? Ich spüre nichts«, sagte die jüngere Leslie. »Du, Richard?«

Er schüttelte den Kopf. »Nein.«

Aber Leslie und ich spürten es genau. Das ganze Zimmer vibrierte, und die Vibrationen nahmen an Intensität zu.

Meine Frau wurde von Panik befallen. Sie hatte bereits zwei schwere Erdbeben überlebt und war nicht erpicht auf ein drittes. Ich tätschelte ihr die Hand. »Die beiden hier spüren nichts, Wookie«, versuchte ich sie zu beruhigen, »und uns Geistern kann so ein Beben nichts anhaben...«

Eine starke Erschütterung erfaßte den Raum, die Wände verschwammen, das Grollen schwoll zu einer bedrohlichen Lautstärke an. Unsere jüngeren Ichs verfolgten die Szene mit weit aufgerissenen Augen. Irgend etwas ging mit Leslie und mir vor, unsere Umgebung begann, sich aufzulösen!

»Bleibt zusammen!« rief sie den beiden zu, *»zusammen!«*

Im nächsten Augenblick erschütterte ein gewaltiger Stoß das Gebäude in seinen Grundfesten, dann war es fort. An seine Stelle trat das Geräusch eines aufheulenden Motors... Wir befanden uns wieder im Cockpit unseres kleinen Amphibienflugzeugs. Ringsum gab es nur Wasser, nichts als Wasser. Die Instrumente funktionierten, wir waren fertig zum Start.

Leslie stieß vor Freude einen spitzen Schrei aus. »*Growly*, ich bin ja so froh, dich wiederzusehen!«

Ich zog den Steuerknüppel heran, und die kleine Maschine hob leicht wie ein Vogel ab. Unter uns breiteten sich weißsprühende Wellen aus und verliefen sich in der Unendlichkeit des Ozeans. Wie gut, wie sicher fühlten wir uns in der Luft.

»Es war *Growly*«, rief ich, »*Growly* hat uns aus Carmel herausgeholt. Aber... wer hat *Growly* gestartet?«

Die Antwort kam von einer fremden Stimme hinter uns.

»Das war ich.«

Unsere Köpfe flogen herum. Dreihundert Fuß über einem Ozean, den wir nicht kannten, hatten wir, so schien es, einen blinden Passagier an Bord.

4

Instinktiv drückte ich die Maschine in den Sturzflug, um den Eindringling zu überwältigen.

»Aber ihr braucht euch nicht zu fürchten«, sagte die Stimme, »ich bin vollkommen harmlos!« Und lachend fügte sie hinzu: »Wenn es einen Menschen gibt, vor dem ihr keine Angst zu haben braucht, dann bin ich es.«

Meine Hand am Steuerknüppel entspannte sich unmerklich.

»Wer...« stotterte Leslie, mehr brachte sie nicht heraus.

Unser Passagier war eine dunkelhäutige Schönheit mit indianischen Gesichtszügen, schulterlangen, schwarzglänzenden Haaren und pechschwarz funkelnden Augen.

»Ich heiße Pye«, stellte sie sich vor, »und bin für euch das, was ihr für die beiden in Carmel gewesen seid... um ein Vielfaches potenziert.«

Noch immer fassungslos, gelang es mir doch, die Maschine wieder in Normallage zu bringen. Wir flogen nunmehr bei angenehmer Geschwindigkeit an einem wolkenlosen Himmel.

»Wie haben Sie... hast du...« stotterte ich, »was tust du hier?«

»Ich dachte, daß ihr vielleicht ein paar Fragen habt«, lächelte Pye. »Ich kam, um euch behilflich zu sein, wenn ich kann.«

»Was soll das heißen, um ein Vielfaches potenziert?« fragte Leslie. »Kommst du aus *unserer* Zukunft?«

Pye nickte. »Ich bin ihr beide. Nicht unbedingt aus der Zukunft, sagen wir besser, aus einem anderen Jetzt.«

»Wo sind wir?« fragte ich. »Kannst du uns sagen, wie wir gestorben sind?«

»Warum glaubt ihr, daß ihr tot seid?« antwortete sie mit einer Gegenfrage.

»Ganz sicher sind wir uns da selbst nicht«, sagte ich. »Wir befanden uns im Anflug auf Los Angeles, als wir plötzlich dieses tiefe Brummen hörten. Dann war die Stadt verschwunden, einfach fort, als hätte sie sich in Luft aufgelöst, und unter uns war dieses eigenartige Meer, das es auf unserem Planeten eigentlich gar nicht gibt. Als wir auf dem Wasser landen, stellen wir fest, daß wir scheinbar Geistwesen sind. Wir begegnen uns selbst, wie wir vor sechzehn Jahren waren, und niemand außer ihnen kann uns sehen. Man schiebt Wäschekarren durch uns hindurch, wir gehen durch Wände...« Resigniert zuckte ich mit den Schultern. »Abgesehen von diesen Erfahrungen wüßte ich auch nicht, warum wir annehmen sollten, daß wir vielleicht tot sind...«

Sie lachte, ein herzerfrischendes Lachen. »Nun, ich versichere euch, daß ihr nicht tot seid.«

Meine Frau und ich sahen uns erleichtert an.

»Aber wo sind wir dann?« fragte Leslie. »Und was ist bloß passiert?«

»Dies hier ist kein Ort im eigentlichen Sinn, sondern vielmehr eine Perspektive«, gab Pye zur Antwort. »Und die Erklärung für das, was geschah...« Stirnrunzelnd warf sie einen Blick auf die Instrumente. »Wie ich sehe, habt ihr einige Hochfrequenztransmitter hier, Loranempfänger, Radartransponder, Radarortung. Möglicherweise kam es zu einer Interaktion mit kosmischer Strahlung... Habt ihr einen grellen Blitz gesehen?«

»Richtig!«

»Äußerst interessant. Die Wahrscheinlichkeit, daß ein solches Ereignis eintritt, ist eins zu einer Quintillion!« rief sie beinahe begeistert. »Ihr solltet nicht damit rechnen, daß euch das so schnell wieder passiert.«

»Heißt das, daß die Wahrscheinlichkeit, wieder zurückzukommen, auch eins zu einer Quintillion ist?« fragte ich. »Wir befanden uns nämlich auf dem Weg zu einer Tagung, die morgen beginnt. Glaubst du, wir könnten es schaffen, rechtzeitig dort zu sein?«

»Rechtzeitig?« Sie wandte sich an Leslie. »Hast du Hunger?«

»Nein.«

Sie wandte sich wieder mir zu. »Durst?«

»Nein.«

»Warum nicht? Was meint ihr?«

»Aufregung, Streß«, sagte ich.

»Angst«, fügte Leslie hinzu.

»Ihr habt Angst?« fragte Pye.

Leslie dachte einen Augenblick nach, dann lächelte sie erleichtert. »Jetzt nicht mehr.«

Das konnte ich von mir nun nicht gerade behaupten.

»Wie hoch ist der Treibstoffverbrauch?« fragte Pye als nächstes.

Die Anzeige war unverändert.

»Gleich Null«, erwiderte ich und begriff im gleichen Augenblick, worauf sie uns aufmerksam machen wollte. »*Growly* verbraucht ebensowenig Treibstoff wie wir, weil Hunger und Durst an die Dimension der Zeit gekoppelt sind. Hier aber gibt es keine Zeit!«

Pye nickte.

»Aber ohne die Zeit gibt es keine Geschwindigkeit oder Bewegung«, warf Leslie ein, »und dennoch bewegen wir uns.«

»Tun wir das wirklich?« Pye zwinkerte mir zu, als wolle sie mich auf etwas aufmerksam machen. Ich stutzte.

»Soll das heißen, daß wir nur glauben, uns zu bewegen? Wir bewegen uns gar nicht wirklich, sondern...«

Sie nickte ermutigend wie ein Quizmaster beim Ratespiel.

»...in unserem Bewußtsein?«

»Bravo!« rief sie und tippte sich mit dem Zeigefinger zufrieden an die Nasenspitze. »Zeit ist euer Wort, eure Umschreibung, wenn ihr so wollt, für die Aktivität eures Bewußtseins. Jedes mögliche Ereignis, das hier oder an jedem beliebigen anderen Ort im Raum stattfinden kann, ereignet sich *jetzt*, parallel zu diesem Leben. Es gibt keine Vergangenheit und keine Zukunft, nur ein *Jetzt*, gleichwohl bedienen wir uns einer Sprache, die dem Begriff Zeit Rechnung trägt, damit wir uns verständigen können. Nehmen wir beispielsweise die Arithmetik. Wenn man das Prinzip erst einmal durchschaut hat, weiß man, daß es für jede in Zahlen ausgedrückte Problemstellung bereits eine Lösung gibt. Diesem Prinzip zufolge existiert die Antwort auf die Frage nach der Kubikwurzel aus sechs bereits, aber ihr benötigt das, was ihr Zeit nennt, ein paar Sekunden, um es auszurechnen und die Lösung zu finden, die schon existiert hat, als die Frage gestellt wurde.«

Die Kubikwurzel aus acht ist zwei, dachte ich. Und die Kubikwurzel aus eins ist eins. Die Kubikwurzel aus sechs? Irgendwo zwischen eins und zwei, eher bei zwei... eins Komma acht? Und tatsächlich, noch während ich rechnete, wurde mir deutlich, daß die Lösung bereits auf mich wartete. Sie hatte existiert, noch bevor ich daran dachte, die Frage zu stellen.

»Aber trifft dieses Prinzip denn auf alles zu?« fragte Leslie skeptisch. »Jedes denkbare Ereignis *hat* bereits stattgefunden? Es gibt keine Zukunft?«

»Und keine Vergangenheit«, bestätigte Pye. »Es gibt keine Zeit.«

Meine höchst praktisch veranlagte Frau schüttelte verzweifelt den Kopf. »Warum machen wir dann überhaupt Erfahrungen in dieser... dieser hypothetischen Zeit? *Wozu das alles?*«

»Es geht nicht darum, daß alles ja schon geschehen ist,

sondern darum, daß es unendlich viele Alternativen gibt«, erklärte Pye. »Wir machen gewisse Erfahrungen aufgrund der Entscheidungen, die wir fortwährend fällen, und lernen so allmählich, daß wir nicht die Marionetten sind, für die wir uns zunächst gehalten haben, sondern vielmehr Manifestationen des Geistes auf verschiedenen Bewußtseinsebenen.«

»Aber wo ist die Bühne, auf der sich diese verschiedenen Stücke abspielen?« fragte ich. »Wie habe ich sie mir vorzustellen? Als eine Art Kaufhaus, in dessen Regalen die unzähligen Möglichkeiten, die wir haben, herumliegen und darauf warten, wofür wir uns entscheiden?«

»Man könnte es sich als einen Ort vorstellen, obwohl es kein Ort im üblichen Sinn ist«, meinte Pye. »Wo könnten sich die Ereignisse eurer Meinung nach abspielen?«

Wir fühlten uns ziemlich überfragt, doch Pye ließ nicht locker.

»Wo?« fragte sie noch einmal eindringlich, wobei sie nach unten deutete, wie um uns eine Denkhilfe zu geben.

Gehorsam schauten wir aus dem Fenster. Unter uns nichts als Wasser, Wasser und endlos sich verästelnde Linien auf dem Meeresgrund.

»Meinst du die Linien?« fragte Leslie. »O ja, natürlich! Die Linien stehen für die vielen Möglichkeiten, die Wege, die wir eingeschlagen haben, die Kursänderungen und für jeden anderen Weg, den wir auch hätten gehen können oder gegangen *sind* in…«

»…parallelen Welten?« fragte ich aufgeregt, weil sich nun ein paar Puzzleteile sinnvoll aneinanderzufügen begannen.

Majestätisch breitete sich das Muster unter uns aus. Ehrfurchtsvoll starrten wir darauf hinab.

»Beim Fliegen verändern wir unseren Standpunkt«, überlegte ich laut, »und kommen so zu einer neuen Sicht der Dinge. Möglichkeiten, die wir vorher gar nicht wahrgenommen haben, geraten in unser Blickfeld, wir überblicken besser, wo einzelne Wege hinführen oder sich gabeln und so weiter. Je niedriger wir fliegen, um so mehr verlieren wir das Ganze aus den Augen, und wenn wir zur Landung ansetzen, verschwinden die anderen Perspektiven, die wir eben noch sehen konnten, wieder aus unserem Blickfeld. Wir konzentrieren uns auf einen Ausschnitt und auf seine Details. Andere Existenzbereiche oder Formen scheint es dann nicht mehr zu geben!«

»Ihr habt euch ein ausgesprochen anschauliches Bild für eure Suche ausgedacht«, sagte Pye. »Euer Flugzeug ermöglicht es euch, hierhin und dorthin zu fliegen, um euren anderen Ich-Aspekten zu begegnen, und wie ich sehe, ist es ein gut funktionierendes Hilfsmittel.«

»Das Wasser da unten...«, sagte ich zögernd, »... es ist gar kein richtiges Meer, nicht wahr? Und die verästelten Linien sind auch nicht wirklich da, oder doch?«

»In der Raum-Zeit existiert nichts wirklich«, antwortete Pye. »Das Linienmuster ist eine visuelle Hilfe, die ihr euch geschaffen habt, um das Prinzip der Parallelwelten zu verstehen, und die Flugmetapher entstand, weil ihr vom Fliegen fasziniert seid. Wenn ihr bei der Landung über das Muster gleitet, seid ihr Beobachter, Geister, Besucher aus einer anderen Welt. Ihr könnt von den anderen Aspekten eures Selbst, denen ihr darin begegnet, lernen, ohne selbst Teil ihrer Welt zu sein. Wenn ihr gelernt habt, was es zu lernen gibt, braucht ihr nur an euer Flugzeug zu denken und es in Gedanken zu starten. Sobald ihr an Höhe gewinnt, kehren die anderen Perspektiven wieder in euer Blickfeld zurück.«

»Wir haben dieses... dieses Muster da unten selbst geschaffen?« fragte Leslie ungläubig.

»Es gibt so viele Muster in der Raum-Zeit, wie ihr euch nur vorstellen könnt«, erklärte Pye. »Wenn ihr begeisterte Fotografen wärt, hätte eure Metapher vielleicht mit Brennpunkten oder Brennweiten zu tun gehabt. Beim Fotografieren wird ein Detail in den Mittelpunkt gerückt und scharfgestellt, alles andere rückt in den Hintergrund, verschwimmt. Auf unser Leben übertragen, bedeutet dieses Bild, daß wir die Kamera, unsere Aufmerksamkeit, auf unsere augenblickliche Daseinsform einstellen, den Hintergrund vergessen und denken, daß es außer dieser einen Detailansicht nichts mehr gibt. All die anderen Aspekte, die wir in den Hintergrund gerückt haben, halten wir fortan für irreal, für nicht-existent oder höchstens noch für Träume, für Wunschdenken und wer weiß was alles. Dabei sind sie ebenso wirklich und greifbar wie jene Aspekte, die wir willkürlich in den Mittelpunkt gerückt haben. Wie jeder Fotograf können wir unseren Fokus jedoch jederzeit verändern.«

»Es gibt also keine vergangenen Leben und auch keine zukünftigen«, überlegte ich laut. »Wir zoomen uns einen Aspekt der Wirklichkeit heran, erfinden die Zeit, um uns damit beschäftigen zu können, und denken, daß das die ganze, einzige, wirklich existente Realität ist. Könnte man es so ausdrücken, Pye?«

»So ähnlich«, nickte sie.

»Dann können wir die beiden in Carmel also getrost verlassen, weiterfliegen und herausfinden, ob sie sich, im Gegensatz zu uns, die mühsamen Jahre des Suchens erspart haben«, meinte Leslie.

»Aber ihr wißt bereits alles«, rief unsere Expertin in Sachen Parallelwelten.

»Wir wußten nicht«, widersprach ich, »wir wurden wie von einem Sog dorthin fortgerissen...«

Pye lächelte. »Sie haben dieselben Möglichkeiten wie ihr. Ein Aspekt ihrer Persönlichkeit ist von der Aussicht auf eine enge Bindung wenig begeistert. Ein anderer sucht zwar Freundschaft, aber keine Liebe, ein weiterer Liebe, nicht nur Freundschaft, wieder ein anderer heiratet und läßt sich scheiden, ein weiterer erkennt Seelenverwandtschaft, heiratet und erfährt Glück und Liebe.«

»Aha, wir sind also gewissermaßen Touristen«, bemerkte ich. »Wir sind nicht die Schöpfer der Landschaft, die wir ›besichtigen‹, gleichwohl haben wir sie uns als Reiseziel ausgesucht und nicht etwa eine andere.«

»Das ist wiederum eine sehr treffende bildliche Vorstellung«, erwiderte Pye.

»Nun«, sagte ich, »dann nehmen wir einmal an, daß wir einen bestimmten Punkt dieses Musters anpeilen, dort landen und verhindern, daß unsere Eltern sich begegnen. Logischerweise können wir dann nicht geboren werden!«

An dieser Stelle schaltete Leslie sich ein. »Ich denke doch, denn wir wurden in dem Teil des Musters geboren, in dem sie sich begegnet sind. Der Teil, in dem sie sich nicht begegnet sind, ist eine andere Geschichte.«

»Und das bedeutet?« fragte ich. »Daß es kein vorherbestimmtes Schicksal gibt?«

»Doch, ein Schicksal gibt es wohl«, antwortete Pye, »aber das heißt noch lange nicht, daß es unabänderlich wäre. Ihr entscheidet selbst darüber. Euer Schicksal hängt ganz von euch ab.«

»Wir möchten zurück nach Hause, Pye«, sagte ich. »Was müssen wir tun, um wieder in unsere Wirklichkeit zurückzukehren?«

Sie lächelte. »Es ist so einfach wie ein Sprung von einer Stufe und bedarf nur einer kleinen geistigen Anstrengung. Laßt euch von der Liebe leiten...« Mitten im Satz unterbrach sie sich plötzlich. »Aber ich predige schon wieder, entschuldigt. Möchtet ihr jetzt zurück?«

»Ja, bitte.«

»Nein«, rief Leslie heftig und ergriff meine Hand. »Wenn ich es richtig verstanden habe, dann sind wir bei unserem Anflug auf L. A. in der Zeit angehalten worden wie ein Film und können jederzeit dorthin zurückkehren.«

»Ja, schon«, gab ich zu, »aber was, wenn es noch einmal zu dieser... Reaktion kommt...?«

Pye schüttelte den Kopf. »Im Augenblick eurer Rückkehr ändern sich sämtliche Variablen, weswegen die Wiederholung eines solchen Ereignisses mit ziemlicher Sicherheit auszuschließen ist. Erinnert euch, die Chance steht eins zu einer Quintillion. Möchtet ihr jetzt gehen?«

»Auf gar keinen Fall«, erklärte Leslie bestimmt. »Ich möchte so viel wie möglich lernen, Richie, ich will das alles hier besser verstehen. Wenn die Chance für eine solche Erfahrung eins zu einer Quintillion ist, dann müssen wir bleiben!«

Ich hatte jedoch noch eine ganze Reihe von Bedenken. »Pye«, fragte ich daher, »könnten wir uns hier nicht verirren oder aus den Augen verlieren? Könnten wir uns nicht verletzen, obwohl wir Geister sind?«

»Wenn ihr euch dafür entscheidet...«, lautete die wenig befriedigende Antwort.

»Dafür entscheiden?« Das klang in meinen Ohren ziemlich bedenklich. Von Natur aus gehe ich Abenteuer langsam an, und ein Flug ins Unbekannte hat meiner Ansicht nach nichts mehr mit Abenteuer zu tun, sondern eher mit Tollkühnheit. »Was, wenn wir aus dem Labyrinth der Möglichkeiten nicht mehr herausfinden oder den Zugang zu unserer Welt verlieren? Was, wenn wir getrennt werden und nicht mehr zueinander finden?« Ein wenig nervös wandte ich mich an Leslie. »Ich halte es für richtiger, wenn wir umkehren, Liebes.«

»Aber, Richie, willst du diese einmalige Gelegenheit wirklich ausschlagen? Einfach so? Über so etwas hast du bisher doch nur gelesen. Dein ganzes Leben lang hat es dich fasziniert! Denk doch nur, was wir lernen könnten! Ist dir diese Möglichkeit nicht ein kleines Risiko wert?«

Ich seufzte. Leslies bisheriges Leben bestand ausschließlich aus solch »kleinen Risiken«, die sie auf ihrer Suche nach der Wahrheit stets auf sich zu nehmen bereit gewesen war. So auch jetzt. Natürlich wollte sie lieber bleiben, und aus diesem Grund appellierte sie schlau an den zaghaften Forscher in mir.

»Also gut, wenn du willst«, gab ich nach.

Ich konnte die auf uns lauernden Gefahren bereits riechen, sie lagen förmlich in der Luft. Ich fühlte mich wie ein Flugschüler, der ohne die nötigen Sicherheitsvorkehrungen Flugrollen üben soll.

»Pye, wie viele Aspekte gibt es von uns eigentlich?« fragte ich.

Lachend deutete sie aus dem Fenster auf das glitzernde Muster unter uns. »Unvorstellbar viele.«

»Jede einzelne Linie dort unten sind wir?« fragte Leslie entgeistert. »So weit wir sehen beziehungsweise fliegen können, sehen wir nichts als Möglichkeiten, die uns offenstehen?«

Pye nickte.

Wir haben nichts begriffen, dachte ich, nicht einmal ansatzweise, es ist so unglaublich. »Was ist mit all den anderen Menschen, Pye? Wie viele von uns können mit all ihren Leben in einem Universum existieren?«

Sie bedachte mich mit einem verständnislosen Blick. Offenbar hatte sie meine Frage nicht ganz verstanden.

»Wie viele Leben es im Universum gibt?« wiederholte sie verblüfft. »Eins.«

5

Und es gibt ganz bestimmt keine Karte?« fragte ich zweifelnd.

Pye lächelte ihr verständnisvolles Lächeln, aber eine Karte gab es trotzdem nicht, und das ausgerechnet jetzt, in einem völlig unbekannten Luftraum. Wonach, bitte schön, sollte ich mich richten?

»Die Intuition ist dein zuverlässigster Führer«, wies Pye mich an, »denn auf einer Ebene deines Bewußtseins liegen alle Antworten. Du mußt nur einen Zugang zu dieser Ebene finden. Das kannst du lernen, aber noch wichtiger ist es, darauf zu vertrauen, daß du auf jeden Fall ans Ziel kommen wirst. Versucht es.«

Leslie schloß augenblicklich die Augen und entspannte sich. Das Muster mit seinen Verästelungen lag friedlich unter uns. Keiner sprach ein Wort, bis Leslie selbst das Schweigen brach.

»Nach rechts«, befahl sie, ohne die gewünschte Kursänderung näher zu bestimmen, und so entschied ich mich für eine sanfte Rechtskurve. Nach einem Augenblick ließ Leslie sich abermals vernehmen.

»Das reicht…«

Ich brachte die Maschine aus der leichten Schräglage zurück in die Horizontale.

»Geh runter auf etwa hundertsiebzig Meter.«

Langsam sanken wir der Wasseroberfläche entgegen.

»Noch ein wenig nach rechts, und dann wieder geradeaus«, sagte Leslie. »Gut. Und jetzt noch einmal hundertsiebzig Meter tiefer.«

Das Meer bot denselben Anblick wie beim ersten Mal. So weit das Auge reichte, nichts als komplexe, ineinander verschachtelte Strukturen und Linien.

»Fertig zur Landung.«

Ich warf Pye einen fragenden Blick zu, den sie mit einer »Abwarten-und-Teetrinken-Miene« erwiderte, dann setzte die Maschine auf, und für einen Augenblick verschwand die Außenwelt in einem feinen Sprühnebel. Leslie öffnete neugierig die Augen. Im nächsten Augenblick waren *Growly* und Pye verschwunden. Leslie und ich sanken im rotgoldenen Licht eines Sonnenuntergangs einer Baumgruppe entgegen und weiter auf ein einfaches Haus aus Stein zu, in dessen Wohnzimmer, einem niedrigen, düsteren Raum, wir landeten. Der offene Kamin war mit Brettern zugenagelt, der Holzfußboden abgetreten und uneben. Eine bemalte Obstkiste diente als Tisch. Ein mageres junges Mädchen mit langen blonden Haaren saß in ärmlicher Kleidung an einem alten Klavier, auf dem sich Notenblätter mit Klavierstücken von Brahms, Bach und Schumann stapelten. Völlig frei spielte sie eine Beethoven-Sonate und erfüllte den Raum mit den herrlichsten Klängen – ein Wunder angesichts des beklagenswerten Zustandes des Instruments.

Leslie stand wie gelähmt vor Staunen. »Es ist mein Elternhaus in Upper Black Eddy!« flüsterte sie. »Und das Mädchen bin ich, Richie!«

Ich war sprachlos. Meine Frau hatte mir zwar erzählt, daß sie einer armen Familie entstammte und daß es nur wenig zu essen gegeben hatte, aber das bedauernswerte Geschöpf am Klavier sah halb verhungert aus! Kein Wunder, daß Leslie selten über ihre Kindheit sprach.

Unterdessen spielte das Mädchen mit solcher Inbrunst weiter, daß es uns gar nicht bemerkte. Eine Frau mit einem Brief in der Hand betrat das Wohnzimmer. Sie war nicht viel größer als das Mädchen am Klavier und ebenso armselig gekleidet. Lächelnd lauschte sie der Musik.

»Meine Mutter...«, rief Leslie bewegt. Die Stimme versagte ihr.

Auch die Frau bemerkte uns nicht. Geduldig wartete sie, bis ihre Tochter das Stück zu Ende gespielt hatte.

»Das war wunderschön Liebling«, sagte sie anerkennend, »ich bin so stolz auf dich.« Dann aber schüttelte sie traurig seufzend den Kopf. »Leider kann man nicht davon leben.«

»Ma, bitte...«, sagte das Mädchen flehend, ohne sich umzudrehen.

»Ich bitte dich doch nur, es realistisch zu sehen«, fuhr die Mutter fort. »Pianisten gibt es wie Sand am Meer. Du weißt doch, was der Pfarrer von seiner Schwester erzählt hat. Sie konnte auch nicht davon leben, und das, obwohl sie jahrelang auf der Musikakademie war.«

»Ach, Ma«, stöhnte das Mädchen, die Hände verzweifelt zusammenschlagend, »nicht schon wieder *diese* Geschichte! Warum kannst du nicht einsehen, daß die Schwester des Pfarrers nicht gut genug war? Sie konnte nicht davon leben, weil sie kein Gefühl fürs Klavierspielen hat.«

Die Mutter ignorierte den Einwand. »Wir können uns nicht einmal die Musikakademie leisten.«

Das Mädchen schob das Kinn vor, blickte starr auf die Notenblätter und nickte grimmig. »Ich weiß, wie teuer die Schule ist, Ma, deswegen arbeite ich ja. Ich werde mir das Geld schon verdienen.«

Die ältere Frau seufzte. »Bitte nimm es mir nicht übel, Liebling, ich möchte dir doch so gerne helfen. Ich möchte nicht, daß du an den vielen anderen Gelegenheiten, die das Leben dir bietet, blind vorbeigehst, so wie ich, und es später bereust. Ich habe dein Foto nach New York geschickt, weil ich dachte, daß es dir neue Wege eröffnen könnte. Aber was ich dachte, ist ja auch egal, was zählt, ist, daß sie geantwortet haben. Du hast gewonnen!«

Mit diesen Worten legte sie den Brief auf das Klavier.

»Bitte, schau ihn dir wenigstens an. Du hast die seltene Gelegenheit, deinen Lebensunterhalt als Fotomodell für eine der bekanntesten New Yorker Agenturen zu verdienen, nicht als Putzfrau oder Kellnerin. Wenn du so weitermachst wie bisher, wirst du dich noch ins Grab bringen.«

»Das ist nicht wahr!«

»Sieh dich an, mein Kind. Du bist nicht nur dünn, du bist mager. Wie lange, glaubst du, kannst du das noch durchhalten? Die langen, anstrengenden Fahrten nach Philadelphia, weil du dir mehr als eine Übernachtung nicht leisten kannst? Und dann deine Unterrichtsstunden... sie werden sich nicht ewig auf zwei aufeinanderfolgende Tage beschränken lassen... Du bist erst siebzehn und schon völlig erschöpft. Warum willst du das nicht einsehen?«

Das Mädchen saß kerzengerade da und schwieg. Ihre Mutter betrachtete sie und schüttelte dann ratlos den Kopf. »Jedes andere Mädchen wäre überglücklich, wenn es eine solche Gelegenheit bekäme, nur du willst nichts davon wissen. Bitte hör mir zu, Liebling. Versuch es wenigstens für ein Jahr. Spare so viel Geld, wie du erübrigen kannst. Dann komm zurück und geh auf die Akademie, wenn es denn unbedingt sein muß.«

Die junge Leslie nahm den Brief vom Klavier und reichte ihn ihrer Mutter über die Schulter zurück. »Ich will nicht nach New York gehen«, sagte sie mühsam beherrscht, »und daß ich gewonnen habe, ist mir auch egal, weil ich kein Fotomodell werden will. Außerdem macht es mir nichts aus, so zu studieren, wie ich es tue, weil es mir Spaß macht.«

Die Mutter riß ihr aufgebracht den Brief aus der Hand. »Bedeutet dir das Klavierspielen wirklich so viel, daß du an nichts anderes denken kannst?«

»Ja!«

Erregt nahm das Mädchen das Spiel wieder auf und verhinderte damit eine Fortsetzung des Gesprächs. Die Finger flogen über die Tasten, einmal zart wie Schmetterlinge, dann wieder hart wie Stahlhämmer, angetrieben von einer Kraft, die wohl niemand solch mageren Armen zugetraut hätte.

Die Mutter stand noch einen Augenblick unschlüssig da, dann nahm sie den Brief aus dem Umschlag, legte ihn auf den Tisch und verließ schweigend das Zimmer, während das Mädchen unbeirrt weiterspielte.

Leslie hatte mir von dem Brief erzählt, und ich wußte, daß sie am folgenden Abend in Philadelphia bei einem Konzert ihrer Schule vorspielen mußte. Sie würde morgens um vier Uhr aufstehen und die hundert Kilometer nach Philadelphia zu Fuß, per Bus und per Straßenbahn in sechs Stunden zurücklegen. Sie würde untertags den Unterricht besuchen und am Abend vorspielen. Danach würde sie am Busbahnhof übernachten, um Geld für neue Noten zu sparen. Am folgenden Morgen würde sie von dort wieder zum Unterricht gehen.

Leslie atmete tief durch und ging zu dem völlig in seine Musik versunkenen Mädchen hinüber. Als es meine Frau endlich doch bemerkte, wandte es ihr ein hübsches, aber blasses Gesicht zu, ohne das Spiel zu unterbrechen. In ihren wunderschönen Augen spiegelten sich Mißtrauen und Ablehnung.

»Wenn Sie von der Agentur kommen«, sagte sie mit einem knappen Seitenblick, »so danke ich Ihnen für Ihr Interesse. Aber meine Antwort lautet nein.«

Leslie schüttelte den Kopf. »Ich komme nicht von Conover«, erwiderte sie.

Das Mädchen sah sie erstaunt an, dann sprang sie auf. »Sie... Sie sehen ja aus wie ich!« stieß sie mit weit aufgerissenen Augen hervor. »Sie... du *bist* ich. Oder nicht?«

Meine Frau nickte.

»Aber du bist erwachsen!«

Umgeben von bitterer Armut, am Leben gehalten von ihren Träumen, starrte sie meine Frau, ihre Zukunft, an. Es war wohl zuviel für sie. Plötzlich sank sie auf den Stuhl zurück und schlug die Hände vors Gesicht. »Hilf mir«, schluchzte sie. »Bitte, hilf mir.«

6

Meine Frau beugte sich zu dem Mädchen hinunter, das sie einst gewesen war, und sah ihm in die Augen. »Du brauchst nicht zu weinen«, sagte sie tröstend, »es wird alles gut werden, du wirst sehen. Du bist ein Glückspilz. Glaub mir!«

Ungläubig und doch voller Hoffnung schaute das Mädchen auf und wischte sich die Tränen aus den Augen.

»Ein Glückspilz? Wie kommst du darauf? Nennst du das hier vielleicht Glück?«

»Aber ja, du hast etwas gefunden, das dich erfüllt«, rief meine Frau, »und das ist ein Geschenk, ein Privileg. Den wenigsten Menschen ist so etwas schon in ihrer Jugend vergönnt. Manche finden es nie!«

»Die Musik?«

Leslie nickte. »Du bist nicht nur begabt, du bist auch gescheit. Du liebst die Musik, und es mangelt dir nicht an Entschlossenheit. Nichts wird dich von deinem Ziel abbringen!«

»Aber warum bin ich so arm? Wenn doch nur wenigstens dieses Klavier... hier, hörst du es?«

Sie schlug mehrmals hintereinander verschiedene Akkorde an, und sogar meinen Laienohren entging nicht, wie verstimmt es war. »Gis und D gehen überhaupt nicht, aber wir haben kein Geld, um es stimmen zu lassen...« Resigniert hieb sie auf die Tasten ein. »*Warum?*«

»Damit du beweisen kannst, daß Entschlossenheit, Liebe und unermüdliche, harte Arbeit aus Armut und Verzweiflung herausführen können. Vielleicht begegnet dir eines Tages ein armer, verbitterter Mensch, der dir vorhält, wie leicht das Leben für dich, die berühmte Konzertpianistin, sei, während er kaum genügend zu essen habe und nur auf so einem alten, verstimmten Kasten üben könne, der grade gut genug für Fingerübungen sei. Dann kannst du diesem Menschen von dir erzählen. Vielleicht werden deine Erfahrungen ihm helfen und ihn oder sie dazu bewegen, nicht aufzugeben.«

Das Mädchen hörte nachdenklich zu. »Ich jammere herum«, sagte sie schließlich, »und dabei kann ich Gejammer gar nicht leiden!«

»Mir kannst du alles sagen«, beruhigte Leslie ihr jüngeres Ich.

»Werde ich aufgeben oder durchhalten?« fragte das Mädchen bang.

»Das liegt ganz bei dir, mehr als du im Augenblick ahnst.« Leslie warf mir einen unergründlichen Blick zu. »Wenn du an dem, was dir wichtig ist, festhältst, wenn es dir so wichtig ist, daß du dafür Schwierigkeiten in Kauf nimmst, um es zu erreichen, dann kann ich dir versichern, daß du dein Ziel erreichen wirst. Dein Leben wird nicht einfach sein, das ist der Preis für herausragende Leistungen, aber du wirst glücklich sein.«

»Könnte ich auch ein leichtes, aber unausgefülltes Leben haben?«

»Natürlich.«

Der Schalk flackerte in den blauen Augen des Mädchens auf. »Und wie wäre es mit einem leichten, erfüllten Leben?«

»Selbstverständlich«, rief Leslie lachend, »auch das ist möglich. Aber das würdest du nicht wählen, oder doch?«

Voller Bewunderung sah das Mädchen meine Frau an. »Ich glaube, ich will so werden wie du.«

»Du mußt deinen eigenen Weg finden«, lächelte meine Leslie ein wenig traurig, »nicht meinen.«

»Bist du glücklich?«

»Ja.«

»Dann will ich dasselbe tun wie du.«

Meine Frau überlegte lange, bevor sie darauf antwortete. »Da wäre ich mir an deiner Stelle nicht so sicher«, sagte sie schließlich mit leiser Stimme. »Ich habe schlimme Zeiten erlebt, so schlimme, daß ich nicht mehr leben wollte.«

»Aber es ist mir auch schon oft so ergangen...«, unterbrach das Mädchen sie lebhaft.

»Ich weiß«, sagte Leslie, »und ich weiß auch, wie hart du darum kämpfst, nicht aufzugeben.«

»Wie hast du es geschafft?«

Leslie wendete sich beschämt ab. »Ich habe das Klavierspielen aufgegeben und bin nach New York gegangen.«

Wie vom Blitz getroffen stand die kleine Leslie da, unfähig, das für sie Ungeheuerliche zu begreifen. »Wie... wie konntest du nur?« rief sie anklagend. »Was ist denn nun mit der Liebe und dem Willen, durchzuhalten?«

Leslie drehte sich heftig zu ihr um. »Ich weiß, wie du deine Nächte in Philadelphia verbringst... Du schläfst am Busbahnhof, sparst dir das Essen vom Mund ab, um Notenblätter zu kaufen. Ma würde in Ohnmacht fallen, wenn sie es wüßte. Du bewegst dich ständig am Rande eines Zusammenbruchs.«

Das Mädchen schwieg betroffen.

»Ich habe es genauso gemacht«, fuhr Leslie fort. »Dann verlor ich einen meiner Jobs und konnte nicht mehr weiterstudieren. Selbst wenn ich gar nichts mehr gegessen hätte, es wäre unmöglich gewesen. Ich war völlig verzweifelt, haderte mit Gott und der Welt und mußte einsehen, daß Ma recht gehabt hatte. Ich schwor mir, nur für ein Jahr nach New York zu gehen, ein Jahr, um genug für den Besuch des Konservatoriums zu verdienen...« Mitten im Satz hielt sie inne, überwältigt von traurigen Erinnerungen.

»Und? Hast du nicht genug verdient?«

»Im Gegenteil... Ich wurde ein voller Erfolg, ein gefragtes, hochbezahltes Fotomodell. Schon bald interessierte sich das Fernsehen für mich. Innerhalb eines Jahres siedelte ich nach Hollywood über, Twentieth Century Fox nahm mich unter Vertrag, und ich spielte in meinem ersten Film. Ich hatte mehr Erfolg, als mir lieb war, aber mein Herz war nicht bei der Sache. Ich fühlte mich nie gut oder hübsch genug. Immer sagte mir eine innere Stimme, daß ich nicht dorthin gehörte. Aber endlich konnte ich meine Familie unterstützen, und deshalb hätte ich es mir nie erlaubt, diese ungeliebte Karriere aufzugeben. Ich blieb also dabei, aber ohne den Willen, erfolgreich oder gut zu sein, denn dieser Erfolg bedeutete mir nichts. Mir war klar, daß ich eine Fehlentscheidung getroffen hatte. Ich entwickelte mich nicht weiter, arbeitete nicht an mir oder an neuen, anspruchsvollen Rollen. Wenn sie mir angeboten wurden, wurde ich lieber krank, anstatt mich der Herausforderung zu stellen, und schadete mir dadurch nur selbst. Mir fehlte der Wille, es in diesem Geschäft zu etwas zu bringen.«

Sie schwieg einen Augenblick und dachte nach.

»Aber wie hätte ich irgend jemandem klarmachen können, daß ich unglücklich war? Mir widerfuhr so viel Gutes, niemand hätte mich verstanden. Also fühlte ich mich einsam und allein und war jahrelang sehr unglücklich, obwohl ich Erfolg hatte und eine ganze Menge lernte.«

»Es klingt alles gar nicht so übel…«, lächelte die junge Leslie.

»Richtig«, nickte meine Frau, »und deswegen fiel es mir auch schwer, all dem den Rücken zu kehren. Doch ich hatte begriffen, daß ich die Möglichkeit, ein erfülltes Leben zu führen, in dem Moment aufgegeben hatte, als ich mich gegen die Musik entschied, gegen das eine, an dem mein Herz wirklich hing.«

Das Mädchen schaute Leslie verunsichert an. »Na ja, das traf auf dich zu. Aber was ist für mich richtig? Wie soll ich mich entscheiden?«

»Das mußt du ganz allein herausfinden, niemand kann dir dabei helfen. Zuerst werde dir klar darüber, was du tun willst. Dann tue, was nötig ist. Vergeude nicht kostbare Jahre mit einer halbherzigen Entscheidung, wenn du gleichzeitig eine Entscheidung treffen kannst, hinter der du wirklich stehst. Also: *Was willst du wirklich erreichen?*«

Die Antwort ließ nicht lange auf sich warten. »Ich will eine überragend gute Pianistin werden. Ich will den Menschen Freude machen.«

»Das wirst du. Was noch?«

»Oh, natürlich möchte ich glücklich sein. Und nicht mehr arm.«

»Gut. Was noch?«

Das Mädchen taute immer mehr auf. »Ich möchte glauben, daß mein Leben einen Sinn hat und daß es etwas gibt, das mich in schlechten Zeiten nicht im Stich läßt – und natürlich auch nicht in guten. Ich meine nicht die Religion, das habe ich schon ausprobiert, aber statt Antworten zu bekommen, habe ich immer nur gehört: ›Du mußt glauben, mein Kind, glauben!‹«

Offensichtlich erinnerte Leslie sich an diese Erfahrungen, denn sie machte plötzlich ein abweisendes Gesicht. »Außerdem möchte ich glauben, daß es jemanden gibt, der mich versteht«, fuhr die junge Leslie fort, »vielleicht, weil er genauso allein ist wie ich. Ich will nicht mehr allein sein.«

»Alles, was du eben gesagt hast, alles, was du glauben und erreichen möchtest«, sagte Leslie, »existiert bereits. Nach und nach wirst du es entdecken. Auch wenn manches eine ganze Weile auf sich warten läßt, ändert das doch nichts an der Tatsache, daß es bereits existiert.«

»Es gibt also wirklich jemanden, der mich liebt?«

»Ja. Er heißt Richard. Möchtest du ihn kennenlernen?«

»Jetzt?« fragte sie erstaunt. »Sofort?«

Meine Frau streckte die Hand nach mir aus, und ich trat zu den beiden.

Die junge Leslie sah mich sprachlos an.

Ich fühlte mich ein wenig befangen angesichts dieser fremden und doch so vertrauten Gesichtszüge, die einerseits zu der Person gehörten, die ich über alles liebte, und andererseits zu einem mir gänzlich fremden Aspekt dieser Person. »Hallo…«, sagte ich daher etwas verlegen.

»Er… er ist zu erwachsen für mich!« rief sie entgeistert, was meine Frau und mich zum Schmunzeln brachte, hatte doch endlich einmal jemand eine liebenswerte Umschreibung für »zu alt« gefunden!

»Wenn wir uns begegnen, wirst du ältere Männer attraktiver finden als jetzt«, versuchte ich sie schnell zu beruhigen, und Leslie hakte sich bei mir unter. »Papperlapapp, ich finde ältere Männer gar nicht attraktiver«, feixte sie, »ich finde *dich* attraktiv…«

Das Mädchen warf uns zweifelnde Blicke zu. »Ich will ja nicht unhöflich sein, aber darf man fragen, ob ihr glücklich seid?«

»Glücklicher, als du es dir vorstellen kannst«, antwortete ich wahrheitsgetreu.

»Und wann begegnen wir uns? Und wo? Auf dem Konservatorium?«

Sollte ich ihr die Wahrheit sagen? Daß es noch fünfundzwanzig Jahre dauern würde, daß eine gescheiterte Ehe und eine Reihe von unglücklichen Beziehungen dazwischenliegen würden?

Fragend schaute ich meine Frau an.

»Es wird noch eine ganze Weile dauern«, erklärte Leslie mit sanfter Stimme.

»Wirklich?«

Die junge Leslie sah nach dieser Auskunft noch bedrückter aus als zuvor. Enttäuscht wandte sie sich an mich.

»Und was bist du von Beruf? Bist du auch Pianist?«

»Nein«, antwortete ich, »ich bin Pilot…« Ihre Augen wanderten zu Leslie hinüber, »…aber ich lerne Flöte.«

Ihr Gesicht ließ unschwer erkennen, daß sie von einem Amateurflötisten wenig beeindruckt war, aber sie gab mir eine zweite Chance, um mich von einer besseren Seite zu zeigen. »Was kann ich von dir lernen?« fragte sie mit ernster Miene, »was würdest du mir raten?«

»Oh, zum Beispiel, daß das Leben eine Schule mit einer Reihe von Pflichtfächern ist. Dazu gehören die Kunst des Überlebens, eine gesunde Lebensweise und Ernährung...«

Sie lächelte schuldbewußt, und ich fuhr fort.

»Argumente, Tatsachen, Diskussionen werden deine Meinung nicht ändern, nicht einmal dein zukünftiges Du, mit dem du dich eben unterhältst, vermag das. Für uns sind deine Probleme leicht zu lösen, hinterher sind sie es immer, aber du mußt deine eigenen Erfahrungen machen und zu eigenen Einsichten gelangen.«

»Soso, das soll ich also von euch lernen?« lachte sie. »Meine Eltern halten mich jetzt schon für verrückt und dickköpfig, es würde ihnen kaum gefallen zu hören, daß ihr mich darin auch noch bestärkt.«

»Was glaubst du wohl, warum wir gekommen sind?« fragte Leslie.

»Vielleicht, weil ihr glaubt, daß ich mich sonst umbringen würde? Oder weil ihr denkt, daß es euch geholfen hätte, wenn damals jemand euch ermutigt hätte?«

Leslie nickte.

»Ich verspreche euch, nicht aufzugeben«, sagte das Mädchen. »Eines Tages werdet ihr stolz auf mich sein.«

»Ich *bin* stolz auf dich«, erwiderte meine Frau. »Mein Leben war in deiner Hand, und du hast gut auf mich aufgepaßt. Du hast mich nicht aufgegeben, auch nicht in der größten Verzweiflung. Vielleicht sind wir gar nicht gekommen, um dich zu retten, sondern um dir zu danken. Dir verdanken wir es, daß wir uns begegnet und miteinander glücklich geworden sind. Vielleicht sind wir gekommen, um dir zu sagen, daß wir dich lieben.«

Wir verspürten eine leichte Erschütterung, das düstere Wohnzimmer verschwamm vor unseren Augen, der Sog ergriff uns.

Das Mädchen schien zu wissen, daß wir uns von ihr entfernten. »Sehen wir uns wieder?« fragte sie, sich verstohlen über die Augen wischend.

»Das hoffen wir...«, flüsterte Leslie gerührt.

»Danke für euren Besuch«, rief das Mädchen uns nach, »danke!«

Sie sank auf den Stuhl am Klavier und verbarg für einen Augenblick das Gesicht in den Händen. Dann straffte sich ihr Körper, und sie nahm ihr Spiel wieder auf.

7

Das Wohnzimmer verschwand in einer Wolke feiner Wassertröpfchen, und wir vernahmen das vertraute Motorengeräusch unseres Flugzeugs. Pye begrüßte uns mit einem warmen Lächeln.

»Sie hatte so eine schwere Jugend«, schluchzte Leslie bewegt, »sie war so allein. Und nun ernten wir die Früchte ihrer Anstrengungen.«

»Vergiß nicht, daß sie sich dafür entschieden hat«, sagte Pye, »und daß sie diese ›Früchte‹ natürlich auch erntet. Schließlich ist sie ein Teil von dir.«

»Ja, aber ich wüßte trotzdem gern, was aus ihr wird«, sagte Leslie.

»Alles«, antwortete Pye. »Sie wird sich für die Musik entscheiden, sie entscheidet sich dagegen, sie geht nach New York, sie bleibt hier, sie wird eine gefeierte Pianistin, sie bringt sich um, sie wird Mathematiklehrerin, Filmschauspielerin, politische Aktivistin, Botschafterin in Argentinien. Mit jeder Entscheidung, die wir treffen, werden wir gewissermaßen zu den Eltern aller daraus resultierenden Aspekte unseres Selbst. Du bist, wenn du so willst, eines von vielen Kindern.«

Wenige Meter über dem Ozean brachte ich die Maschine in Reisefluglage. Wozu in großer Höhe fliegen, wenn die ganze Welt eine einzige Landebahn ist?

Unter uns glitzerte das Muster wie ein Mosaik – ohne Anfang, ohne Ende.

»Ziemlich komplizierte Zusammenhänge, finde ich«, entfuhr es mir.

»Man muß es Schritt für Schritt angehen«, erklärte Pye, »sonst verliert man unweigerlich den roten Faden.«

»Vermißt du nicht manchmal die anderen Manifestationen deines Selbst?« fragte ich sie. »Uns, zum Beispiel?«

Pye lächelte. »Trennungen gibt es nur in der Raum-Zeit, erinnert ihr euch? Wie könnte ich euch vermissen, wo wir doch gar nicht getrennt sind?«

»Aber du hast einen eigenen Körper«, hielt ich ihr entgegen.

»Das stimmt nicht«, widersprach Pye, »ich habe keinen Körper. Ihr nehmt meine Gegenwart wahr und wählt als vertraute, passende visuelle Hilfe die Form eines menschlichen Körpers. Ihr könntet beliebig viele andere Erscheinungsformen wählen, die alle ebenso nützlich und ebensowenig wirklich sind.«

Leslie runzelte nachdenklich die Stirn. »Und welche höhere Form der Wahrnehmung hätten wir wählen können?«

Statt einer Antwort verwandelte sich unser kleines Cockpit plötzlich in einen bläulich-weißglühenden Lichtbogen. Geblendet schloß ich die Augen, doch selbst jetzt nahm ich noch das gleißende Licht wahr. Dann verschwand es plötzlich wieder, und Pye klopfte uns beruhigend auf die Schultern.

»Tut mir leid«, sagte sie, »das war sehr gedankenlos von mir. Ihr könnt mich ja gar nicht sehen, wie ich meinem Wesen nach wirklich bin. Nur läßt sich die Wahrheit nicht in die uns zur Verfügung stehende Sprache kleiden, und es fällt mir schwer, von *mir* zu sprechen, so als sei ich nicht auch gleichzeitig *ihr*. Andererseits ermöglicht uns die Sprache, die euer gängiges Kommunikationsmittel ist, miteinander zu reden.«

Ich war von dem Licht noch immer wie geblendet. »Pye«, rief ich voll Ehrfurcht, »werden wir jemals so etwas Wunderbares zustande bringen?«

»Es gibt nichts, was ihr zustande bringen müßtet«, lachte

sie. »Was ihr gesehen habt, ist nichts anderes als eure wahre Natur. In der Raum-Zeit habt ihr nur gelernt, euer Licht gewissermaßen auszuschalten.«

Ihre Antwort verwirrte und beunruhigte mich. Mit einem Mal fühlte ich mich diesem uns zwar freundlich gesinnten, aber trotzdem sehr fremdartigen Wesen auf Gedeih und Verderb ausgeliefert, so, als hätten wir die Kontrolle über unser Leben verloren. »Pye«, fragte ich daher vorsichtig, um sie nicht zu kränken, »wenn wir von unseren Ausflügen hierher zurückkehren wollen, gibt es eine Möglichkeit, das Flugzeug selbst zu starten?«

»Ihr braucht weder das Flugzeug noch das Muster, das sich ohnehin ständig verändert, weil ihr es neu gestaltet. Ihr bestimmt, was in eurer Welt geschieht, nicht umgekehrt.«

»Ich brauche mir also nur vorzustellen, daß ich den Steuerknüppel betätige? Wie kann ich meine Hand an den Steuerknüppel legen, wenn ich in einer Welt bin und das Flugzeug in einer anderen? Oder kann ich mich an zwei Orten gleichzeitig aufhalten? Wenn du uns nicht zurückgeholt hättest, dann wären wir wohl im Jahr 1952 hängengeblieben, und zwar als Geister!«

»Ihr seid nicht nur an einem oder zwei Orten gleichzeitig, ihr seid gleichzeitig überall. Ihr erschafft euch eure Welt, nicht umgekehrt. Wollt ihr es noch einmal versuchen?«

Leslie klopfte mir ermutigend aufs Knie. »Probier es, Liebling«, meinte sie und übernahm das Steuer. »Sag mir, wo ich hinfliegen soll.«

So genötigt, lehnte ich mich mit geschlossenen Augen zurück, nur spürte ich leider absolut nichts. »Geradeaus«, befahl ich auf gut Glück, obwohl ich mir ziemlich lächerlich dabei vorkam. Ebensogut hätte ich genau das Gegenteil sagen können.

Eine Weile flogen wir gemächlich dahin. Nur das Motorengeräusch war zu hören. Dann hatte ich plötzlich das starke Gefühl, daß wir uns auf etwas zubewegten...

»Nach rechts«, sagte ich, »noch ein bißchen weiter…«

Ich spürte, wie die Maschine sich leicht seitlich neigte. Ein Gewirr leuchtender Flächen kam in Sicht. Außerdem tauchten ein vertikal und ein horizontal verlaufendes Nebelband auf. Wir näherten uns ihrer Schnittstelle.

»Gut so.«

Das Ziel im Auge, sanken wir schnell tiefer. »Ein bißchen weiter nach links, gleich sind wir da«, sagte ich. »Wir müßten fast Meereshöhe erreicht haben, richtig?«

»Richtig«, bestätigte Leslie.

»Fertig zur Landung.«

Ich hörte die Wellen gegen die Schwimmer schwappen und öffnete gespannt die Augen. Die Welt verschwand in dem nun schon vertrauten weißen Sprühnebel, dann umfing uns pechschwarze Nacht, in der wir undeutlich silbrig schimmernde Objekte wahrzunehmen meinten. Wir waren auf einem riesigen Betonfeld angekommen, und ich wußte augenblicklich, daß es sich um einen Luftwaffenstützpunkt handelte. Blaue Lichter markierten die Start- und Landebahnen; die silbrig schimmernden Objekte entpuppten sich als Kampfflugzeuge.

»Wo sind wir?« flüsterte Leslie.

Bei den Kampfflugzeugen handelte es sich um Düsenjäger vom Typ *F-86F Sabre.* »Wir sind auf der Williams Air Force Base in Arizona«, flüsterte ich zurück. »Hier werden Kampfpiloten ausgebildet. Wir sind im Jahr 1957 gelandet. Ich habe mich nachts immer aufs Flugfeld geschlichen und mir die Jagdbomber angeschaut.«

»Müssen wir flüstern?« fragte Leslie.

In diesem Augenblick tauchte aus der Dunkelheit ein Jeep auf, hielt ganz in unserer Nähe, und gleich darauf hallten die stiefelbewehrten Schritte eines Wachsoldaten durch die Nacht.

»Können Sie sich ausweisen?« fragte er eine Person, die wir nicht sehen konnten. Eine leise Stimme antwortete.

»Er redet mit mir«, raunte ich Leslie zu. »Ich erinnere mich ganz genau...«

»Natürlich, Sir«, ließ sich die erste Stimme wieder vernehmen, »alles in Ordnung.«

Der Motor heulte auf, der Jeep wendete und kam direkt auf uns zu. Plötzlich standen wir im grellen Scheinwerferlicht, aber der Fahrer schien uns nicht zu sehen.

»PASS AUF!« rief ich Leslie zu. Zu spät. Ihr Schreckensruf fuhr mir durch Mark und Bein.

Ohne zu bremsen, fuhr der Jeep durch sie hindurch, beschleunigte und war verschwunden. Verdattert schauten wir uns an.

»Entschuldige«, sagte ich, »ich habe einfach nicht daran gedacht...«

»Macht nichts, ich habe mich auch noch nicht daran gewöhnt«, entgegnete sie und atmete tief durch. Ein junger Mann tauchte unter der Tragfläche auf.

»Ist da jemand?« fragte er.

Er trug die dunkle Offiziersuniform und sah im fahlen Mondlicht selbst wie ein Geist aus. Auf der Uniformjacke prangten die gelben Streifen eines Unterleutnants sowie das weißgestickte Pilotenabzeichen.

»Geh zu ihm«, raunte Leslie mir zu, »ich warte hier auf dich.« Wir umarmten uns schweigend, dann ging ich klopfenden Herzens auf den jungen Richard zu.

»Hallo«, sagte ich, »ich bin hier. Was dagegen, wenn ich dir Gesellschaft leiste?«

»Wer ist *ich*?«

»Unterleutnant Bach, Richard D. A-O-Drei-Null-Sieben-Sieben-Vier«, antwortete ich, ein klein wenig verwundert darüber, daß er so schwer von Begriff zu sein schien.

»Mize, bist du das? Hör auf mit dem Quatsch.«

Phil Mizenhalter, dachte ich traurig, mein bester Freund! In zehn Jahren wird er mit seiner F-105 über Vietnam abgeschossen...

»Nein, ich bin's, Richard Bach. Ich komme aus der Zukunft zu dir.«

Trotz der Dunkelheit spürte ich seinen durchdringenden Blick. »Du bist *wer?*«

Er tat sich wirklich schwer mit mir und stellte meine Geduld auf eine harte Probe. Ich versuchte es ein weiteres Mal.

»Ich bin dein zukünftiges Du, Leutnant, mit ein paar Jahren mehr Erfahrung – dreißig Jahre, um genau zu sein. Ich bin derjenige, der alle Fehler, die du noch begehen wirst, bereits begangen hat.«

Langsam kam er näher und musterte mich argwöhnisch. »Ich werde Fehler machen?« grinste er. »Kaum zu glauben.« Der Junge schien immer noch zu glauben, daß es sich um einen Scherz von Kameraden handelte.

»Du kannst es auch unvorhergesehene Lernerfahrung nennen, wenn dir das lieber ist.«

»Damit kann ich leben«, grinste er.

Ich seufzte und beschloß, Klartext zu reden. »Den größten Fehler hast du bereits begangen«, fuhr ich deshalb energisch fort, »als du zur Armee gegangen bist. Du kannst ihn aber wieder ausbügeln, indem du sie wieder verläßt.«

»Aha.« Er mußte mich für einen ziemlich schrägen Vogel halten. »Ich habe eben meine Ausbildung beendet und kann es kaum glauben, daß ich endlich Jagdpilot bin, da faselst du vom Austritt aus der Armee. Nicht schlecht. Was hast du sonst noch auf Lager?«

»Wie du willst«, bemerkte ich kühl. »Ich habe mir immer eingeredet, ich würde die Luftwaffe gebrauchen, um mir meinen größten Wunsch zu erfüllen, nämlich fliegen zu können. Tatsache ist, daß die Luftwaffe mich gebraucht hat, nur war ich zu versessen aufs Fliegen, um die Sache einmal andersherum betrachten zu können.«

»Dein Pech«, grinste er. »Ich weiß es und liebe außerdem mein Land, und wenn es nötig sein sollte, kämpfe ich auch für seine Freiheit.«

»Erinnerst du dich an Leutnant Wyeth?«

Zum ersten Mal sah ich Unsicherheit in seinem Blick.

»Wyatt«, verbesserte er mich, »er hieß Wyatt. War Ausbilder am Simulator. Hat in Korea wohl was abgekriegt, war danach immer ein bißchen verrückt. Eines Tages schrieb er *Mörder!* an die Tafel und deutete auf uns. ›Damit seid *ihr* gemeint‹, schrie er. Er hieß Wyatt.«

»Weißt du, was du als erstes herausfinden wirst, Richard?« entgegnete ich. »Du wirst feststellen, daß Leutnant Wyatt der einzig Vernünftige unter euch war.«

Er hörte mir kopfschüttelnd zu. »Es ist wirklich kaum zu glauben«, sagte er. »Ich habe manchmal versucht, mir vorzustellen, wie es wohl wäre, dir zu begegnen. Du bist ganz anders, als ich dachte... Ich nahm an, daß du stolz auf mich wärst.«

»Ich bin stolz auf dich«, erwiderte ich, »aber aus anderen Gründen. Schließlich bemühst du dich, dein Bestes zu geben. Allerdings halte ich es für ziemlich pervers, wenn man sein Bestes gibt, um andere Menschen zu töten, um Dörfer und Städte zu bombardieren und hilflose Frauen und Kinder mit Napalm in einen gräßlichen Tod zu schicken.«

»Genau das werde ich tun«, sagte er. »Ich bin Jagdpilot, hast du das vergessen?«

Ich verkniff mir die Erwiderung, die mir auf der Zunge lag.

»Die Verteidigung ist meine Aufgabe!«

Ich schwieg beharrlich.

»He, Mann, was willst du? Ich diene meinem Land und werde alles tun, was nötig ist...«

»Du könntest deinem Land anders *viel* besser dienen«, unterbrach ich ihn. »Hast du dich schon einmal gefragt, warum du wirklich hier bist? Warst du dir selbst gegenüber schon einmal ehrlich genug, um dir deine wahren Motive einzugestehen?«

Diesmal ließ die Antwort auf sich warten. »Wohl, weil ich fliegen will«, brummte er endlich widerwillig.

»Du bist auch geflogen, ehe du zur Luftwaffe gingst. Du hättest weiterhin deine *Piper Cubs* und *Cessnas* fliegen können.«

»Die sind nicht... nicht schnell genug.«

»Aha. Verstehe. Sie sind weniger spektakulär als die Düsenjäger auf den vielversprechenden Plakaten, mit denen die Luftwaffe um neue Rekruten wirbt, was? Oder in den Werbespots.«

»Na ja, kann schon sein.«

»Also, warum bist du hier?«

»Es ist... wie eine Höchstleistung, die du erbringen mußt...« Ich spürte, daß er versuchte, so ehrlich wie möglich zu sein. »Kampfflugzeuge haben etwas Besonderes an sich, vielleicht weil es so aufregend ist... Vielleicht ist es ja aber auch die Befriedigung, das herrliche Gefühl...«

»Erzähl mir mehr darüber.«

»Der Reiz liegt in... in... der Beherrschung der Sache. Wenn ich dieses Flugzeug fliege...«, er klopfte liebevoll auf die Tragfläche der *Sabre*, »nun, ich robbe nicht durch den Schlamm wie die anderen oder hocke in den Schreibstuben herum. Ich durchbreche die Schallmauer in dreizehntausend Meter Höhe, wo niemand außer mir hinkommt oder wenigstens fast niemand. Irgend etwas in mir weiß, daß wir keine an die Erde gefesselten Kriechtiere sind, daß es keine Grenzen für uns gibt, und wenn ich fliege, nun, dann komme ich diesem Zustand am nächsten.«

Er hatte vollkommen recht. Das war der Grund, warum ich der Fliegerei so verfallen war. Ich hatte es nur niemals so formuliert, aber immer schon gefühlt.

»Ich finde es auch nicht gut, wenn sie die Flugzeuge mit Bomben bestücken«, fuhr er fort, »aber was soll ich machen? Nur aus diesem Grund wurden die schnellen Jagdbomber überhaupt gebaut...«

Und ohne Menschen wie dich, Richard Bach, gäbe es keine Kriege. Ich deutete auf die *Sabre*, bei deren Anblick mein Herz noch heute höher schlägt. »Ist sie nicht wundervoll«, sagte ich, »ein phantastischer Köder, nicht wahr?«

»Ein Köder?«

»Ist dir das noch nie in den Sinn gekommen? Die Kampfflugzeuge sind der Köder, und du bist der Fisch.«

»Und was ist der Haken?«

»Wenn du das herausfindest, wird es dir das Genick brechen«, antwortete ich. »Der Haken ist, daß du, Richard Bach, verantwortlich bist für jedes Lebewesen, Mann, Frau oder Kind, das du mit dieser feinen Mordwaffe umbringen wirst.«

»Nun aber mal sachte! Ich bin *nicht* verantwortlich, denn ich treffe keine Entscheidungen. Ich befolge Befehle!«

»Eine schwache Entschuldigung«, entgegnete ich, »oder besser, gar keine Entschuldigung. Auch die Luftwaffe ist keine Entschuldigung, nicht einmal Krieg ist eine Entschuldigung. Jeder Mord, den du begehst, wird dich bis an dein Lebensende verfolgen, jede Nacht wirst du in Schweiß gebadet aufwachen, schreiend, weil du diesen Mord immer wieder aufs neue erlebst.«

Er funkelte mich böse an. »Aber ohne unsere Luftwaffe... Wenn wir angegriffen werden... Es ist meine Aufgabe, unser freiheitliches System zu verteidigen, das die persönliche Freiheit des einzelnen garantiert.«

»Du sagtest, du seist hier, weil du fliegen willst und wegen dem besonderen Reiz, der Herausforderung...«

»Trotzdem verteidige ich unser Land.«

»Genau das sagen die anderen auch, die Russen, Chinesen, Araber, alle. Auch sie verteidigen ihr Vaterland gegen die anderen, gegen den Feind. Aber ihr Feind, Richard, bist *du.*«

Mit einem Mal wirkte er viel weniger arrogant. »Kannst du dich an die Modellflugzeuge erinnern?« fragte er lebhaft. »In jedem von ihnen flog ein kleiner Richard. Und weißt du noch, wie gern ich auf Bäume kletterte und hinunterschaute? Ich fühlte mich jedesmal wie ein junger Vogel, der endlich das Nest verlassen und fliegen will. Oder der Tag, an dem ich das erste Mal im Paul Marcus *Globe Swift* stand? Danach war ich ein anderer Mensch.«

»Der Fisch hatte angebissen.«

»Angebissen?«

»Fangen wir ganz von vorne an. Zuerst lernst du, zu sehen, deine Umgebung wahrzunehmen. Dann lernst du zuzuhören, lernst Geschichten und Lieder kennen. Als nächstes beginnst du zu lesen, lernst Bücher, Plakate, Flaggen, Filme, Statuen, Traditionen, Geschichtsunterricht, Treueeid, Fahnengruß kennen. Da sind wir, und dort sind sie, die anderen, die uns überrollen werden, wenn wir nicht schneller, wachsamer und besser gerüstet sind als sie. Befehle sind Befehle. Alles für das Vaterland.

Unsere Neugierde und unser Interesse für technische Dinge wird gefördert wie auch unsere Begeisterung für alles, was sich bewegt: Autos, Schiffe, Flugzeuge. Beim Militär finden wir dann von jedem Typ die schnellsten, besten und ausgereiftesten Modelle. Biete beispielsweise dem Flugbesessenen, der Richard Bach heißt, die Möglichkeit, die schnellsten Flugzeuge der Welt zu fliegen, gib ihm noch eine schicke Uniform, und schon ist er wer.

Doch jetzt geht es erst richtig los. Bist du auch gut genug? heißt es fortan. Ausdauernd und hart genug? Wenn ja, wirst du damit belohnt, daß du zur Elite gehörst, ein Top-Gun bist! Orden, Ehrenauszeichnungen, Beförderungen werden dir zuteil, weil du, ohne zu hinterfragen, ohne zu zögern, das ausführst, was andere befehlen. Du hast dich freiwillig zu einer Marionette in den Händen anderer gemacht, Richard Bach, und bist auch noch stolz darauf.

Die Werbespots und Plakate zeigen nicht die ganze Wahrheit. Sie zeigen nur die im gleißenden Sonnenlicht dahinsausenden Düsenjäger, sagen dir aber nicht, daß du am Kreuz der persönlichen Verantwortung für jeden Menschen, den du damit umgebracht hast, sterben wirst, egal, ob du selbst abstürzt oder nicht. Die anderen wissen genau, was sie tun, Richard. *Du* bist der Dumme, der bereitwillig anbeißt und stolz darauf ist, wie ein Fisch an der Leine zu zappeln, und warum? Weil der Köder ein schnelles Flugzeug ist und du einer der wenigen Auserwählten bist, die damit fliegen dürfen. So stolz bist du, daß du vergißt, daß am Ende der Tod wartet, dein eigener, glorreicher, ruhmvoller, stolzer, zweckloser, irrsinniger Tod fürs Vaterland, das dich opfert, ohne mit der Wimper zu zucken. Auch die Luftwaffe opfert dich, sogar der befehlshabende Offizier opfert dich. Schließlich gibt es unvermeidliche Sachzwänge. Die einzigen, denen es nicht egal sein wird, daß Menschen getötet wurden, Richard, das bist dann du, und das sind deine Opfer und deren Familien. Aber schließlich stehen ja Ruhm und Ehre auf dem Spiel, nicht wahr?«

Ich war so erregt, daß ich nicht weitersprechen konnte. Kann es sein, dachte ich, daß wir so indoktriniert, so von dem, was man uns glauben macht, durchdrungen sind, daß ein Umdenken unmöglich ist? Und ich? Wenn ich er wäre, würde ich auf mich hören? Wäre ich bereit, umzudenken, die Sache von einem anderen Standpunkt aus zu betrachten?

»Wie meinst du das, ich bin verantwortlich? Was soll das heißen?« unterbrach er meine Überlegungen.

Ein eigenartiges Gefühl bemächtigte sich meiner. Ich sprach mit mir selbst, aber dieser andere Richard hatte seinen eigenen, von mir unabhängigen Willen. Ich konnte ihn nicht beeinflussen, denn wir können unser Leben nur in dem Sekundenbruchteil der Ewigkeit transformieren, den unser zeitlich begrenztes Ich als Wirklichkeit erfährt. In einem anderen Ausschnitt liegt die Entscheidung bei einem anderen.

»Wie viele Menschen werde ich umbringen?« fragte er mit Nachdruck.

»In fünf Jahren, also 1962, wirst du mit dem 478. Kampfgeschwader nach Europa beordert. Die Großmächte bewegen sich am Rande eines Krieges, die Kuba-Krise hält die ganze Welt in Atem. Dein Befehl lautet, ein Primärziel und zwei Sekundärziele zu zerstören. Du wirst eine Wasserstoffbombe auf Kiew werfen, eine Stadt in Weißrußland, die für ihre Filmindustrie bekannt ist, aber dich interessieren nur der Bahnhof mit seinem verzweigten Gleissystem sowie die Maschinenfabriken am Rand der Stadt.«

»Wie viele Menschen...?«

»In Kiew leben neunhunderttausend Menschen, aber wenn du deine Befehle befolgst, werden die wenigen Tausend, die euren Angriff überleben, sich wünschen, daß sie ebenfalls tot wären.«

»Neunhunderttausend?«

»Die Gemüter sind erhitzt, das Ansehen der Nation steht auf dem Spiel, die Sicherheit der freien westlichen Welt«, fuhr ich fort. »Ein Ultimatum jagt das andere...«

»Werde ich... werde ich... die Bombe werfen?« Seine Stimme klang angestrengt angesichts dieser erschreckenden Zukunftsvision, und schon wollte ich nein sagen, denn die Sowjetunion hatte eingelenkt, der Konflikt war entschärft worden, aber der Zorn über diesen Kriegswahnsinn übermannte mich abermals. Ein anderes Ich aus einer Holocaust-Vergangenheit packte mich bei den Schultern und schüttelte mich verzweifelt.

»*Aber ja!* Ich hinterfragte nichts, ebensowenig wie du! Ich dachte, wenn es einen Krieg gibt, dann weiß der Präsident am besten, worum es geht. Schließlich hat er alle Informationen und kennt die Fakten, also ist er verantwortlich. Erst beim Start wurde mir klar, daß der Präsident für den tatsächlichen Abwurf der Bombe gar nicht verantwortlich sein kann, weil er weder fliegen kann noch weiß, wie der Auslöseknopf aussieht. Ohne mich wäre er der harmloseste Wahnsinnige in Washington, und das Leben ginge irgendwie weiter, ohne seine verdammte Bombe, ohne atomare Katastrophe. Aber, Richard, dieser Wahnsinnige hatte *mich!* Er selbst hat nicht die blasseste Ahnung, wie man Millionen von Menschen umbringt, *aber ich habe es für ihn erledigt.* Ich war seine Waffe, nicht die Bombe, nur wollte ich das damals nicht einsehen, obwohl die Zusammenhänge auf der Hand lagen. Auf der ganzen Welt gibt es eine Handvoll Männer, die über ein besonderes Kriegs-Knowhow verfügen, und ohne sie – also uns – wären Kriege überhaupt nicht möglich. Ich habe Kiew zerstört, ich habe neunhunderttausend Menschen bei lebendigem Leib verbrannt, weil ein *Verrückter es mir befohlen hat!*«

Der Unterleutnant starrte mich offenen Mundes an.

»Das Fach Ethik fehlt im Unterricht, wohlweislich«, fuhr ich mit zitternder Stimme fort, »niemand spricht von der Verantwortlichkeit des Jagdpiloten für sein Handeln. Es wäre ja auch völlig unangebracht, weil sie Leute brauchen, die Befehle ausführen und das glauben, was man ihnen sagt. Sie bereiten dich nicht darauf vor, daß dein Gewissen sich melden wird. Sechs Stunden nachdem du Kiew vernichtet hast, muß ein russischer Pilot namens Pawel Tschernow, ein netter Kerl übrigens, der dir sehr sympathisch wäre, seinen Befehl ausführen und Los Angeles in Schutt und Asche legen. Tote, nichts als Tote.«

»Aber ich habe geschworen, unsere Freiheit zu verteidigen! Ich habe einen Eid abgelegt!«

Ich schluckte, holte tief Luft und versuchte es noch einmal.

»Was würde geschehen, wenn du den Befehl verweigerst, um eine Million Menschenleben zu retten?« fragte ich. »Du würdest vor ein Kriegsgericht gestellt und vermutlich zum Tode verurteilt werden. Aber wäre das so viel schlimmer als das, was du den Menschen in Kiew angetan hättest?«

Lange Zeit betrachtete er mich schweigend. »Was«, sagte er schließlich, »soll ich also deiner Ansicht nach tun?«

Ich fühlte mich plötzlich müde. »Es wäre leichter für mich, wenn du wirklich so stur wärst, wie du tust, aber das bist du nicht.«

Er lächelte verlegen. »Ich bin eben du, Sir.«

In diesem Augenblick fühlte ich eine Hand auf meiner Schulter.

»Möchtest du mich nicht vorstellen?« Wie eine Zauberin stand Leslie plötzlich neben mir, die Umrisse ihrer Gestalt waren im fahlen Mondlicht gerade noch erkennbar.

»Leutnant Bach, darf ich vorstellen, Leslie Parrish, deine Seelenverwandte und zukünftige Ehefrau, der Mensch, nach dem du dich sehnst und dem du nach vielen Abenteuern endlich begegnen wirst.«

»Hallo«, sagte Leslie.

»Ich... äh... hallo«, stotterte er. Gerade eben noch Held der Lüfte, stand er jetzt wie ein dummer Junge vor Leslie. »Meine... *Frau?* Seid ihr euch da sicher? Ihr redet von mir?«

Leslie nickte. »In diesem Augenblick bereitet sich eine jüngere Leslie auf ihre Karriere vor und fragt sich, was du wohl für ein Mensch bist, wo du lebst und wann ihr euch wohl begegnen werdet.«

Leutnant Bach war wie vom Donner gerührt, Leslie schien ihn wirklich völlig aus der Fassung zu bringen. Seit er denken konnte, hatte er von einer Frau wie ihr geträumt, sich gewünscht, es möge jemanden wie sie geben.

»Das darf nicht wahr sein«, stammelte er, weswegen er nun sehr viel weniger intelligent und dynamisch als vorhin wirkte. »Ihr kommt wirklich aus der Zukunft? Aus meiner Zukunft?«

»Aus einer möglichen Zukunft«, korrigierte Leslie ihn.

»Aber wieso können wir uns dann begegnen? Wo bist du jetzt?« fragte er Leslie.

»Wir begegnen uns erst, wenn du nicht mehr bei der Luftwaffe bist. In noch einer anderen Zukunft, für die du dich auch entscheiden kannst, begegnen wir uns gar nicht.«

»Aber wenn wir verwandte Seelen sind, *müssen* wir uns doch begegnen! Verwandte Seelen gehören zusammen. Es ist ihr Schicksal, einander zu begegnen«, rief er.

Leslie wich einen kleinen Schritt vor ihm zurück. »Vielleicht, vielleicht auch nicht«, sagte sie mit leiser Stimme.

Ich verfolgte die Szene voller Spannung. Unterleutnant Bach sah ganz so aus, als wäre er für jedes Abenteuer bereit, um seiner Traumfrau zu begegnen!

»Das ist mir neu«, rief er verblüfft. »Es gibt etwas, das verwandte Seelen daran hindern könnte, einander zu begegnen?«

»Mein lieber Richard«, sagte Leslie, und ich fragte mich, welche Leslie da wohl sprach, meine Frau oder eine Leslie aus einer anderen Welt, »du vergißt jene nahe Zukunft, in der du Kiew bombardierst und dein russischer Freund Los Angeles zerstört, unter anderem die Filmstudios der Twentieth Century Fox, wo ich gerade vor der Kamera stehe. Noch ehe die zweite Bombe fällt, bin ich tot.«

Leslie und ich schauten uns im gleichen Augenblick entsetzt an. Es gab tatsächlich eine Zukunft... Verwandte Seelen treffen sich *nicht* immer... Sie wandte sich wieder an Unterleutnant Bach. »Es liegt nicht an uns. Es liegt an dir.«

Wir hatten uns nichts mehr zu sagen, er wußte nun genausoviel wie wir. Der Augenblick des Abschieds war gekommen.

Leslie schloß ihre Augen, stellte sich die Welt des Musters vor und betätigte im Geist den Steuerknüppel unseres Flugzeugs. Schon wurden der nächtliche Himmel, die Kampfflugzeuge, der ganze Stützpunkt von einem leichten Beben erschüttert.

»Wartet...!« rief Unterleutnant Bach bestürzt.

Aber wir waren fort.

Lieber Gott, überlegte ich fieberhaft, Frauen, Kinder, Männer, Schauspielerinnen, Musiker, Bäcker, Ärzte – der Leutnant würde sie womöglich alle töten, er würde keine

Gnade walten lassen, wenn der Präsident den Befehl dazu gab. Er würde sogar seine Seelenverwandte, seine Traumfrau, umbringen. Und wir können ihn nicht davon abhalten, es zu tun. Er ist *ich*, aber ich habe keinen Einfluß auf ihn!

Leslie, die ahnte, was in mir vorging, beugte sich zu mir herüber. »Richard«, sagte sie, »es ist natürlich möglich, daß wir bei ihm nichts erreicht haben. Aber vielleicht... vielleicht ist es uns doch gelungen.«

8

Die Begegnung hatte uns mit Verzweiflung, ja mit grenzenloser Trauer erfüllt. Wie war es möglich, daß moderne, vernunftbegabte Menschen sich mit Kriegen bedrohten und notfalls auch bereit waren, sie zu führen? Nicht, daß uns das neu gewesen wäre, doch die hinter uns liegende Begegnung hatte der alten Frage eine neue Brisanz verliehen. Was wir soeben erlebt hatten, war uns so unter die Haut gegangen, daß uns in diesem Augenblick das ganze Ausmaß des Wahnsinns bewußt wurde.

»Pye«, sagte ich nach einer Weile, »was hat uns dazu bewogen, aus der Vielzahl von Möglichkeiten ausgerechnet diese beiden Begegnungen auszusuchen? Warum gerade Leslie am Klavier und Richard auf dem Militärstützpunkt?«

»Dreimal dürft ihr raten«, rief unsere Reisebegleiterin munter.

Ich versuchte, in beiden Begebenheiten Gemeinsames zu entdecken.

»Beide waren jung und unerfahren?«

»Beide mußten darauf aufmerksam gemacht werden, daß die Verantwortung für alle Entscheidungen ganz allein bei ihnen liegt?« ergänzte Leslie.

»So ist es«, nickte Pye.

»Und um das zu lernen, wollten wir ihnen begegnen?«

»Nein«, sagte sie. »Das war Zufall.«

»Oh, Pye!« rief ich verzweifelt, »wie kannst du nur so etwas sagen?«

»Nun, wenn du nicht an Zufälle glaubst, dann bist du es wohl gewesen, der euch dorthin manövriert hat.«

»Nun, navigatorische Berechnungen waren dabei sicher nicht im Spiel«, brummte ich. Im gleichen Augenblick erinnerte ich mich daran, wie oft wir uns schon darüber amüsiert hatten, daß Leslie, die sich auf der Erde nicht einmal mit Hilfe einer Straßenkarte orientieren kann, ihren Weg in der Luft jedoch problemlos findet – so, als folge sie einem inneren Instinkt.

»Vielleicht bin ich ja der geniale Navigator?« meinte sie spitzbübisch lachend.

Pye nickte lebhaft. »Du hast es zwar im Scherz gesagt, aber Tatsache ist, daß Richard ohne dich nicht hier wäre.«

»So ist es fast immer«, seufzte ich. »Ich bin es, der sich für außersinnliche Wahrnehmungen, Astralreisen und Begegnungen mit dem Tode interessiert, der Bücher darüber liest und Tag und Nacht darüber nachgrübelt. Leslie schaut nicht ein einziges Mal hinein, aber sie kann Gedanken lesen und in die Zukunft schauen...«

»Du übertreibst«, rief Leslie abwehrend. »Ich bin ein alter Skeptiker, und zwar ganz besonders, wenn es um deine Theorien über andere Welten und veränderte Bewußtseinszustände geht.«

»Wirklich?« fragte Pye.

»Na ja, ich gebe zu, daß er auch schon recht hatte«, räumte meine Frau ein. »Manchmal hat er die verrücktesten Ideen, aber ein paar Jahre später gibt es eine wissenschaftliche Erklärung dafür. Also habe ich gelernt, seine Überlegungen mit einem gewissen Respekt zu behandeln. Aber vor allem imponiert mir seine Gehirnakrobatik, weil er dabei auf faszinierende Dinge stößt. Ich bin dagegen eher praktisch veranlagt.«

»Ach ja?« fragte ich in Anspielung auf ihre intuitiven Fähigkeiten.

»Das zählt nicht«, erwiderte sie fast heftig. »Ich konnte es nie leiden, es war mir immer unheimlich, deshalb habe ich auch die Finger davon gelassen.«

»Du hattest, mit anderen Worten, eine so starke Intuition, daß es dich erschreckte«, sagte Pye, »und seither unterdrückst du sie wie viele praktisch veranlagte Skeptiker, die sich schwertun, wenn sie Kräfte, an die sie nicht glauben wollen, bei sich selbst entdecken.«

»Und überhaupt«, mischte ich mich ein, »wer wollte denn unbedingt hierbleiben, anstatt nach Los Angeles zurückzukehren, hm? Und wer kann in der Vorstellung den Steuerknüppel bedienen, du oder ich?«

»Sei nicht kindisch«, protestierte Leslie, die sich in die Enge getrieben sah. »Wenn du nicht wärst, säße ich nicht in diesem Flugzeug. Und die Reise nach Los Angeles war auch deine Idee.«

Da hatte sie nun wieder recht. Mit Blumen und einer Einladung nach Spring Hill hatte ich sie zu diesem Ausflug überredet und von zu Hause weggelockt. Aber so verhält es sich nun einmal mit Ideen. Sie sind Katalysatoren, die treibende Kraft, die uns voranbringt. Sie werfen Fragen auf, die uns umtreiben und dazu bewegen, neue Wege einzuschlagen, sie eröffnen uns neue Perspektiven, zwingen uns zu eigenen Überlegungen, weisen uns in neue Richtungen.

»Pye«, fragte ich, »woher stammen eigentlich Ideen?«

»Zehn Grad nach links«, befahl sie.

»Wie bitte?« sagte ich leicht pikiert. »Ich fragte, woher kommen Ideen? Sie tauchen zu den seltsamsten Zeiten plötzlich auf. Woher? Warum?«

»Die Antwort auf jede mögliche Frage liegt in diesem Muster verborgen«, erwiderte sie rätselhaft. »Du kannst sie finden. Zwanzig Grad nach links, fertig zur Landung.«

Ein kribbelndes Gefühl beschlich mich, das ich auch als Flugschüler immer hatte, wenn mein Lehrer mich vor neue Aufgaben stellte. Doch solange er dabei war, war ich bereit, mich auf jedes Abenteuer einzulassen. Mit Pye erging es mir ebenso.

»O. K., Wookie, bist du soweit?« fragte ich Leslie.

Natürlich war sie es.

Ich folgte Pyes Instruktionen, fuhr die Landeklappen aus und drosselte die Geschwindigkeit.

»Zwei Grad nach rechts«, befahl Pye. »Orientiere dich an der gelben Linie da vorne... Ein bißchen mehr Gas... Genug, so ist es perfekt!«

Wir landeten an einem Ort, der uns wie der Vorhof zur Hölle erschien. Donnerndes, brodelndes Flammengetöse aus gigantischen Schmelzöfen und riesige, an kranähnlichen Hängevorrichtungen von der Decke baumelnde Kessel mit zähflüssiger Schmelze raubten uns fast den Atem.

»Wo sind wir?« entfuhr es mir bang.

Ein Gleiter von der Größe eines Golfwagens hielt ganz in unserer Nähe. Ihm entstieg eine schlanke junge Frau mit Schutzoverall und Helm. Sie lief an uns vorbei, aber wegen des Höllenlärms vermochten wir nicht zu sagen, ob sie uns einen Gruß zugerufen hatte oder nicht. Einer der Kessel wurde automatisch in Kippstellung gebracht, und die grüne, zähflüssige Brühe ergoß sich in einem zischenden, funkenstiebenden Strahl in eine Gußform, vor der die Gestalt der jungen Frau sich als grazile Silhouette abhob. Nach einem letzten prüfenden Blick auf den Kessel drehte sie sich um und kam nun direkt auf uns zu. Unter ihrem Schutzhelm quollen blonde Locken hervor, die ihr Gesicht mit den strahlenden blauen Augen umrahmten. Sie wirkte zerbrechlich in dieser unwirtlichen Umgebung.

»Na, was sagt ihr?« fragte sie zur Begrüßung. Besser gesagt, sie brüllte uns diese Worte zu, um den Lärm zu übertönen. Ich hatte nicht den Eindruck, als sei sie ungern hier.

»Da«, sie reichte uns zwei Schutzhelme, »wahrscheinlich werdet ihr sie nicht brauchen, aber sicher ist sicher.«

»Wir können keine Gegenstände berühren«, begann ich, doch sie winkte ab.

»Kein Problem«, rief sie, »hier geht es.«

Es stimmte, und zudem saßen die Helme wie angegossen. Unsere Begleiterin nickte zufrieden. Ohne sich noch länger aufzuhalten, bedeutete sie uns, ihr zu folgen.

Ich schaute Leslie fragend an. Meine Frau schüttelte unmerklich den Kopf und zuckte mit den Schultern. Unsere Gastgeberin war ihr so unbekannt wie mir.

»Entschuldigung«, rief ich unserer Führerin nach, »darf ich fragen, wie Sie heißen?«

Sie drehte sich mit einem ziemlich verdutzten Gesicht zu uns um. »Ihr könnt mich Tink nennen. Eure Namen sind alle so formell, so unpersönlich...«, erwiderte sie dann und führte uns zu einer abseits gelegenen Rampe.

»Hier wird das Erz mittels verschiedener Verfahren aufbereitet und gewaschen...«, rief sie erklärend, »...dann gelangt es in einen Schmelztiegel – in diesem Trakt gibt es davon fünfundzwanzig – und wird bei dreitausend Grad geschmolzen.« Leslie und ich warfen uns hilflose Blicke zu. Es fiel uns einigermaßen schwer, ihren Erläuterungen zu folgen, denn sie schien vorauszusetzen, daß wir wußten, wo wir waren.

»Bitte, wovon sprechen... sprichst du eigentlich?« wagte ich schüchtern einzuwerfen.

»Wenn ihr eure Fragen bitte bis zum Schluß aufheben wollt«, wurde ich milde ermahnt. »Die meisten werden sich ohnehin von selbst beantworten.«

»Aber wir...«

Sie deutete zur Decke. »Während des Transports wird die Schmelze mit Xenongas gesättigt und in Gußformen gefüllt, die mit einer hauchdünnen Chondritschicht ausgekleidet sind, damit man die Form später besser ablösen kann.«

Nun handelte es sich bei den so hergestellten Blöcken nicht etwa um Stahl, wie man hätte vermuten können, sondern um Glas, dessen Farbe sich im Verlauf des Abkühlungsprozesses von einem satten Orange in ein milchiges Weiß verwandelte.

Roboter waren in Teams damit beschäftigt, die nach vollständiger Abkühlung nahezu unsichtbaren Barren zu bearbeiten, ähnlich wie Diamantenschleifer, die einem Rohdiamanten den letzten Schliff geben.

»Die Blöcke erhalten eine Oberfläche und werden energetisiert«, erklärte Tink weiter, unsere fragenden Gesichter ignorierend, »jeder natürlich ganz individuell...«

Unsere Führerin marschierte zielstrebig die freischwebende Rampe hinauf und winkte uns in eine Schleusenkammer. »Wir kommen jetzt in die Endfertigung«, sagte sie stolz, »das ist das Kernstück der Anlage.«

Türen glitten lautlos auf und zu, der ohrenbetäubende Lärm war wie abgeschnitten. Wir standen in einer Halle, in der sich mit weichem Filz überzogene Tische aneinanderreihten, auf denen die bearbeiteten, polierten Kristallblöcke ruhten. Der Ort strahlte eine feierliche Ruhe aus, die Luft war frisch und sauber. An den Tischen wurde schweigend und konzentriert gearbeitet.

Wir blieben bei einem stämmigen jungen Mann stehen, der an einem ultramodernen Meßpult vor einem mannsgroßen Kristallblock saß. Der Block war so klar und rein, so transparent, daß man ihn mehr ahnte als sah. Und doch nahm man faszinierende Strukturen sowohl an der Oberfläche als auch in seinem Inneren wahr, feinste Lichtbrechungen, ein schier unübersehbares Muster glänzender Fasern, das sich mit jedem Handgriff des jungen Mannes an seinem Meßtisch veränderte.

»Er prüft nach, ob alle Verbindungen hergestellt sind«, flüsterte Tink. »Wenn auch nur eine Faser lose ist oder fehlt, bricht das ganze System zusammen, weil es eine Einheit ist und nur so funktioniert.«

Bei ihren Worten sah der Mann auf. »Hallo«, sagte er erfreut, als wären wir alte Bekannte, »schön, euch zu sehen!«

»Hallo«, erwiderten wir.

Ich nahm all meinen Mut zusammen. »Kennen wir uns denn?« fragte ich.

Er lächelte mich an. Es war ein ungeheuer sympathisches Lächeln. »Kennen schon, nur mit der Erinnerung hapert es wohl ein wenig. Ich bin Atkin. Vor langer Zeit war ich einmal dein Flugzeugmonteur, ein anderes Mal dein Zenmeister… aber es macht wirklich nichts, ich habe nicht angenommen, daß du dich erinnerst.«

Ich rang um Fassung. »Was… was tust du da?«

»Schau es dir an.« Er deutete auf eine Art Mikroskop, aber da ich zögerte, ergriff Leslie die Gelegenheit und schaute als erste hindurch.

»Ui«, murmelte sie anerkennend.

»Was ist? Was siehst du?«

»Es sieht nur aus wie Glas, Richie, in Wirklichkeit ist es… es sind… Ideen! Sie sind alle miteinander verbunden – wie die Fäden eines Spinnennetzes.«

»Was du nicht sagst!«

»Es stehen keine Worte da«, fuhr sie begeistert fort, »man muß wohl versuchen, den Sinn zu entschlüsseln und selbst in Worte zu kleiden, so gut man kann.«

»Was für Worte zum Beispiel?«

»Na gut. Ich werd's versuchen. Hier geht es darum… wie schwer es manchmal ist, Entscheidungen zu treffen, und wie wichtig, unser Bestes zu geben… aber auch, daß wir eigentlich *immer* wissen, was das Beste in einer Situation ist!« Sie sah Atkin mit einem entschuldigenden Lächeln an. »Ich weiß, daß ich der Idee nicht gerecht werde. Würdest du es bitte vorlesen?«

»Aber du machst deine Sache gut«, lächelte dieser aufmunternd. Dann schaute er durch ein zweites Mikroskop. »Es bedeutet soviel wie: *Kleine Ursachen haben große Wirkungen. Menschen, die einen scheinbar unbequemen, schweren Weg beschreiten, erlangen viele Verdienste, von denen die meisten aber erst Jahre später sichtbar werden. Jede Entscheidung ist wie ein Blindflug, Garantien gibt es nicht.* Und daneben heißt es: *Der einzige Weg, Entscheidungen mit unangenehmen Konsequenzen zu vermeiden, ist es, das Leben eines Einsiedlers zu wählen. Dieser Schritt ist allerdings eine Entscheidung mit unangenehmen Konsequenzen.* Und daran knüpft sich folgendes: *Charakterbildung bedeutet, dem uns innewohnenden Sinn für das Gute zu folgen, auf unsere höchsten Ideale zu vertrauen, ohne im voraus sicher sein zu können, ob sie sich bewahrheiten werden oder nicht. Eine der Herausforderungen unserer irdischen Existenz ist es, starren Systemen und Denkmustern wie Kriegen, Religionen, Nationalitäten usw. zu entwachsen, sich zu weigern, daran teilzunehmen, und stattdessen nach bestem Vermögen unser höheres Selbst zum Ausdruck zu bringen.*«

»Oh, Richie, hör doch nur«, rief Leslie. »*Niemand kann die Probleme eines anderen lösen, dessen Problem es ist, daß er seine Probleme nicht lösen will.* Habe ich das richtig gedeutet?« fragte sie Atkin gespannt.

»Vollkommen richtig«, nickte dieser.

Wieder beugte sie sich über den Kristall. »*Mögen wir auch noch so begabt und gerecht sein*«, las sie, »*ein besseres Leben werden wir erst dann erlangen, wenn wir es uns auch vorstellen und zulassen können, daß es uns zuteil wird.*«

Sie lächelte Atkin verstehend und bewundernd zugleich an. »So sehen Ideen aus, wenn man die Augen schließt und darüber nachdenkt. Jede Verbindung ist eine Antwort auf eine Frage. Man kann den Verbindungen beliebig folgen. Es ist phantastisch.«

»Vielen Dank«, sagte Atkin bescheiden.

»Tink«, wendete ich mich an unsere Führerin.

»Ja?«

»Heißt das, daß Ideen aus einer Schmelzhütte kommen? Aus einem *Stahlwerk?*«

»Was dachtest du, Richard?« fragte sie mit ernsthafter Miene. »Sollen wir vielleicht Wattebäusche verarbeiten? Die meisten Menschen vertrauen einer Idee ihr ganzes Leben an. Diese Ideen müssen sie durch widrige Umstände tragen, ihnen Boden unter die Füße geben, das drückende Gewicht unzähliger bohrender Fragen von ihnen nehmen, die ja nicht nur von ihnen selbst, sondern auch von vielen ihrer Mitmenschen gestellt werden – Kritikern, Zynikern, ja Feinden. Ihre Ideen müssen stark genug sein, damit sie die Konsequenzen, die damit einhergehen, ertragen können.«

Ich dachte darüber nach. Es stimmt zwar, daß einem die besten Ideen fix und fertig zugeflogen kommen, aber die Vorstellung, daß sie aus einer Erzgießerei stammen sollten, erschien mir denn doch ziemlich absurd.

»Es ist schon schlimm genug, wenn wir etwas loslassen müssen, an dem wir sehr hängen«, fuhr Tink fort, »aber es ist ungleich schlimmer, wenn Ideen, nach denen wir unser Leben ausgerichtet haben, sich als falsch erweisen…«

»Sieh doch nur, was hier steht«, rief Leslie, die während unseres Gesprächs unbeirrt ins Innere des Blocks geschaut hatte. »*Handel bedeutet nichts anderes als zum Ausdruck gebrachte Idee und Entscheidungsmöglichkeit. Alles, was wir sehen oder berühren können, existiert zuerst auf der geistigen Ebene als Idee, bis diese realisiert und somit sichtbar gemacht wird. Zwar können wir einem anderen Aspekt unseres Ich in einer anderen Raum-Zeit kein Geld zukommen lassen, um ihm aus einer Notlage zu helfen, wohl aber Ideen, die es zu seinem Vorteil umsetzen kann.* Was für ein Gedanke! Wookie, komm her, du mußt es unbedingt selbst versuchen!«

Sie trat zur Seite, um mich hindurchschauen zu lassen. »Es ist unglaublich«, sagte sie dabei, an Atkin gewandt, »man schaut hinein, und es erscheint einem alles so logisch, so gut durchdacht…«

»Wir tun unser Bestes«, erwiderte der wahrhaft bescheidene Atkin. »Dies hier ist beispielsweise eine echte Herausforderung. Es handelt sich um eine sogenannte Kernidee, die *Freie Entscheidung* heißt. Wenn eine solche Kernidee Mängel aufweist, ist das Wesen gezwungen, alles neu zu überprüfen, bis es sich Klarheit verschafft hat. Unsere Aufgabe besteht darin, in diesem Fall helfend einzuspringen, damit das Wesen einen Schritt vorankommt...«

Atkins Stimme wurde zu einem murmelnden Hintergrundgeräusch, so sehr nahm das Muster im Inneren des Kristalls mich gefangen. Es war einerseits unheimlich und gleichzeitig vertraut. Unheimlich, weil die Matrix, bestehend aus einzelnen Lichtfasern und Bündeln sowie irisierenden Flächen, sich sofort zu Gedanken formte, sobald man sie anschaute. Und vertraut, weil ich sicher war, ähnliches mit geschlossenen Augen jedesmal dann zu sehen, wenn mir eine neue, zündende Idee kam.

Es ist so, dachte ich, als ob wir Ideen in Käfige steckten. Jede Sprache, von Arabisch bis Zulu, Kalligraphie oder Stenographie, ist ein Käfig. Mathematik, Kunst, Hieroglyphen... alles Käfige. Theorien sind Käfige, ein Fluch, ja selbst ein die Erde umkreisender Satellit ist ein Käfig. Jeder Versuch, eine Idee auszudrucken oder sichtbar zu machen, stülpt ihr unweigerlich einen sie einengenden Käfig über.

Ein violetter Strahl erweckte meine Aufmerksamkeit, und stockend las ich: »*Das Schlimmste, was einem Menschen widerfahren kann, ist, daß ihm nichts widerfährt, nicht einmal Schlechtes.* Richtig?« fragte ich Atkin, der bestätigend nickte.

»Wort für Wort.«

Im Innern des Kristalls verwandelte sich Violett in Indigo. »*Ein leichtes Leben ist wie ein schlechter Lehrer, bei dem man wenig lernt, denn am Ende zählt nur, was man gelernt und wie man sich entwickelt hat.*«

Wieder nickte Atkin auf meine stumme Frage, und ermutigt schaute ich zurück auf das Muster.

Eine smaragdgrüne Linie durchbohrte gleich einem Pfeil eine diamanten funkelnde Fläche. *Wir können entweder Entscheidungen treffen oder Ausflüchte erfinden. Wenn wir wider besseres Wissen eine Entscheidung nicht getroffen haben, so fühlen wir uns besonders hilflos, als sei unser Leben uns entglitten.* Ich schluckte. Genau das hatte Leslie ihrem jüngeren Ich auch gesagt!

Eine dritte Ebene verband die beiden Flächen miteinander, wie um die Struktur zu verstärken. *Am Anfang eines jeden Lebens erhält der Mensch einen Marmorblock sowie die Werkzeuge, die nötig sind, um eine Skulptur aus dem Block herauszumeißeln. Wir können ihn unbehauen hinter uns herschleppen, ihn in tausend Stücke schlagen oder ein Meisterwerk daraus machen.* Parallel dazu hieß es: *Wir können von den Beispielen anderer lernen, mögen sie nun abschreckend sein oder zur Nachahmung anregen.* Und schließlich eine Querverbindung zwischen der ersten und der zweiten: *Gegen Ende unseres Lebens ist die Skulptur fast vollendet, und wir können uns daranmachen, ihr den letzten Schliff zu geben. Es ist die Chance für unseren größten Fortschritt, wenn wir gelernt haben, die Maskerade der Zeit zu durchschauen.*

Schon schlug mich das nächste Muster in seinen Bann.

Wir erschaffen unsere eigene Realität. Jeder bekommt genau das, was er verdient. Wie können wir uns gegen ein Leben auflehnen, das wir uns selbst maßgeschneidert haben? Wem anders als uns selbst können wir die Verantwortung dafür anlasten? Wer außer uns selbst kann etwas daran ändern?

Eine neue Idee rückte in mein Blickfeld.

Jede noch so faszinierende Idee ist absolut wertlos, solange wir sie uns nicht zu eigen machen.

Natürlich, überlegte ich. Die eigentliche Herausforderung neuer Ideen ist deren Umsetzung. In dem Augenblick, wo wir sie an uns selbst testen, betreten wir Neuland, verwandeln wir theoretische Überlegungen in praktische Erfahrungen.

Ich richtete mich auf, erfüllt von den ungeahnten Möglichkeiten dieses Kristallblocks, die nur darauf warteten, genutzt zu werden, und verlor im gleichen Augenblick den Zugang dazu. Eben noch ein alles absorbierender Wunderkristall, erschien er mir jetzt nur noch wie ein kunstvolles Kuriosum.

»... so wie Sterne, Kometen und Planeten kraft ihrer Gravitation Staubpartikel anziehen«, sagte Atkin eben, glücklich über eine Zuhörerin wie Leslie, die von seiner Arbeit völlig hingerissen war, »sind wir Gedankenzentren, die Ideen aller Größenordnungen anziehen, seien es spontane Eingebungen oder komplexe Gedankengebäude.«

Er bemerkte, daß ich ihnen zuhörte. »Fertig?« fragte er.

Ich nickte, und ohne ein Wort der Erklärung drückte er einen Knopf, worauf der Kristall einfach verschwand. »Keine Angst«, grinste er, als er mein verständnisloses Gesicht sah, »es gibt ihn noch, allerdings in einer anderen Dimension.«

Tink mischte sich ein. »Möchtet ihr vielleicht einem eurer anderen Ich-Aspekte etwas übermitteln?«

»Wie bitte?« fragte ich verdutzt.

»Habt ihr etwas gelernt, mit dem ein anderer Aspekt eures Selbst etwas anfangen könnte? Welchen Gedanken würdet ihr ihm übermitteln?«

Ich erinnerte mich spontan an eine Maxime, die sich für mich schon oft bewahrheitet hatte. *»Es gibt kein Unglück, das nicht zum Segen werden könnte, und keinen Segen, der nicht zum Unglück werden könnte.«*

Tink warf Atkin einen strahlenden Blick zu. »Was für ein wunderbarer Leitsatz«, rief sie. »Und war er euch von Nutzen?«

»Von Nutzen?« rief ich. »Er ist völlig abgegriffen, so oft haben wir ihn benutzt. Wir sind in der Beurteilung von Gut und Schlecht nicht mehr so voreilig wie früher. Schon so manche Schwierigkeit hat sich als Segen herausgestellt und umgekehrt.«

»Was heißt das, Segen oder nicht Segen«, fragte Atkin.

»Es bedeutet, daß etwas uns auf lange Sicht ein Stück weitergebracht hat oder eben nicht.«

»Wie lange ist *auf lange Sicht?*«

»Jahre. Ein Leben lang.«

Atkin nickte schweigend.

»Woher, meint ihr, kommen eure Ideen?« forschte Tink gespannt, als sei ihr die Antwort aus irgendeinem Grund wichtig.

»Wirst du auch nicht lachen?«

»Kommt darauf an.«

»Von der Traumfee«, sagte ich. »Die Ideen kommen uns im Schlaf oder beim Aufwachen, wenn wir noch zu müde sind, um zu denken oder sie aufzuschreiben.«

»Es gibt auch noch eine Duschfee«, sagte Leslie, »und die Wanderfee, die Autobahnfee, die Schwimmfee und die Gartenarbeitsfee. Die besten Ideen kommen zu den Zeiten, wo man sie nicht erwartet, wenn man völlig verschwitzt ist, bis zu den Knöcheln im Schlamm steht oder der Notizblock zu Hause liegt. Fast immer, wenn es schwierig ist, sie aufzuschreiben. Aber sie bedeuten uns so viel, daß wir uns trotzdem fast an jede einzelne erinnern. Wenn wir unserer Traumfee jemals begegnen sollten, werden wir sie vor lauter Begeisterung und Liebe wahrscheinlich erdrücken.«

Tink bekam plötzlich feuchte Augen und schlug die Hände vor das Gesicht. »Ach, ich danke euch, ich danke euch«, schluchzte sie. »Ich habe mich so bemüht, verständlich zu sein… ich liebe euch auch!«

»Du bist unsere Traumfee?«

Sie nickte mit glänzenden Augen.

»Tink ist gewissermaßen unser Boß«, erklärte Atkin und stellte die Parameter seiner Anzeigentafel auf Null. »Sie nimmt ihre Aufgabe sehr ernst.«

Die junge Frau wischte sich verlegen die Tränen aus den Augen. »Ich kann mich zwar nicht an all die seltsamen Namen gewöhnen, mit denen ihr mich bedenkt, aber ihr hört wenigstens zu. Wundert ihr euch eigentlich nie, warum euch die Ideen nicht ausgehen? Ich will es euch sagen. Weil ihr für eure *Ideenfee* genauso wichtig seid wie sie für euch. Ich ermahne jeden, der hier arbeitet, daß wir unser Bestes geben müssen, damit die Ideen ja nicht im leeren Raum verpuffen, sondern bei euch ankommen. Andernfalls könnten wir uns die Mühe nämlich sparen... Bitte entschuldigt die Tränen«, sagte sie wieder etwas gefaßter, »ich weiß gar nicht, was in mich gefahren ist. Atkin, du vergißt, was du eben gesehen hast...«

»Was soll ich vergessen, Tink?« fragte er mit ernstem Gesicht, und Tink lächelte ein wenig.

»Ihr müßt wissen, daß jeder andere, der hier arbeitet, tausendmal weiser und reifer ist als ich...«, beeilte sie sich zu erklären, doch Atkin unterbrach sie.

»...aber keiner verfügt über so viel Charme wie Tink«, sagte er. »Wir waren alle Lehrer, das ist richtig, und wir lieben unsere Arbeit. Es gibt auch Augenblicke, wo es uns gelingt, das Wissen besonders gut zu vermitteln, aber niemand beweist dabei so viel Charme wie Tink. Charme ist wichtiger, als man gemeinhin annimmt, denn ohne Charme ist die beste Idee unattraktiv, niemand will sie haben. Wenn du aber deine Idee von einer Traumfee bekommst, die sie dir unwiderstehlich macht, greifst du sie viel lieber auf, und schon beginnt sie, Veränderungen zu bewirken.«

Meine Gedanken überschlugen sich. Diese beiden liebenswerten Wesen, so überlegte ich, konnten uns sehen, also mußten sie andere Aspekte unseres Selbst sein, die innerhalb des Musters einen anderen Weg eingeschlagen hatten. Die Ideenfee waren also – wir selbst? Wir selbst waren für unsere Ideen verantwortlich? Bedeutete dies, daß andere

Aspekte unseres Selbst damit beschäftigt waren, Wissen auf verschiedenen Ebenen *glasklar* zu machen (im wahrsten Sinne des Wortes!) – in der Hoffnung, daß wir es in unserer Raum-Zeit erkennen könnten?

In diesem Augenblick kam ein kleiner Roboter leise herangesummt, stellte mit großer Sorgfalt einen weiteren Kristallblock vor Atkin ab und entfernte sich nach zweimaligem Piepsen.

»Von diesem Ort kommen alle Ideen?« fragte ich noch einmal, um ganz sicherzugehen, »Erfindungen, Antworten…« Ich konnte es noch immer nicht ganz fassen.

»Nicht alle«, sagte Tink. »Antworten, die man aufgrund eigener Erfahrungen findet, kommen beispielsweise nicht von hier. Nur die ausgefallenen, die, auf die man nicht so ohne weiteres stößt, oder die, über die man stolpert, wenn man einmal nicht von der Alltagsroutine wie gelähmt ist. Wir bemühen uns, aus den unendlich vielen Möglichkeiten diejenigen herauszufinden, die euch vielleicht am ehesten entsprechen.«

»Auch Ideen für Bücher?« fragte ich. »Hat *Die Möwe Jonathan* hier ihren Ursprung?«

»Du warst ein Anfänger und wolltest partout nicht hören«, antwortete Tink beinahe vorwurfsvoll, »dabei war dir diese Geschichte wie auf den Leib geschrieben.«

»Das stimmt nicht«, verteidigte ich mich, »ich habe zugehört, so gut ich eben konnte.«

»O nein«, widersprach sie mit Bestimmtheit, »du wolltest zwar unbedingt etwas schreiben, aber es durfte nicht zu gewagt sein. Ich mußte mir schon etwas Ausgefallenes einfallen lassen, um deine Aufmerksamkeit zu erregen.«

»Etwas Ausgefallenes?«

»Es bedurfte einer direkten Übertragung«, erklärte sie in vorwurfsvollem Ton, »und ich greife ungern auf solche Methoden zurück. Aber wenn ich dir den Titel nicht förmlich ins Gesicht geschleudert hätte, wenn ich die Geschichte nicht wie einen Film vor deinen Augen hätte ablaufen lassen, hätte der arme Jonathan nie das Licht der Welt erblickt.«

So war es also Tinks Stimme gewesen, die ich in jener Nacht vernommen hatte. Ich hatte mich zu Tode erschreckt, weil ich ganz deutlich jemanden diese drei Worte sagen hörte, aber die zu der Stimme gehörende Person nicht sehen konnte. »Vielen Dank, daß du trotzdem an mich geglaubt hast«, sagte ich.

»Oh, gern geschehen«, zwinkerte sie mir versöhnlich zu, um gleich darauf mit großem Ernst weiterzusprechen.

»Ideen, konstruktive Gedanken, umgeben euch wie die Luft, die ihr atmet. Meistens seid ihr nur zu blind, um sie wahrzunehmen. Immer wenn ihr auf Inspiration hofft oder auf Entscheidungshilfen, sucht ihr im Grunde genommen nichts anderes als eine Idee. Aber allzuoft seid ihr gar nicht bereit, die Idee auch wirklich umzusetzen.«

»Wie wahr«, entfuhr es mir.

»*Jonathan* war die einzige Buchidee, die ich dir auf paranormalem Wege zukommen ließ. Ich nehme an, es ist dir schon aufgefallen?«

»Ich glaube, ich bin jetzt nicht mehr auf so spektakulare Methoden angewiesen«, lenkte ich ein, »und ich vertraue dir.«

Sie schenkte mir ein strahlendes Lächeln.

»Dann auf bald, ihr beiden«, sagte Atkin, der sich schon wieder über seine Arbeit gebeugt hatte. Ich bemerkte erst jetzt, daß Leslie in ihrer Vorstellung bereits die Hand an den Steuerknüppel legte.

»Werden wir uns wiedersehen?« fragte sie.

Tink wischte sich verstohlen eine Träne aus dem Augenwinkel. »Natürlich. Bis dahin werde ich jede Idee, die wir euch schicken, aufzeichnen. Und vergeßt nicht, euch mit dem Aufwachen Zeit zu lassen, viel spazierenzugehen, zu schwimmen und zu duschen!«

Wir winkten ihr noch einmal zum Abschied zu; dann löste sich die Szenerie in das nun schon vertraute Chaos auf. Wir befanden uns wieder im Cockpit unseres Flugzeugs, das sanft vom Wasser abhob, und empfanden das erste Mal seit dem Beginn unseres seltsamen Abenteuers Freude statt Bedrückung.

»Pye, es war wundervoll!« sagte Leslie. »Wir wissen nicht, wie wir dir danken können.«

»Oh, ich freue mich, daß ihr glücklich seid«, erwiderte sie, »denn jetzt muß ich leider gehen.«

»Du mußt gehen?« fragte ich erschrocken.

»Für eine Weile«, antwortete sie. »Ihr wißt ja jetzt, wie ihr Begegnungen mit Aspekten eures Wesens herbeiführen könnt. Leslie wird euch immer wieder hierher zurückbringen. Du, Richard, wirst das ebenfalls können, wenn du erst einmal gelernt hast, deiner inneren Stimme zu vertrauen. Ihr werdet schon bald gar keinen Führer mehr benötigen.«

Sie lächelte wie einst mein Fluglehrer vor dem ersten Alleinflug. »Vor euch liegen unendlich viele Möglichkeiten, jeder Weg steht euch offen. Laßt euch von eurem inneren Führer leiten. Auf bald!«

Ein letztes Lächeln, ein blauer, laserartiger Blitz, und Pye war verschwunden.

9

»Ich fühle mich plötzlich nur noch halb so wohl«, bemerkte Leslie mit einem Blick auf das Muster, das sich mit seinen unzähligen Verästelungen unter uns ausdehnte. »Sieht es nicht irgendwie dunkler aus?«

Sie hatte recht. Die pastellfarbenen Strukturen hatten sich verwandelt, Silber- und Goldtöne waren in ein dunkles Blutrot übergegangen, von dem sich bedrohlich wirkende schwarze Linien abhoben.

Ich rutschte unruhig auf meinem Sitz hin und her. »Warum mußte Pye ausgerechnet jetzt verschwinden? Ich habe noch so viele Fragen.«

»Und wie kann sie sich so sicher sein, daß wir der Sache allein gewachsen sind?« fragte Leslie.

»Wenn sie ein weiterentwickelter Aspekt unseres Selbst ist, wird sie es schon wissen«, brummte ich unlustig.

»Mmh.«

»Was meinst du? Sollen wir irgendeine beliebige Stelle anpeilen und landen? Dann werden wir ja sehen, was passiert.«

Leslie nickte. »Gut. Aber laß uns Pyes Rat befolgen. Vielleicht können wir herausfinden, wohin unser innerer Führer uns führen will.« Sie schloß die Augen, lehnte sich zurück und konzentrierte sich.

Nach einer Weile öffnete sie die Augen wieder. »Nichts! Auch nicht die Spur einer Ahnung. Versuch du es mal. Ich übernehme das Steuer.«

Ich schloß die Augen und fühlte sofort eine enorme Anspannung – nicht Angst, eher so etwas wie Vorsicht.

»Fertig zur Landung«, sagte ich und atmete tief durch. Mit einem Mal konnte ich es kaum mehr erwarten.

Im Mondlicht erkannten wir in unserer Nähe ein viereckiges Zelt aus Leder und grober Leinwand, umgeben von unzähligen kleinen Lagerfeuern, die sich wie glühende Lichtpünktchen in die Dunkelheit hinein fortpflanzten. Hier und da ertönte das Grölen betrunkener Männer und das Schnauben von Pferden.

Im Widerschein der Fackeln, die den Zelteingang beleuchteten, standen zwei kleinwüchsige Gestalten in zerrissenen, tunikaähnlichen Gewändern. Auf ihren Köpfen trugen sie Helme, an den Füßen eisenbeschlagene Lederstiefel. Sie waren mit Schwertern und Dolchen bewaffnet.

Himmel, wo sind wir bloß hingeraten? schoß es mir durch den Kopf, und ich legte unwillkürlich meinen Arm schützend um Leslie.

»Hast du eine Ahnung, wo wir sein könnten?« flüsterte ich.

»Auch nicht die leiseste«, flüsterte sie zurück. »Es war deine Entscheidung, hier zu landen.«

Ein paar Feuer weiter brach ein Streit aus. Ich war heilfroh, daß keiner der Soldaten – um solche handelte es sich wohl – uns sehen konnte.

»Ich vermute, daß die Person, um deretwillen wir hier sind, sich im Zelt aufhält«, raunte ich.

Leslie warf einen ungewissen Blick hinüber. »Wenn es sich um einen anderen Richard handelt, haben wir ja wohl nichts zu befürchten, nicht wahr?«

Ich war mir da keineswegs so sicher. »Vielleicht brauchen wir ihm gar nicht zu begegnen, vielleicht habe ich einen Fehler gemacht. Laß uns lieber gehen.«

»Richie, bist du denn gar nicht neugierig? Ich bin sicher, daß wir aus einem triftigen Grund hier sind.«

»Nein«, antwortete ich, »ich will von hier weg. Ich habe nämlich ein ziemlich ungutes Gefühl bei der Sache.«

Leslie schaute sich um und zuckte mit den Achseln. »Na ja, besonders anheimelnd ist das hier wirklich nicht. Vermutlich hast du recht. Laß uns aber trotzdem einen Blick in das Zelt werfen, ja? Dann gehen wir.«

Als ich zögerte, setzte sie sich entschlossen in Bewegung und schlüpfte durch den Eingang in das Zelt. Ihr Schrei fuhr mir durch Mark und Bein.

Wie von Sinnen vor Angst stürzte ich ihr nach. Ein Ungeheuer hatte sie am Hals gepackt; in der freien Hand, die zum Todesstoß erhoben war, blitzte ein Dolch.

»NEIN!«

Mit einem mächtigen Satz stürzte ich mich auf den Angreifer, der einfach durch Leslies Körper hindurchfiel. Sein Dolch landete klirrend auf der Erde.

Der Mann war kleinwüchsig und von gedrungener Gestalt wie die Wachen vor seinem Zelt. Blitzartig bückte er sich nach der Waffe und stürzte sich auf mich. Ich versuchte mich mit einem Sprung zur Seite in Sicherheit zu bringen, doch er hatte mein Manöver vorausgesehen. Sein Dolch traf mich in die Magengrube.

Zitternd blieb ich stehen, während er durch mich hindurchfiel wie zuvor durch Leslie und gegen einen der Zeltpfosten stürzte, der ächzend nachgab. Das Zeltdach über uns sackte ein Stück nach unten.

Wie ein Tänzer wirbelte der Krieger herum, schüttelte sich und hatte, ehe ich mich versah, einen kleinen, handlichen Dolch aus dem Stiefelschaft gezogen. Mit einem behenden Satz warf er sich auf mich, der Dolch durchbohrte mich in Schulterhöhe. Da ich keinen Widerstand darstellte, fiel er gegen einen hölzernen Stuhl und den dahinterstehenden Kerzenständer, der unter der Wucht des Aufpralls zerbrach.

Dieser Mann kannte kein Pardon. Er verstand nicht, was

da vorging, aber das brauchte er auch nicht. Gleich einem auf Kampf programmierten Roboter ging er sofort wieder zum Angriff über. Lauernd wie ein Ringer kam er näher, seine Augen waren zwei von Haß und Wut verengte Schlitze. Er reichte Leslie gerade eben bis zur Schulter, aber alles an ihm strahlte den unbedingten Wunsch aus zu töten.

Völlig unerwartet wirbelte er herum, packte Leslie am Kragen und riß in einer einzigen, blitzartigen Bewegung am Stoff ihrer Bluse. Verständnislos starrte er auf seine leere Hand und ließ den Arm sinken.

»Genug!« rief ich.

Er flog herum und spaltete mir mit ungeheurer Wucht den Schädel.

»AUFHÖREN!«

Mit feindseligem Blick hielt er inne, ließ mich keine Sekunde aus den Augen. Das Angsteinflößende an diesen Augen war nicht ihre Grausamkeit, sondern ihre Intelligenz. Wenn dieser Mensch tötete, war es nicht Zufall, nicht Unglück, sondern kalte Berechnung. Bis jetzt hatte er keinen Laut von sich gegeben.

»Kannst du auch sprechen?« fragte ich, obwohl ich wohl kaum annehmen durfte, daß er Englisch verstand. »Wer bist du?«

Sein Blick wurde noch finsterer, doch er schlug sich an die Brust und bequemte sich zu einer Antwort, die ich überraschenderweise verstand.

»At-Elah«, stieß er stolz hervor. »At-Elah, die Geißel Gottes!«

»At-Elah?« wiederholte Leslie. »Meint er Attila?«

»Attila, der Hunnenkönig?«

Der Krieger weidete sich an meinem Schock, doch schon verengten sich seine Augen wieder zu mißtrauischen Schlitzen.

»Wache!« bellte er.

Sofort erschien eine der Wachen und grüßte den Anführer

der Hunnen, indem er sich mit der Faust auf die Brust schlug.

Attila deutete auf uns. »Du hast mir nicht gesagt, daß ich Gäste habe«, sagte er milde.

Dem Soldaten stand die Angst deutlich ins Gesicht geschrieben. »Aber du hast keine Gäste, großer Attila.«

»Ist hier kein Mann? Keine Frau?«

»Niemand.«

»Du kannst gehen.«

Der Wachposten grüßte und drehte sich um.

Attilas Dolch traf ihn unerwartet und streckte ihn lautlos zu Boden. Es war, als habe der Dolch den Mann nicht einfach in den Rücken getroffen, sondern in zwei Teile gespalten, denn während der Körper wie ein Sack zu Boden fiel, marschierte der Geist des Soldaten zurück auf seinen Posten, als habe er gar nicht bemerkt, daß er seinen Körper verloren hatte.

Leslies Augen weiteten sich vor Entsetzen.

Attila zog den Dolch aus dem Rücken des Mannes.

»Wache!« bellte er. Der zweite Posten erschien.

»Bring ihn hinaus.«

Der Mann zerrte den leblosen Körper hinter sich aus dem Zelt, während Attila den blutigen Dolch im Stiefelschaft verschwinden ließ.

»*Warum?*« fragte ich.

Er musterte mich gleichgültig. »Wenn meine Leibwache nicht sieht, was ich in meinem Zelt sehe…«

»Das meine ich nicht«, unterbrach ich ihn. »Warum bist du so gewalttätig? Warum tötest du? Warum zerstörst du ganze Städte, vernichtest Völker? Grundlos!«

Er schnaubte verächtlich. »Das Geschwätz eines Feiglings! Soll ich etwa meine Augen vor den Greueltaten des römischen Imperiums und seiner Vasallen verschließen? Gott hat mir befohlen, die Ungläubigen vom Angesicht der Erde zu vertilgen. Genau das tue ich.«

Seine Augen funkelten. »Wehe euch, ihr Völker des Westens, denn meine Geißel wird über euch kommen, ja, die Geißel Gottes wird eure Söhne hinwegraffen, eure Frauen sollen unter den Rädern meiner Kampfwagen sterben und eure Kinder unter den Hufen meiner Pferde!«

»Gottes Wort«, höhnte ich. »Leere Worte, bedeutungslose Silben, und doch sind sie gefährlicher als Pfeile, weil niemand sich gegen sie zu erheben wagt. Wie einfach ist es für einen klugen Kopf, Macht über die Leichtgläubigen zu erlangen.«

Er starrte mich entgeistert an. *»Du sprichst meine Worte.«*

»Zuerst werde skrupellos«, fuhr ich fort, erschrocken über die Worte, die mir so leicht über die Lippen gingen, »dann behaupte, daß du die Geißel Gottes bist, und deine Armeen werden Zulauf erhalten von all den Verblendeten, die sich keinen Gott der Liebe vorstellen können oder wollen oder zuviel Angst haben, sich einem furchtbaren, strafenden Gott zu widersetzen. Versprich ihnen Weiber, Wein und das Gold Persiens als Belohnung für jeden Ungläubigen, den sie umbringen, und du hast eine Streitmacht, die jede Stadt in einen Haufen Schutt verwandelt. Um Macht zu erlangen, brauchst du dich nur Gottes Wort zu bedienen, denn er verwandelt Furcht in wütende Raserei, die sich gegen jeden beliebigen Feind wenden läßt.«

Wir starrten uns an, Attila und ich. Es waren *seine* Worte, aber *ich* hatte sie gesprochen. Wir begriffen es gleichzeitig.

Wie leicht war es mir gefallen, mich in Tink und Atkin und ihrer Welt friedlicher Kreativität wiederzuerkennen, und wie schwer fiel es mir diesmal... Er war ich, ein Teil meines Selbst, den ich so gründlich verdrängt hatte, daß ich mich selbst in dieser Konfrontation mit ihm zunächst noch weigerte, ihn wiederzuerkennen.

Attila lief unruhig auf und ab. Töten konnte er uns nicht, also versuchte er es mit Abschreckung.

»Man fürchtet mich wie den Teufel«, schrie er drohend.

Was geschieht, wenn ein intelligentes, vernunftbegabtes Wesen beginnt, die Lügen, die es für andere erfunden hat, selbst zu glauben? Zerstört es sich dann zwangsläufig selbst?

»Du glaubst also, daß Furcht die einzige Möglichkeit darstellt, Macht auszuüben?« ließ Leslie sich traurig vernehmen. »Du merkst vermutlich nicht einmal, daß du in einem Gefängnis sitzt, zusammen mit all den anderen, die sich der Angst für ihre zwielichtigen Zwecke bedienen. Dabei bist du ein überragender Kopf, Attila. Warum nur verwendest du deinen Verstand nicht auf...«

»WEIB!« brüllte er. »HALT DEN MUND!«

»Die sich der Furcht unterordnen, fürchten dich«, sagte sie leise, »dabei könntest du von denen geliebt werden, die sich zur Liebe bekennen.«

Er stellte den Stuhl wieder auf und setzte sich mit dem Rücken zu ihr darauf. Verhaltener Zorn und unterdrückte Bitterkeit spiegelten sich in seiner Miene. »Gott sagt: Ich werde eure Türme und Mauern zum Einsturz bringen, kein Stein soll auf dem anderen bleiben!« rief er. »Ich habe nicht den Befehl zu lieben, sondern zu zerstören.«

Haß, Verachtung und Wut schienen wie glühende Lava in diesem Menschen zu brodeln. »Ich hasse Gott«, schrie er, »ich hasse seine Worte, aber kein anderer Gott außer ihm spricht!«

Wir schwiegen.

»Euer Gott der Liebe«, tobte er, »warum spricht *Er* nicht? Warum erhebt er nicht sein Schwert gegen mich, um mich zum Schweigen zu bringen? Warum zeigt er sich mir nicht?« Mit einem Satz sprang er auf und schleuderte den Stuhl so wütend zu Boden, daß er auseinanderbrach. »Wenn er so mächtig ist, *warum stellt er sich mir dann nicht in den Weg?*«

Wut ist das Ergebnis von Angst. Jeder wütende Mensch ist

in erster Linie ein verängstigter Mensch, der sich davor fürchtet, etwas zu verlieren. Ich war allerdings noch niemals einem so wütenden Menschen begegnet wie diesem Krieger, meinem eigenen Spiegelbild, dem ungezähmten Wilden in mir.

»Wovor fürchtest du dich so sehr?« fragte ich.

»Du *wagst* es, At-Elah furchtsam zu nennen? Dafür lasse ich dich in Stücke reißen und den Wölfen zum Fraß vorwerfen!«

»Du kannst mir nichts anhaben, At-Elah.« Ich rang verzweifelt die Hände. »Warum willst du das nicht einsehen? Du kannst mir nichts anhaben, und ich kann dir nichts tun. Ich bin du, und ich komme aus deiner Zukunft!«

»Du kannst mir nichts tun?«

»Nein!«

»Aber du würdest es, wenn du könntest!«

»Nein.«

Er dachte über meine Antwort nach und schüttelte verständnislos den Kopf. »So? Und warum nicht? Ich bin Gottes Geißel, ich bringe den Tod.«

»Bitte«, sagte, nein flehte ich, »hör auf, dich zu verstekken. Wovor hast du Angst?«

Wäre der Stuhl nicht schon entzwei gewesen, hätte er ihn ein weiteres Mal durch die Luft geschleudert. »Weil ich in dieser kaltblütigen Welt allein bin!« schrie er. »Gott ist *schlecht*, er ist *grausam*. Und ich muß grausamer sein als er, als alle anderen, wenn ich über sie herrschen will. Er selbst gebietet, zu töten oder zu sterben!«

Seine Wut begann zu verrauchen, und er seufzte schwer. »Ich bin umgeben von mißgebildeten Scheusalen, alles ist so sinnlos...«

Leslie sah mich flehend an. »Ich habe genug gehört«, sagte sie traurig, drehte sich um und schritt durch die Zeltwand nach draußen. Ich blieb noch. Hier stand der gefürchtetste Mann der Geschichte, eine Bestie, dachte ich. Er würde uns schon längst umgebracht haben, wenn er es könnte, und trotzdem tat er mir leid. Warum nur? Aber wir hatten uns nichts mehr zu sagen, und so folgte ich Leslie nach draußen. Der Geist des meuchlings gemordeten Wachsoldaten beobachtete beunruhigt, wie sein Körper auf einen Karren verladen und abtransportiert wurde, unfähig, die Vorgänge zu begreifen.

»He, du«, rief er Leslie zu, die vor Gram ganz niedergeschlagen in seiner Nähe stand, »du kannst mich doch sehen, oder? Ich bin doch nicht tot, oder? Ich kann gar nicht tot sein, weil ... ich doch hier bin! Bist du gekommen, um mich ins Paradies zu führen? Bist du meine Frau?«

Sie antwortete nicht.

»Gehen wir«, sagte ich.

Beim Klang meiner Stimme wirbelte er herum. »NEIN!«

»Leslie, du mußt starten«, rief ich.

»Tu du es«, antwortete sie mit müder Stimme. »Ich kann nicht denken.«

»Du kannst es besser«, beharrte ich, aber sie schien mich nicht zu hören. Reglos starrte sie in die Dunkelheit.

Ich muß es wohl versuchen, dachte ich. Also stellte ich mir unser Amphibienflugzeug vor, so gut ich es vermochte, und drückte im Geist den Steuerknüppel nach vorn.

Nichts.

Growly, dachte ich verzweifelt, *nun beweg dich schon!*

»Frau«, rief der Geist des Hunnen. »Komm her.«

Leslie rührte sich nicht. Nach kurzem Zögern faßte das Geistwesen Mut und kam auf uns zu. Sterbliche können uns nichts anhaben, überlegte ich, wie aber steht es mit den Geistern barbarischer Wachposten?

Ich stellte mich schützend vor Leslie. »Du mußt uns hier herausholen«, beschwor ich sie, »ich schaffe es nicht.«

Der Wachposten begann zu laufen.

Angesichts dieser neuerlichen Bedrohung reagierte ich instinktiv. Schlagartig erwachte die in mir schlummernde

Attilanatur, die tödlichen Fertigkeiten des Mannes im Zelt waren meine eigenen. Verteidigung ist Kraftverschwendung; im Fall des Angriffs gibt es nur den Gegenangriff!

Ich stürzte mich auf den Krieger und zielte mit der Faust auf das Gesicht, doch das war nur eine Finte. Im letzten Augenblick riß ich den Arm herunter und traf ihn unterhalb der Gürtellinie. Wir prallten aufeinander.

Unterhalb der Gürtellinie, das ist unfair, schoß es mir in den Sinn.

Zum Teufel mit der Fairneß, knurrte mein primitives Ich.

Der Mann stürzte taumelnd vornüber, und ich verpaßte ihm vorsichtshalber noch einen Handkantenschlag auf den Nacken.

»Mach ihn fertig!« jubelte mein primitives Ich.

Genau das hatte ich vor, als Attilas Welt sich plötzlich auflöste und gleich darauf die Form unseres Cockpits annahm. Licht! Die strahlende Helligkeit war eine Erlösung nach den Schrecken der eben erlebten furchtbaren Erfahrung.

»Richard, hör auf!« schrie Leslie.

Ich verhinderte im letzten Augenblick, daß meine Faust den Höhenmesser zerschmetterte. »Alles in Ordnung?« fragte ich schwer atmend.

Sie nickte. Ihre Hand am Steuerknüppel zitterte. »Ich wußte nicht, daß er uns berühren konnte.«

»Er war ein Geist, so wie wir«, sagte ich, »vermutlich deswegen.«

Ich lehnte mich erschöpft zurück. Attila hatte keine Möglichkeit ausgelassen, Haß und Zerstörung zu verbreiten. *Warum nur?*

Wir flogen eine Weile schweigend weiter, und meine Gedanken wurden ruhiger. Zweimal hatte ich mich nun schon als Zerstörer erlebt, als Kampfpilot und als Heerführer, aber ich wußte nicht, warum. Ich – Attila der Hunnenkönig?

dachte ich. Und doch, verglichen mit dem Piloten, der Kiew auslöschte, war Attila ein Waisenknabe!

»Was bedeutet das alles, Richard?« fragte Leslie. »Wir wissen, daß Ereignisse gleichzeitig ablaufen, aber wie steht es mit der Evolution des Bewußtseins? In deiner Jugend hast du dich zum Massenmörder ausbilden lassen, jetzt wäre das unmöglich. Du bist nicht mehr derselbe wie damals, du hast dich verändert.«

Sie schaute mich an und streichelte meine Hand. »Vielleicht ist Attila auch ein Teil von mir, von jedem, der sich mit Mordgedanken trägt. Vielleicht ist das auch der Grund, warum wir andere Leben bei der Geburt vergessen, damit wir von vorn anfangen und es besser machen können.«

Um *was* besser machen zu können, wollte ich verbittert fragen, aber die Antwort formte sich in meinen Gedanken, bevor ich die Frage zu Ende gedacht hatte. *Um die Liebe zu verwirklichen.* »Du hast recht«, sagte ich statt dessen nur. Trotzdem fühlte ich mich beschmutzt, ich hatte sogar das Gefühl, als sei *Growly* bei dieser letzten Landung ebenfalls beschmutzt worden. Unter uns lockte sauberes, glasklares Wasser.

»Spricht etwas dagegen, daß ich *Growly* kurz aufsetze? Könnte ein Bad vertragen.«

Sie zog fragend die Augenbrauen in die Höhe.

»Eine symbolische Handlung«, lächelte ich etwas gequält. Leslie beugte sich zu mir herüber und küßte mich auf die Wange.

»Warum überläßt du die Verantwortung für Attilas Leben nicht einfach Attila und fühlst dich in erster Linie für das Leben von Richard Bach verantwortlich, wenigstens solange, bis du es besser weißt?«

Bei halber Geschwindigkeit ging ich in den Sinkflug, die Schwimmer berührten die Wasseroberfläche, und *Growly* tauchte in den feinen Sprühnebel ein, mit dem ich die Erinnerung an dieses eine, ganz im Zeichen der Gewalt stehende Leben abwaschen wollte... Doch mein Manöver hatte nur zur Folge, daß wir uns frühzeitig in einer anderen Welt wiederfanden.

10

Wir standen auf einer grünen Almwiese, umgeben von schneebedeckten Gipfeln, hinter denen die Sonne eben blutrot versank. Vor unseren Augen verwandelte sich der Himmel in ein prächtiges Farbenmeer.

Die Schweiz, dachte ich spontan, wir sind auf einer schweizer Postkarte gelandet! In dem tiefer gelegenen, bewaldeten Tal standen ein paar vereinzelte Gehöfte, ein Kirchturm reckte sich gen Himmel.

Wir schauten uns um. Weit und breit war kein Weg zu sehen, der ins Dorf hinunterführte. Auf der Wiese blühten Blumen in allen Farben.

»Weißt du, wo wir sind?« fragte ich Leslie.

»Frankreich«, antwortete sie mit Bestimmtheit. Ich wollte sie gerade fragen, ob sie sich ganz sicher wäre, als sie den Finger an die Lippen legte. »Schau, dort drüben«, flüsterte sie und deutete auf eine Felsspalte in unserer Nähe, wo ein alter Mann in einem einfachen braunen Gewand aus grobem Leinen neben einem Lagerfeuer auf der Erde kniete.

Leslie betrachtete ihn neugierig. »Er betet«, sagte sie, als kenne sie ihn, und näherte sich vorsichtig der knienden Gestalt. Ich folgte ihr. Ob sie sich in diesem Einsiedler wiedererkannte, so wie ich mich in Attila?

Der Mann betete tatsächlich. Wenige Schritte von ihm entfernt bemerkten wir ein wundersames Licht, aus dem eine Stimme sprach. Ehrfurchtsvoll blieben wir stehen.

»...und sollt der Welt geben, wie auch euch gegeben wurde«, sagte die Stimme. »Gebt es denen, die nach der Wahrheit suchen und nach dem Grund des Seins.« Das seltsame Licht war von solcher Klarheit, von einem so intensiven Glanz, daß wir wie gelähmt auf der Stelle verharrten. Vor Jahren hatte ich dieses Licht schon einmal gesehen; für einen Augenblick war es aufgeleuchtet, und ich kannte nur einen Namen dafür: *Liebe.*

Dann, von einer Sekunde zur anderen, war das Licht verschwunden. Wo es eben noch geleuchtet hatte, lag nun ein Haufen goldener Blätter, auf denen in einer wunderbar geschwungenen Schrift Worte geschrieben standen.

Die Gestalt verharrte in ihrer andächtigen Haltung und reagierte auch nicht, als Leslie zu dem Bündel hinüberging und es wie selbstverständlich aufhob. Gespannt beugten wir uns darüber. Anstelle von geheimnisvollen Hieroglyphen oder Runen, die wir erwartet hatten, schauten wir staunend auf einen in englischer Sprache verfaßten Text. Natürlich, schoß es mir durch den Kopf. Der alte Mann würde auf den Blättern vermutlich französische Worte lesen; einem Perser würde ihre Botschaft in Farsi erscheinen. Vielleicht lag darin das Geheimnis jeder Offenbarung – nicht die Sprache zählt, sondern die Übermittlung von Ideen.

Ihr seid Lichtwesen, lasen wir. *Eure eigentliche Natur ist zeitlos und ewig. Ihr habt euch für die Welt entschieden, in der ihr lebt, ihr habt sie geschaffen. Wahr ist, was ihr in eurem Inneren fühlt, und was ihr am meisten ersehnt, zu dem werdet ihr werden.*

Fürchtet euch nicht vor dem scheinbar Bösen und Schlechten oder vor der leeren Drohung des Todes, denn ihr habt euch dafür entschieden, um daraus zu lernen und euren Geist zu vervollkommnen. Vergeßt nicht, daß die Liebe über allem steht und daß ihr in jedem Augenblick die Möglichkeit habt, euer Sein zu transformieren, indem ihr das Gelernte anwendet.

Der Text umfaßte mehrere hundert Seiten. Von tiefer Ehrfurcht ergriffen, lasen wir Seite um Seite.

Ihr seid formschaffendes Sein. Genausowenig wie man stirbt, wenn man durch eine Tür von einem Raum in einen anderen geht, sowenig können Schwert oder Alter euer Sein auslöschen. In jedem Raum macht ihr neue, wertvolle Erfahrungen.

Leslie sah mich mit strahlenden Augen an. Die Worte hatten eine ungeheuer beglückende Wirkung auf uns, und wir fragten uns, wie die Menschen der Epoche, in der wir diesmal gelandet waren, sie wohl aufnehmen würden. Wir fühlten uns sehr weit in die Vergangenheit zurückversetzt, mindestens ins zwölfte Jahrhundert.

Wieder beugten wir uns eifrig über den Text. Kein Wort von religiösen Ritualen oder über die Verehrung von Gottheiten, die Vernichtung Ungläubiger, die Bestrafung von Sündern. Tempel, Hohepriester, Rabbiner, Gemeinden, Chöre, Choräle, Gesänge, besondere Gewänder, einzuhaltende Festtage... nichts dergleichen. Die Schrift wandte sich nicht an unser ständig auf Selbstdarstellung bedachtes Ich, sondern an unser innerstes, liebendes Wesen.

Wenn diese Ideen Verbreitung fänden, dachte ich fast euphorisch, könnte den Menschen der Terror des Mittelalters erspart bleiben...

In diesem Augenblick öffnete der alte Mann die Augen und wurde unser gewahr. Er schien nicht im mindesten erschrocken oder erstaunt. Sein Blick ruhte wohlwollend auf Leslie.

»Ich bin Jean-Paul Le Clerc«, stellte er sich vor. »Und ihr seid wohl Engel?«

Wir schauten uns verwirrt an, worüber der alte Mann sich köstlich amüsierte, als habe er einen guten Witz gemacht. »Das Licht«, sagte er, nachdem er sich wieder beruhigt hatte, »habt ihr es gesehen?«

Wir nickten, und Leslie reichte ihm die Blätter. »Es war Erleuchtung«, stellte sie sachlich fest.

»In der Tat«, Le Clerc verneigte sich leicht, »Erleuchtung. Diese Worte sind der Schlüssel zur Wahrheit für jeden, der sie liest oder hört. Als ich ein Kind war, versprach eben jenes Licht, daß ich sie an dem Tag empfangen würde, an dem ihr erscheint. Jetzt, wo ich alt bin, ist beides eingetroffen.«

»Sie werden die Welt verändern«, prophezeite ich zuversichtlich und erntete einen höchst eigentümlichen Blick.

»Wohl kaum.«

»Aber sie wurden dir gegeben...«

»...als Prüfung...«

»Prüfung?«

»Ich bin weit gereist«, erzählte er, »von Cathay bis zu den fernen Ländern des Nordens. Ich habe die Schriften von hundert verschiedenen Religionen studiert, und trotz dieser wahrlich sehr anstrengenden Beschäftigung war es mir vergönnt, mein Verständnis zu vertiefen«, er blinzelte vergnügt, »und zu erkennen, daß jede religiöse Anschauung ihren Ursprung im Licht hat. Aber dieses Licht kann nur im Herzen leuchten, nicht auf den Seiten eines Buches.«

»Aber was du da in Händen hältst...«, rief ich ungestüm, »...du mußt es lesen, es ist wundervoll!«

»Ich halte Papier in meiner Hand«, entgegnete er ruhig. »Auch wenn ihr die Botschaft in aller Welt verbreitet, wird sie doch nur von denen verstanden, die bereits wissen, daß sie wahr ist. Aber um sie verbreiten zu können, müssen wir ihr einen Namen geben, und sie zu benennen bedeutet, sie zu töten.«

»Etwas Schönes zu benennen bedeutet, es zu töten? Ich fürchte, da kann ich dir nicht folgen...«

»Der Name an sich ist harmlos, aber Ideen einen Namen zu geben, bedeutet, den Nährboden für eine neue Religion zu schaffen.«

»Ich verstehe nicht...«

Lächelnd hielt er mir das Papierbündel hin. »Hier, ich gebe dir...«

»Richard«, stellte ich mich vor.

»... dir, Richard, diese Worte des Lichts. Willst du sie weitergeben an diejenigen, die nicht Zeugen ihrer Entstehung waren? An diejenigen, die nach ihrem Inhalt dürsten? Oder willst du sie für dich behalten?«

»Natürlich nicht!« protestierte ich.

»Und wie wirst du diese Worte nennen, die du der Welt schenken willst, so wie sie dir geschenkt wurden?«

Worauf er nur hinauswill, wunderte ich mich im stillen. Laut fragte ich: »Ist das denn von Belang?«

»Wenn du ihnen keinen Namen gibst, wird es ein anderer für dich tun. Sie werden diese Seiten *Die Schriften des Richard* nennen.«

»Ich verstehe. Nun gut. Nennen wir sie irgendwie... die Seiten.«

»Und wirst du über *Die Seiten* wachen? Oder wirst du den Menschen erlauben, das, was ihnen unverständlich erscheint oder nicht gefällt, abzuändern oder wegzulassen?«

»Nein! Nichts darf verändert werden! Sie wurden uns so, wie sie sind, vom Licht gegeben!«

»Bist du dir da sicher? Auch nicht ein Wort, nicht eine Zeile, damit die Menschen es besser verstehen können?«

»Keine Änderungen!«

Er runzelte mißbilligend die Stirn. »Wer bist du, daß du darüber bestimmen willst?«

»Ich war dabei, als sie uns geschenkt wurden«, rief ich verblüfft. »Ich habe es gesehen, mit eigenen Augen!«

»Soso«, sagte Le Clerc, »und das macht dich natürlich zum Bewahrer der *Seiten*.«

»Es kann natürlich auch jemand anders sein – solange nur nichts verfälscht wird!«

»Aber einen Bewahrer muß es wohl geben?«

»Ich denke, ja.«

»Somit haben wir den ersten religiösen Amtsträger. Jemand, der bereit ist, für eine bestimmte Denkweise sein Leben zu geben, wird zu einem Priester dieses Gedankengebäudes. Jede neue Ordnung, jedes neue Gedankengebäude ist zugleich ein Eingriff in ein bestehendes und bewirkt Veränderungen, die die bestehende Ordnung in Frage stellen.«

»Aber diese Ideen bedrohen niemanden«, widersprach ich, »im Gegenteil, sie fordern Liebe und Verständnis...«

»Und beenden damit die Schrecken von Angst und Sklaverei?«

»Aber ja, natürlich!« Worauf wollte er nun schon wieder hinaus? Und warum schwieg Leslie zu alledem?

»All jene, die aus Furcht und Sklaverei Gewinn ziehen«, sagte Le Clerc, »werden sie die neue Freiheit wohl freudig begrüßen?«

»Wahrscheinlich nicht. Aber wir können doch nicht... dieses Licht... wir können es doch nicht... verloren gehen lassen?«

»Versprichst du, das Licht zu beschützen?«

»Ja!«

»Die anderen Anhänger der *Seiten*... werden sie es auch beschützen?«

»Ja.«

»Und wenn die Anhänger von Furcht und Sklaverei den Herrscher dieses Landes davon überzeugen, daß die *Hüter der Blätter* eine ernstzunehmende Bedrohung darstellen, wenn sie euch verfolgen... wie willst du *Die Seiten* dann beschützen?«

»Ich werde sie verstecken... oder mit ihnen fliehen!«

»Und wenn man dich verfolgt, einholt und festnimmt?«

»Wenn es sein muß, werde ich kämpfen«, erklärte ich heroisch. »Es gibt Dinge, die es wert sind, daß man dafür stirbt.«

Der alte Mann seufzte. »Und so begannen die Kriege der *Hüter der Seiten*«, sagte er. »Waffengeklirr, Banner, Feuer, Zerstörung, Blut in den Straßen. Abertausende von überzeugten *Hütern der Seiten* werden sich zusammenrotten.

Die Lehre der *Seiten* ist eine Herausforderung für jeden Herrscher, der seine Macht mittels Angst und Gewalt ausübt und aufrechterhält. Eine ebenso starke Heeresmacht wird gegen euch ziehen.«

Langsam begann mir zu dämmern, worauf Le Clerc hinauswollte.

»Um euch von den anderen zu unterscheiden«, fuhr er unbeirrt fort, »werdet ihr ein Banner benötigen. Welches Symbol soll das Banner schmücken?«

Mein Herz verkrampfte sich schmerzlich bei seinen folgenschweren Worten, doch ich konnte nicht mehr umkehren. Zu tief hatte ich mich bereits in mein Heldentum, meinen religiösen Eifer verstrickt.

»Vielleicht eine Flamme?« flüsterte ich, »das Symbol des Lichts?«

»So sei es«, sagte er, ruhig in seiner Berichterstattung über ein Kapitel ungeschriebener Geschichte fortfahrend. »Im Zeichen der Flamme werden die *Hüter der Seiten* auf Frankreichs Schlachtfeldern auf die *Verteidiger des Kreuzes* stoßen. Die Flamme wird den Sieg davontragen, und schon bald werden die Städte des Kreuzes von den Anhängern des reinen, wahren Lichts ausgelöscht. Doch das Kreuz wird sich mit dem Halbmond verbünden, und ihre mächtigen Armeen werden von Süden, Osten und Norden über euch herfallen, Hunderttausende gegen eure Achtzigtausend.«

Aufhören, wollte ich rufen, ich weiß, was jetzt kommt.

»Und für jeden Soldaten des Kreuzes und des Halbmonds, den ihr tötet, um euer Geschenk an die Menschheit zu bewahren, werden Hunderte euch und eure Lehre hassen. Väter, Mütter, Frauen, Kinder und Freunde werden *Die Seiten* und die Anhänger dieser Religion hassen, weil durch sie Tod und Zerstörung über sie kamen, und die *Hüter der Seiten* werden die Christen und Moslems aus demselben Grund hassen und verfluchen.«

»Nein!« schrie ich, wissend, daß er die Wahrheit sprach.

»Und während noch die Kriege wüten, werden Altäre entstehen, Schreine und Kathedralen, um die Lehre zu bewahren. All jene, die nach der Wahrheit suchen, werden sich mit den Auswüchsen einer Entwicklung herumschlagen müssen, die sich verselbständigt hat, mit neuen Bestimmungen, rituellen Gegenständen, Opfern, Gesängen, Gebeten, Gewändern und Gold. Die Botschaft der *Seiten*, die Liebe, wird in Vergessenheit geraten angesichts solcher Pracht. Ihr werdet noch mehr Gold brauchen, um noch größere und prächtigere Tempel zu bauen und um Schwerter zu fertigen, mit denen ihr die Ungläubigen, die euch bedrohen könnten, von der Wahrheit des Lichtes überzeugen könnt, um ihre Seelen zu retten.

Und wenn du, der erste Bewahrer der *Seiten*, stirbst, wird man goldene Statuen von dir anfertigen und prächtige Fresken, und die Kunst wird dich unsterblich machen. Sieh, hier, das Licht und die *Seiten*, da der offene Himmel, dahinter das Paradies. Hier kniet Richard der Große in seiner funkelnden Rüstung, daneben der Engel der Weisheit, die heiligen Schriften in der Hand, und dort der alte Le Clerc neben seinem bescheidenen Lagerfeuer in den Bergen.«

Nein, flehte ich innerlich, das darf nicht wahr sein! Doch zugleich wußte ich, daß es so kommen würde.

»Wenn du diese Blätter der Welt zum Geschenk machst, wird aus ihnen eine neue, starke Religion hervorgehen – und eine neue Priesterschaft, der unversöhnliche Feinde erwachsen werden. Hundert Jahre nach uns werden Abertausende wegen der *Seiten*, die wir in unseren Händen halten, den Tod gefunden haben! Wegen diesem Papier!«

In seinen Worten schwang weder Bitterkeit noch Zynismus mit. Leslie zitterte.

»Möchtest du meine Jacke?« fragte ich sie.

»Nein, danke, Wookie«, sagte sie. »Es ist nicht die Kälte.«

Le Clerc steckte einen dürren Ast ins Feuer und hielt ihn unter die Seiten. »Gleich wird uns warm werden.«

»Nein!« rief ich entsetzt und entriß ihm das Bündel. »Du willst die Wahrheit verbrennen?«

»Die Wahrheit verbrennt nicht. Sie kann immer gefunden werden, von jedem, der sie sucht. Nur dieses Papier, an das du dich klammerst, als hinge dein Leben daran, wird verbrennen. Möchtest du, daß daraus die nächste große Weltreligion entsteht?« fragte er lächelnd. »Du wirst der erste Heilige der neuen Kirche sein ...«

Ich schaute betroffen zu Leslie hinüber, begegnete aber nur meinem eigenen Schrecken in ihren Augen. Dann ergriff sie kurzentschlossen den Ast und hielt ihn unter das Bündel. Kleine Flammen züngelten an den Rändern empor, wurden größer und heißer. Ich mußte die Seiten fallen lassen, um mich nicht selbst zu verbrennen. Es dauerte nicht lange, bis nur noch ein Häuflein Asche davon übrig war.

Der alte Mann seufzte erleichtert auf. »Was für ein wundervoller Abend!« sagte er. »Wie oft ist es einem Menschen schon beschieden, die Welt vor einer neuen Religion zu bewahren?« Er sah Leslie fragend an. »Ich hoffe jedenfalls, daß es geglückt ist?«

»Es ist geglückt«, erwiderte sie. »Es wird keine Kriege wegen der *Seiten* geben.«

Er lächelte zufrieden und verneigte sich leicht zum Abschied, dann drehte er sich um und ging davon. Schon nach wenigen Schritten hatte ihn die Dunkelheit verschluckt.

Ich dachte voll Wehmut an die kostbaren *Seiten*, die nun als kleines Aschehäuflein zu unseren Füßen lagen.

»Was soll denn nun aus den Menschen werden, denen die *Seiten* geholfen hätten?« fragte ich Leslie. »Wie sollen sie es nun erfahren?«

»Er hat recht«, sagte sie, »wer die Wahrheit sucht, wird sie auch ohne die *Seiten* finden.«

»Da bin ich mir nicht so sicher«, widersprach ich heftig, »manchmal brauchen wir einen Lehrer.«

»Betrachte es einmal ein wenig anders«, sagte sie. »Stell

dir vor, daß du von dem glühenden Wunsch beseelt bist, herauszufinden, wo du herkommst, wo du hingehst und warum du hier bist. Stell dir vor, daß du nicht ruhen wirst, bis du es herausgefunden hast.«

Ich nickte und begann mir vorzustellen, wie ich unermüdlich und wißbegierig an mir arbeiten würde. Ich würde in Bibliotheken gehen, Vorlesungen und Seminare besuchen, Tagebuch führen, ich würde an einsamen Orten meditieren und versuchen, den Botschaften meiner inneren Stimme zu folgen...

»Gut«, sagte ich befriedigt.

»Und«, sie blinzelte übermütig, »kannst du dir vorstellen, daß du es *nicht* herausfindest?«

Nicht schlecht, dachte ich voll Bewunderung, wie mir diese Frau die Augen öffnet.

»Lady Le Clerc...«, ich verneigte mich lachend vor ihr, »ich ernenne dich zur Prinzessin der Weisheit.«

Sie fiel in einen Hofknicks. »Ich danke dir, Richard Flammenherz.«

Stumm umarmten wir uns. Die Sterne funkelten nicht länger über uns, sondern hüllten uns mit ihrem Glanz ein. Wir fühlten uns eins mit ihnen, mit Le Clerc, mit den *Seiten*, eins mit Pye und Tink und Atkin und Attila, eins mit allem, was ist, war oder jemals sein wird. *EinsSein.*

11

*L*ange flogen wir ziellos dahin, erfüllt von tiefer, stiller Freude, und ich konnte nicht umhin zu denken, daß es jedem Menschen vergönnt sein sollte, wenigstens einmal im Leben hierher zu kommen!

Wir überflogen eine korallenrot glänzende Struktur, die unser beider Aufmerksamkeit erregte. Leslie kreiste in einer engen Kurve darüber.

»Was meinst du?« fragte sie unternehmungslustig. »Sollen wir landen?«

»Ich würde sagen, ja. Hast du eine Ahnung, wonach wir suchen? Was sagt deine Intuition?«

»Daß wir finden werden, was wir finden sollen.«

Trotz fortgeschrittener Abenddämmerung war ich mir ziemlich sicher, daß wir uns auf dem Roten Platz befanden. Kopfsteinpflaster, ein von grellen Scheinwerfern beleuchtetes Gebäude, vergoldete Zwiebeltürme vor nächtlichem Winterhimmel. Es bestand gar kein Zweifel, wir standen mitten auf dem Roten Platz in Moskau, ohne Visum, ohne Führer.

»Das kann ja heiter werden«, sagte ich.

Der Feierabendverkehr brodelte, die Moskauer hatten es eilig, nach Hause zu kommen. In mächtigen Wintermänteln, Pelzjacken und Pelzmützen hasteten sie durch das Schneetreiben.

»Wenn du keinen anderen Anhaltspunkt als die Menschen hättest«, sagte Leslie, »wüßtest du dann, in welchem

Land wir sind? Könntest du dir vorstellen, daß es New Yorker mit Pelzmützen sind?«

Ich versuchte es, aber mir fehlten die für New York typischen, beklemmend engen Straßenschluchten wie auch der für das Nachtleben dieser Stadt typische Nervenkitzel. Außerdem konnte ich keine auffälligen Unterscheidungsmerkmale zwischen Russen und Amerikanern erkennen.

»Könnten es nicht ebensogut Amerikaner sein?« bohrte Leslie weiter. »Wenn wir in Minneapolis wären und diese Leute sähen, würden wir sie als Russen erkennen? Oder anders gefragt, sehe ich wie eine Russin aus?«

Ich sah sie prüfend an. Blaue Augen, hohe Backenknochen, goldblondes Haar... »Du bist geradezu der Prototyp einer russischen Schönheit«, sagte ich.

»Spassibo«, gab sie kühl zurück.

In unserer Nähe war ein Pärchen Arm in Arm stehengeblieben und starrte zu uns herüber, als wären wir grüne Marsmännchen. Sie ernteten verärgerte Blicke anderer Passanten, denen sie im Weg standen, doch die beiden kümmerten sich nicht darum. Wie hypnotisiert sahen sie zu, wie ihre Mitmenschen achtlos durch uns hindurchliefen, als wären wir überhaupt nicht vorhanden.

»Hallo«, rief Leslie und nickte ihnen zu.

Keine Reaktion. Hatte unsere Fähigkeit, uns in jeder Sprache verständlich zu machen, ausgerechnet hier versagt?

»Hallo«, versuchte ich es noch einmal. »Wie geht es euch? Wartet ihr auf uns?«

Die junge Frau erholte sich als erste von ihrem Schock. Unter der runden Pelzkappe quoll langes dunkles Haar hervor. Sie musterte uns mit unverhohlener Neugierde. »Vielleicht«, meinte sie mit einem verwirrten Lächeln. »Jedenfalls wünschen auch wir euch einen guten Abend.«

Sie kam uns entgegen, wobei sie ihren Begleiter, der aussah, als würde er am liebsten einen weiten Bogen um uns machen, am Arm hinter sich herzog.

»Ihr seid Amerikaner«, stellte die Frau fest.

»Sieht man uns das etwa an?« fragte ich, nun ebenfalls verwirrt.

»Ihr seht eben wie Amerikaner aus.«

»Und woran erkennt ihr das? Haben wir den typischen Neue-Welt-Blick oder so etwas ähnliches?«

»Den Haarschnitt. Amerikaner erkennt man an ihrem Haarschnitt!«

Unsere kleine Gruppe brach in schallendes Gelächter aus. Seltsam, dachte ich, da kennen wir uns erst seit ein paar Minuten und lachen schon wie alte Bekannte miteinander. Es gelang uns, ihnen unsere Geschichte einigermaßen verständlich zu machen; mehr als alles andere aber überzeugte wohl der Umstand, daß nur sie uns sehen konnten, die beiden von unserer »Echtheit«. Tatjana und Iwan Kirilow schienen von der Eröffnung, daß sie in uns sich selbst begegneten, ebenso fasziniert zu sein wie von der Tatsache, daß sie es mit zwei waschechten Amerikanern zu tun hatten.

»Wir wohnen nicht weit von hier«, erzählte Tatjana, »dürfen wir euch zu uns einladen?«

Die Wohnung der beiden zeugte von dem ausgesprochen guten Geschmack ihrer Bewohner. Tatjana führte uns ins Wohnzimmer. »Bitte fühlt euch wie zu Hause.«

Ein geschecktes Kätzchen, das auf den Namen Petruschka hörte, lag zusammengerollt auf der Couch. Tatjana hob es in ihren Schoß und kraulte es liebevoll hinter den Ohren, worauf Petruschka schläfrig blinzelte, sich wieder zusammenrollte und schnurrend weiterschlief.

Deckenhohe Regale, angefüllt mit Büchern, Schallplatten und Kassetten von Bartók, Prokofjew, Bach, Tina Turner (dieselbe Musik, die wir zu Hause hörten!), Bücher über Bewußtseinsforschung, Thanatologie, parapsychologische Phänomene. Das einzige, was ihnen fehlte, war der für uns unverzichtbar gewordene Personalcomputer. Wie konnten sie nur ohne PC auskommen?

Iwan, so erfuhren wir, hatte als Luftfahrtingenieur eine gesicherte Stellung inne, war Parteimitglied und erst kürzlich im Luftfahrtministerium in eine Vertrauensstellung aufgestiegen. So verwunderte es nicht, daß wir schon nach kurzer Zeit über Probleme der Aerodynamik fachsimpelten, während unsere Frauen andere Probleme wälzten.

»In den letzten zwanzig Jahren«, machte Tatjana ihrem Herzen Luft, »wurde man das Gefühl nicht los, als sei es unserer Regierung gleichgültig, was in diesem Lande geschieht. Wahrscheinlich dachten die Herren Parteifunktionäre, daß ein uneffektiver Verwaltungsapparat die Leute so beschäftigt, daß sie gar keine Zeit haben, auf dumme Gedanken zu kommen. Der bürokratische Wasserkopf war unglaublich! Dann auf einmal hieß es Perestroika und Glasnost, und seither sind die Dinge in Bewegung geraten.«

»Während eure Regierung sich in einem ideologischen Erneuerungsprozeß befindet«, warf ich ein, »erinnert mich unsere mehr an eure, wie sie früher gewesen ist.«

»Besser, wir gleichen uns einander an, als daß wir uns die Köpfe einschlagen«, erklärte Iwan. »Habt ihr übrigens die Zeitung gelesen? Wir können nicht glauben, was euer Präsident da von sich gegeben hat.«

»Die Rede vom Reich des Bösen?« fragte Leslie. »Polemik. Staatsoberhäupter scheinen einen Hang zum Dramatisieren zu haben, in dieser Rede jedenfalls schoß er weit übers Ziel hinaus...«

»Es war in der Tat eine unkluge, dumme Rede, aber nein, davon spreche ich nicht. Hier, in der heutigen Ausgabe... Lest selbst!« Tatjana reichte uns die Zeitung und zeigte uns den besagten Artikel. Dort hieß es, daß mit der vorübergehenden Gefahr radioaktiver Verseuchung eines Teils der Erde eher zu leben sei als mit der permanenten Bedrohung durch den Kommunismus. Ferner rühmte der Präsident den Mut seiner Landsleute und schwor, Gottes Willen zu erfüllen und der Freiheit zum endgültigen Sieg zu verhelfen.

Der Artikel ließ mir das Blut in den Adern gerinnen. Warum mußten Menschen sich immer wieder zu den Verteidigern von Gottes Willen aufschwingen?

»Was soll das heißen?« erregte sich Leslie. »Vorübergehende radioaktive Verseuchung? Endgültiger Sieg der Freiheit? Wovon redet er eigentlich?«

»Er ist sich der Unterstützung der breiten Masse sicher, das meint er«, sagte Iwan. »Wollen die Amerikaner das russische Volk denn tatsächlich vernichten?«

»Aber natürlich nicht«, antwortete ich. »Unsere Präsidenten wollen einfach nicht auf Polemik verzichten. Und solange keine demonstrierenden Menschenmassen das Weiße Haus mit Steinen bombardieren, gehen sie davon aus, daß das Volk sie unterstützt.«

»Wir waren gerade dabei, einen Fuß über die Schwelle unserer kleinen Welt zu setzen«, meinte Tatjana nachdenklich, »und überlegten uns, ob wir nicht tatsächlich zu viel Zeit und Geld für die Verteidigung aufwenden, aber jetzt... Diese Rede hat viel Schaden angerichtet! Ich frage mich immer wieder, wie sich dieser Teufelskreis durchbrechen läßt? Wir rüsten und drohen und drohen und rüsten...«

»Stell dir vor, du hast ein Haus geerbt, das du noch nie vorher gesehen hast«, sagte ich. »Eines Tages fährst du hin, um es dir anzuschauen, und stellst fest, daß Türen und Fenster...«

»... mit Raketen bewehrt sind«, fiel Iwan mir ins Wort, erstaunt darüber, daß ein Amerikaner dieses in Rußland gängige Bild gebrauchte. »Maschinengewehre, Kanonen und Raketen sind auf das Nachbarhaus gerichtet, das ebenfalls von Waffen starrt. Beide haben so viele Waffensysteme aufeinander gerichtet, daß sie sich hundertmal vollständig vernichten könnten. Was würden wir tun, wenn wir dieses Haus geerbt hätten?«

Damit schwieg er und bedeutete mir, die Geschichte zu Ende zu erzählen.

»Wir könnten versuchen, mit den Waffen zu leben und hoffen, daß wir sie nie gebrauchen müssen«, sagte ich. »Oder ich könnte, mißtrauisch wie ich bin, noch mehr Waffen heranschaffen, weil der andere ja auch dauernd nachrüstet und seine Waffensysteme modernisiert. In der Zwischenzeit beginnt in den Zimmern die Farbe von den Wänden zu blättern, dann ist das Dach undicht und der Keller feucht, die Wände schimmeln, aber das nehme ich für meine Sicherheit in Kauf. Hauptsache, die Waffen blitzen und funkeln.«

»Aber wird der Nachbar nicht irgendwann einmal, wenn ihm die Nerven durchgehen, zum Beispiel, das Feuer eröffnen?« fragte Leslie. »Oder würde er auf einen Angriff verzichten, wenn ich beginne abzurüsten und ihn somit weniger bedrohe?«

»Wir könnten ja mit *ein paar* Gewehren anfangen«, schlug Tatjana vor. »Ich glaube nämlich auch nicht, daß er angreifen wird, nur weil er jetzt um ein paar Gewehre stärker ist als wir und wir ihn ein paarmal weniger vernichten können.«

»Du willst einseitig abrüsten, Tatjana?« rief ich. »Ohne die Sicherheit eines Abkommens, während dein Nachbar all diese gefährlichen Waffen auf dich richtet und ständig an der Entwicklung von Nachfolgesystemen arbeitet?«

Sie sah mich trotzig, ja herausfordernd an. »Einseitig«, bestätigte sie.

»Gut. Du rüstest ab«, stimmte Iwan ihr zu. »Dann bittest du ihn zum Tee. Du bietest ihm eine Kleinigkeit an und erklärst so nebenbei, daß du dieses Haus geerbt hast, so wie er das seine. Aber nur, weil die beiden Väter miteinander verfeindet waren, müssen es die Kinder doch nicht auch sein. Haß aus Tradition, gewissermaßen. Du erklärst, daß du nichts gegen ihn hast und auch zukünftig keinen Streit willst, und fragst ihn, ob sein Haus auch so reparaturbedürftig ist wie deines.«

Iwan verschränkte die Arme vor der Brust. »Was tut dein Nachbar nun? Ißt er das Gebäck auf, geht nach Hause und eröffnet das Feuer?« Er zwinkerte mir zu. »Wärt ihr Amerikaner wirklich so verrückt, daß ihr nach dem Tee nach Hause gehen und uns angreifen würdet?«

»Wir sind nicht verrückt«, sagte ich, »wir sind verschlagen.«

Er runzelte die Stirn. »Verschlagen?«

»Ihr seid also davon überzeugt, daß Amerika Billionen für Raketen und hochtechnisierte Steuerungssysteme ausgibt? Nun, dem ist nicht so. In Wirklichkeit *sparen* wir das viele Geld nämlich. Sicherlich willst du jetzt wissen, wie uns das gelingt?«

»Ja. Wie?«

»Unsere Raketen haben keine Steuerungssysteme. Sie haben nicht einmal einen Antrieb. Nur Sprengköpfe. Der Rest ist Attrappe. Schon lange vor der Katastrophe von Tschernobyl hatten wir erkannt, daß es völlig gleichgültig ist, wo die Bomben explodieren.«

»Gleichgültig?« Er sah mich gespannt an.

Ich nickte. »Wir sind nicht so naiv, wie ihr gerne annehmt. Schon ziemlich früh waren uns zwei Dinge klar. Erstens schaffen wir mit jedem Raketensilo, den wir errichten, zugleich ein potentielles Angriffsziel für euch. Schon beim ersten Spatenstich habt ihr es im Fadenkreuz und richtet fünfhundert Megatonnen darauf. Zweitens war Tschernobyl, gemessen an der Sprengkraft eines einzigen nuklearen Sprengkopfs, ein unbedeutender nuklearer Unfall auf der anderen Hälfte des Erdballs. Sechs Tage später jedoch wurde in Wisconsin die Milch auf Gammastrahlung untersucht und vernichtet!«

Iwan zog die Augenbrauen in die Höhe. »Ihr habt erkannt...«

Ich nickte. »Zehn Millionen Megatonnen sind aufeinander gerichtet, da ist es gleichgültig, wo sie losgehen. Alle werden sterben, die einen schneller, die anderen langsamer, dafür qualvoller. Warum also Billionen für Raketen und immer ausgefeiltere Steuerungssysteme ausgeben? Solltet ihr eure Raketen starten, würdet ihr durch die Strahlung eurer eigenen Atomwaffen vernichtet werden. Aber was tut ihr? Ihr ruiniert eure Wirtschaft mit dem Bau immer neuer Raketen.« Schlau wie ein Fuchs beäugte ich ihn. »Habt ihr euch nie gefragt, wie die Amerikaner sich Disneyworld leisten können?«

Tatjana riß ungläubig die Augen auf.

»Staatsgeheimnisse«, sagte ich. »Meine Kumpels von der Luftwaffe sind jetzt Generäle. Die einzigen amerikanischen Raketen, die wirklich funktionieren, sind unsere PRM-Raketen.«

»PRM-Raketen?« Tatjana und Iwan sahen sich entgeistert an. Beide waren hohe Tiere in der Partei, aber sie hatten noch nie etwas von PRM-Raketen gehört.

»Public Relations Missiles«, erklärte ich. »Ab und zu lassen wir eine fliegen...«

»Und vierhundert Kameras übertragen das Ereignis«, fiel Iwan mir ins Wort. »Ihr zeigt es nicht den Amerikanern, sondern den Russen!«

»Korrekt«, sagte ich. »Ist euch noch nie aufgefallen, daß die Rakete jedesmal gleich aussieht? Ganz einfach, es *ist* dieselbe Rakete!«

Tatjana schaute Iwan an, der keine Miene verzog, und brach in schallendes Gelächter aus.

»Was würde wohl das KGB dazu sagen, wenn es dieses Gespräch abgehört hätte?« fuhr ich fort, und Iwan lächelte schlau.

»Und wenn das CIA mitgehört hätte? Was dann?« versetzte er gespannt.

»Sie würden uns der Spionage bezichtigen und uns den Prozeß machen, weil wir ein Staatsgeheimnis ausgeplaudert haben, nämlich, daß wir euch nicht anzugreifen brauchen, weil wir getrost zusehen können, wie die russische Wirtschaft, die die Rüstungsausgaben nicht verkraften kann, vor die Hunde geht.«

»Wenn unsere Regierung das herausfände...«, begann Tatjana.

»... dann bräuchtet ihr keine Raketen mehr«, entgegnete Leslie. »Ihr könntet völlig unbewaffnet und trotzdem sicher hier leben, weil unsere Raketen Attrappen sind.«

»Und selbst wenn sie es nicht wären«, hakte ich ein, »würde uns die radioaktive Strahlung unserer eigenen Bomben sechs Tage später erwischen!«

Iwan seufzte und sah Tatjana an, die ihm unmerklich zunickte.

»Die UdSSR hat ihre eigenen Geheimnisse«, sagte er sodann. »Um den Rüstungswettlauf zu gewinnen, ist es nötig, daß die Amerikaner uns unterschätzen, daß Veränderungen ihnen verborgen bleiben. Sollen sie ruhig denken, daß die Ideologie bei uns an erster Stelle steht, weit vor den wirtschaftlichen Erwägungen.«

»Aber ihr baut U-Boote und Flugzeugträger, und eure Raketen funktionieren«, hielt ich ihm entgegen.

»Natürlich. Aber sollte dem CIA entgangen sein, daß unsere neuen U-Boote keine Raketen an Bord haben – dafür aber Aussichtsfenster?«

Verunsichert zuckten wir mit den Schultern.

»U-Boote können auch Profit erwirtschaften«, sagte Iwan.

»... wenn man sie für Unterwasserbesichtigungsfahrten einsetzt«, fügte Tatjana hinzu. »Die Nation, die als erste Touristen auf den Meeresgrund befördert, wird reich werden.«

»Ihr glaubt, daß wir Flugzeugträger bauen?« fuhr Iwan fort. »Denkt lieber noch einmal darüber nach. Nicht Flugzeugträger, sondern schwimmende Eigenheime für Menschen, die reisen wollen, aber nicht gern in Hotels wohnen.

Kein Industriesmog, riesige Tennisplätze. Man fährt dorthin, wo man am liebsten leben würde. In ein wärmeres Klima beispielsweise.

Dann die Raumfahrt. Habt ihr eine Vorstellung davon, wie lang die Warteliste derer ist, die an einem Raumflug teilnehmen wollen und für zwei Stunden jeden Preis zahlen, den wir verlangen? Ich fürchte, daß ihr auf den Zusammenbruch der russischen Wirtschaft noch lange warten könnt.«

Ich fiel aus allen Wolken. »Ihr *verkauft* Raumflüge? Was ist aus eurem Kommunismus geworden?«

»Kommunisten haben nichts gegen Geld.«

Leslie sah mich triumphierend an. »Siehst du, was habe ich dir gesagt?«

»Was hat sie dir denn gesagt?« fragte Iwan neugierig.

»Daß ihr gar nicht so viel anders seid als wir und daß es gut wäre, wenn wir uns mit eigenen Augen davon überzeugen könnten.«

»Die feindselige Haltung vieler Amerikaner änderte sich schlagartig«, erzählte Leslie, »als das amerikanische Fernsehen eine vierteilige Serie ausstrahlte, in der die Russen Amerika erobern und unsere Regierung durch eure ersetzen. Mit jedem Teil wuchs die Langeweile der Zuschauer. Die Leute konnten nicht glauben, daß die Russen wirklich so langweilig wären, und wollten wissen, wie es bei euch wirklich aussieht. Innerhalb kürzester Zeit reisten dreimal soviel Amerikaner in die UdSSR wie in früheren Jahren.«

»Und?« fragte Tatjana gespannt. »Wie langweilig sind wir eurer Meinung nach wirklich?«

»Oh, hier wie da gibt es Gutes und Schlechtes«, sagte ich. »Bei uns gilt die persönliche Freiheit als höchstes Gut, bei euch spielt sie eine untergeordnete Rolle. Wir können uneingeschränkt reisen, ihr habt keine Probleme mit der Pornographie. Nichts von alledem wiegt jedoch so schwer, daß wir übereinander herfallen müßten.«

»In jedem Konflikt gibt es zwei Möglichkeiten«, sagte Leslie. »Entweder die Möglichkeit zu lernen oder aber sich mit Waffengeklirr zu verteidigen. Letzteres hat das Leben auf dieser Welt immer mehr erschwert. Wie wäre es, wenn wir uns endlich dafür entscheiden würden, dazuzulernen, anstatt uns zu bedrohen? Wenn wir uns füreinander interessieren würden? Interesse statt Angst?«

»Vielleicht beginnen wir ganz allmählich in diese Richtung umzudenken«, sagte ich und überlegte im gleichen Augenblick, was wir aus der Begegnung mit Tatjana und Iwan zu lernen hatten. Daß sie *wir* sind? Amerikaner sind Russen sind Chinesen sind Afrikaner sind Araber sind Skandinavier sind Inder? Daß wir alle verschiedene Manifestationen desselben Geistes sind, entstanden aus den unzähligen Wahlmöglichkeiten des endlosen Musters unserer Leben in der Raum-Zeit?

Es war bereits weit nach Mitternacht, doch wir konnten kein Ende finden. Zuviel hatten wir uns zu erzählen, zu sehr bewegte uns das Hin und Her der Supermächte, das das Leben hier wie da so nachdrücklich bestimmte. Wir fühlten uns wohl, wie gute Freunde, die furchtlos miteinander reden können. Es gab keine Notwendigkeit für eine Bombe, aus dem unbekannten Feind im Reich des Bösen waren Menschen wie wir selbst geworden, die sich dieselben Fragen stellten wie wir. Unsere Furcht voreinander löste sich in Nichts auf. Für uns vier gab es keinen Teufelskreis mehr.

»Seht«, sagte Tatjana plötzlich, »hört ihr nichts?« Fragend, lauschend sahen wir uns an und meinten, ein tiefes, langgezogenes Stöhnen zu vernehmen. Es schien von draußen zu kommen, von irgendwoher aus der Dunkelheit... Dann heulten Hunderte von Sirenen gleichzeitig auf, ein infernalisches Getöse.

»Die Amerikaner!« schrie Tatjana und sprang in panischer Angst auf. *»Die Amerikaner kommen!«*

Wir rannten zum Fenster. In der ganzen Stadt gingen die Lichter an. »Was bedeutet das, Richard«, fragte Leslie. »Ich hoffe, es ist kein Ernstfall.«

»Es ist *der* Ernstfall«, versetzte Iwan schreckensbleich, riß zwei Schlafsäcke aus einem Schrank und warf Tatjana einen zu, die Petruschka hineinpackte und zur Tür rannte, Iwan nach. Wir standen wie gelähmt. Einen Augenblick später kam Iwan zurück. »Worauf wartet ihr noch?« rief er und sah uns mit großen Augen an. »Los, kommt mit. Wir haben fünf Minuten Zeit.«

Zu viert rannten wir auf die Straße hinaus. Sie glich einem Irrenhaus. Verängstigte Menschen schoben sich schreiend hin und her, Eltern mit kleinen Kindern im Arm, größere, die sich verzweifelt an Röcke und Jacken klammerten, um nicht von den Eltern getrennt zu werden, alte Leute, die Mühe hatten, nicht umgerannt zu werden.

Als Iwan sah, daß die Menschen einfach durch uns hindurchstolperten, zerrte er Tatjana zur Seite und blieb atemlos stehen.

»Ich glaube«, sagte er an uns gewendet, ohne Haß oder Vorwurf in der Stimme, »ihr braucht nicht mit uns zu kommen, ihr werdet es als einzige überleben. Ihr werdet dahin zurückkehren, wo ihr hergekommen seid, in eure Welt. Sagt ihnen, wie es ist, damit es euch nicht genauso ergeht...«

Sie wurden von der schiebenden, stoßenden Menge einfach fortgeschoben. Leslie und ich standen in hilfloser Verzweiflung vor diesem zur Wirklichkeit gewordenen Alptraum. Es war uns egal, ob wir überleben oder umkommen würden. Warum sollten wir unsere Welt warnen? Warum? Unsere Welt ist wie eure, Iwan, dachte ich traurig, beide kennen die Gefahr. Ihr habt es trotzdem darauf ankommen lassen und eure Welt vernichtet. Warum sollte es in unserer Welt anders sein?

Mit einem Mal erzitterte die ganze Stadt in einem mächtigen Beben, dann löste sie sich in plätschernde Wellen auf. Noch lange nach dem Start saß Leslie unbeweglich da, die Hand starr am Steuerknüppel. Keiner von uns sprach ein Wort.

12

Warum?« rief ich. »Was ist so nachahmenswert an Massenmord, daß in der ganzen Geschichte der Menschheit niemand eine vernünftigere Lösung für Konflikte gefunden hat, als ausgerechnet die, alle, die anderer Meinung sind, umzubringen? Sollte die menschliche Intelligenz hier tatsächlich auf ihre Grenzen stoßen? Sind wir moderne Neandertaler, die töten, weil sie Angst haben? Ich will nicht glauben, daß wir immer noch so… so dumm sind! Daß niemand…«

Doch Verzweiflung sucht meist vergeblich nach den rechten Worten, weswegen mir auch mitten im Satz die Luft ausging. Ich sah zu Leslie hinüber, die mit Tränen in den Augen stumm aus dem Fenster schaute. Was mich in hilflose Wut versetzte, erfüllte sie mit abgrundtiefer Trauer.

»Tatjana…«, stieß sie mühsam hervor, »Iwan… so ein lieber Kerl… und der kleine Petruschka… O Gott!«

Ich übernahm das Steuer und drückte ihren Arm. Wenn doch nur Pye hier wäre! Vielleicht könnte sie uns erklären, warum… Wiederum übermannte mich die Wut über die Mördermaschine Mensch. Gab es denn in diesem ganzen verdammten Muster niemanden, der mit diesem Problem besser…

Hörte ich es wirklich oder bildete ich es mir nur ein?

Leichte Linkskurve, hieß es, *dann geradeaus, bis du eine bernsteinfarbene Struktur überfliegst.*

Leslie fragte weder, warum ich den Kurs änderte, noch, was ich vorhatte. Unaufhaltsam rollten ihr die Tränen über die Wangen.

»Ich glaube, wir werden schon bald sehen, wie eine Welt ohne Krieg aussehen kann«, sagte ich voller Hoffnung.

Es war nicht mehr weit. Ich zog den Steuerknüppel an, die Schwimmer setzten auf, die Welt versank in feinen Wassertröpfchen.

Wir rasten im Sturzflug aus einer Höhe von zweitausend Metern der Erde entgegen.

Für den Bruchteil einer Sekunde fürchtete ich, die Kontrolle über unser Flugzeug verloren zu haben, doch dann begriff ich schlagartig, daß diese Maschine nicht *Growly* sein konnte. Vielmehr saßen wir in einem Kampfjäger, der allem Anschein nach einen Einsatz flog. Das Cockpit war so winzig, daß Leslie und ich wohl kaum zu zweit hinter dem Pilotensitz Platz gefunden hätten, wären wir keine Geister gewesen.

Direkt vor uns, oder besser siebzig Meter unter uns, schoß ein zweites Jagdflugzeug über den Himmel. Der Pilot versuchte, uns mit verzweifelten Ausweichmanövern abzuschütteln, doch unsere Geschosse gingen wie ein Diamantenhagel auf die feindliche Maschine nieder.

Das sollte eine Welt ohne Krieg sein? Noch saßen uns der Schrecken und die Verzweiflung über das schreckliche Erlebnis in Moskau in den Gliedern, und nun wurden wir erneut Zeugen, wie Menschen sich gnadenlos umbrachten!

Die eine Hälfte Richard Bachs erstarrte vor Entsetzen, die andere verfolgte das Geschehen eher unbeteiligt. Unter anderem stellte sie fest, daß dieses Flugzeug weder eine *Mustang* noch eine *Spitfire* oder eine *Messerschmidt* war. Es handelte sich um einen mir völlig unbekannten Flugzeugtyp. Der Kampfpilot in mir bescheinigte dem Piloten unserer Maschine großes fliegerisches Können. Keine Sekunde ließ er sich abschütteln, erbarmungslos verfolgte er den Gegner, drehte über die Tragfläche ab wie sein Opfer, zog die Maschine steil nach oben und stürzte ihm nach, wenn dieser unter ihm wegzutauchen versuchte.

Leslie war unfähig, sich zu regen, sie schien nicht einmal mehr zu atmen. Die Motoren heulten auf, während wir der Erde entgegenstürzten, und erfüllten das Cockpit mit einem solchen Lärm, daß es unmöglich war, dem Piloten durch Zurufe Einhalt zu gebieten.

Auf den Tragflächen der Maschine unter uns erkannte ich die roten Sterne der Volksrepublik China. Allmächtiger, dachte ich, ist denn die ganze Welt ein einziges Tollhaus? Liegen wir jetzt auch schon mit China im Krieg?

Der Jagdbomber der Volksrepublik China war in leuchtenden Farben bemalt, was mich mindestens ebenso irritierte wie die Tatsache, daß wir trotz mörderisch erscheinender Geschwindigkeit nur mit vierhundertachtzig Stundenkilometern dahinflogen. Und schließlich, wenn wir in einen Krieg verwickelt waren, wo waren dann die Abfangjäger? Und in welchem Jahr befanden wir uns eigentlich?

Wieder versuchte das verfolgte Flugzeug in einer gewagten Rolle abzudrehen, doch unser Pilot reagierte wie ein Computer und blieb ihm auf den Fersen, obwohl der Druck der Beschleunigung schwer auf ihm lastete. Wie froh waren wir, *dieser* Belastung nicht ebenfalls ausgesetzt zu sein. Da wurde dem Piloten der Kopf zurückgerissen, und ich meinte mein eigenes Gesicht zu erkennen.

»Ich bin es«, dachte ich erschreckt, »und wieder einmal bringe ich aus purer Lust am Fliegen Menschen um. Läßt mich dieses verdammte Militär denn niemals los? Wie oft muß ich denselben Fehler noch begehen...«

Der Verfolgte versuchte eine weitere Drehung, wobei er in unsere Schußlinie geriet. Der Finger meines anderen Ichs drückte den Feuerknopf, die Bordkanonen knatterten, eine weiße Wolke stieg auf.

»Erwischt!« knurrte unser Pilot zufrieden, »oder wenigstens fast.« Die Stimme... Ich riß entgeistert die Augen auf, denn die Stimme gehörte nicht mir, sie gehörte Leslie! Nicht ein anderer Richard flog diese Maschine, sondern eine andere Leslie!

»Und gleich noch mal, zeig, was du kannst, Linda«, feuerte unsere Pilotin sich selbst an.

Sie setzte dem Gegner nach und feuerte eine weitere Salve auf ihn ab. Volltreffer! Diesmal stieg schwarzer Rauch auf, Ölspritzer klatschten gegen die Scheiben unserer Maschine.

»Na endlich!« sagte unsere Pilotin zufrieden. Aus dem Funkgerät ertönte eine Stimme. »*Delta Leader,* nach rechts abdrehen. *Sofort!*« Sie drehte nicht einmal den Kopf, um zu sehen, welche Gefahr ihr drohte, riß den Steuerknüppel nach rechts... zu spät.

Öl verdunkelte unsere Scheiben, die Triebwerke rauchten und stotterten, dann fielen sie aus. Als nächstes ertönte eine Klingel, wie beim Boxkampf am Ende einer Runde. Eine mir fremde Anzeige leuchtete auf und meldete, daß wir abgeschossen worden waren.

Ich verstand überhaupt nichts mehr. Von hinten näherte sich uns ein Jagdbomber desselben Typs, den wir eben abgeschossen hatten, nur mit anderer Bemalung. Diesen hier schmückten riesige orangegelbe Karos. Im Cockpit saß der Pilot, der uns eben den Garaus gemacht hatte und winkte lachend zu uns herüber.

Linda winkte zurück. »Aha, Freund Xiao«, murmelte sie entrüstet. »Das wird dir noch leid tun.«

Xiao zog plötzlich senkrecht nach oben und drehte scharf ab, als ein Abfangjäger unseres Geschwaders ihm entgegenraste. In weniger als einer halben Minute hatten wir die beiden aus den Augen verloren.

Für einen Piloten, der eben abgeschossen worden war, machte Linda einen ungewöhnlich gefaßten Eindruck.

»He, *Delta Leader*«, ertönte eine andere Stimme aus dem Funksprechgerät, »deine Kamera ist ausgefallen. Meine Anzeige hier meldet, daß es dich erwischt hat. Sag, daß ich mich irre!«

»Tut mir leid, Coach«, sagte Linda. »Wie gewonnen, so zerronnen. So ist das eben. Dieses Stinktier Xiao Xien Ping hat mich erwischt.«

»Ausflüchte! Sag das mal deinen Fans. Habe gerade zweihundert Dollar verloren, weil ich gewettet hatte, daß Linda Albright heute als erfolgreichste Kampfpilotin zurückkehrt. Wo wirst du landen?«

»Schanghai Drei ist von hier aus der nächste Stützpunkt. Könnte auch Zwei anfliegen, wenn du willst.«

»Drei ist in Ordnung. Ich ändere deinen Flugeinsatz für morgen entsprechend. Ruf mich heute abend an, o. k.?«

»O. K.« Lindas Stimme klang niedergeschlagen. »Tut mir echt leid, Coach.«

Die Stimme sagte milder: »Man kann nicht immer die Nase vorn haben.«

Am klaren Sommerhimmel standen ein paar vereinzelte Kumuluswolken. Wir hatten noch genügend Höhe, um Schanghai Drei auch mit ausgefallenen Triebwerken erreichen zu können. Linda drückte die Sprechtaste. »Hier ist United States Delta Leader, zehn Grad südlich in eintausendfünfhundert Metern«, meldete sie sich. »Wurde abgeschossen, bin im Landeanflug. Bitte melden.«

Der Kontrollturm war bereits informiert. »*US Delta Leader,* landen Sie in der Zone Zwei für Triebwerkschäden, Bahn Acht, rechts. Willkommen in Schanghai.«

»Danke.« Sie lehnte sich seufzend zurück, und ich beschloß, mir Klarheit zu verschaffen.

»Hallo«, begann ich daher zögernd, »würde es dir etwas ausmachen, uns zu erklären, was das zu bedeuten hat?«

Ich an ihrer Stelle wäre vor Schreck gestorben, aber Linda Albright war nicht so leicht zu erschüttern. Ärgerlich, ohne sich darum zu kümmern, wer die Frage gestellt hatte, gab sie zur Antwort, daß sie ihrem Team gerade zehn Strafpunkte eingehandelt hätte. »Der Superstar der Mannschaft soll ich sein«, rief sie bitter, »und was tue ich? Schieße zehn Punkte in den Wind, und das im internationalen Halbfinale!« Sie schnaubte und hielt plötzlich die Luft an. Ihr Kopf flog herum. »Wer seid ihr?«

Wir erklärten ihr, was es mit unserem Hiersein auf sich hatte, und als wir in Schanghai Drei zur Landung ansetzten, hatte sie unsere Geschichte scheinbar unbeteiligt zu Ende angehört, als würde sie tagtäglich einem anderen Ich aus einer Parallelwelt begegnen. In Wirklichkeit jedoch kreisten ihre Gedanken immer noch um die verlorenen Spielpunkte.

»Es ist eine Sportart hier?« fragte ich. »Ihr habt den Luftkampf zu einer *Sportart* gekürt?«

»Ganz richtig, wir nennen es Luftspiele«, sagte sie grimmig dreinblickend, »aber natürlich geht es dabei vor allem ums Geschäft, ums ganz große Geschäft! Wenn du erst mal in die Weltrangbestenliste aufgestiegen bist, bist du via Satellit rund um die Uhr weltweit im Geschäft. Letztes Jahr habe ich Xiao Xien Ping im Einzelkampf in nur sechsundzwanzig Minuten abgeschossen, und heute lasse ich mich von ihm wie ein Anfänger erledigen. Einmal vergesse ich, hinter mich zu schauen, und schon zählt der Erfolg von gestern nicht mehr.« Wütend hieb sie mit der Faust auf die Armaturen, als könne sie damit etwas ändern. Dabei lag die Schuld nicht allein bei ihr. Es wäre die Aufgabe des Abfangjägers gewesen, ihr Deckung zu geben, doch der hatte sie zu spät gewarnt.

Wir landeten auf der uns zugewiesenen Landebahn, rollten aus und kamen vor einer roten Linie zum Stillstand. Dutzende von Fernsehkameras waren auf uns gerichtet.

Schanghai Drei war kein gewöhnlicher Flughafen, sondern ähnelte eher einem riesengroßen Stadion. Ich schätzte, daß es Platz für mindestens zweihunderttausend Besucher bot. Zwei enorme Tribünen flankierten parallel verlaufende Start- und Landebahnen, auf den Rängen wimmelte es von

Zuschauern. Zehn gigantische Bildschirme ermöglichten es auch den Zuschauern auf den hintersten Rängen, unsere Landung wie aus allernächster Nähe zu verfolgen.

Nur ein paar Meter von uns entfernt parkten zwei weitere amerikanische Jagdflugzeuge sowie die chinesische Maschine, die Linda abgeschossen hatte. Reparaturteams machten sich an den Maschinen zu schaffen.

Schon näherten sich die Übertragungswagen der Fernsehgesellschaften für ein erstes Interview.

»Ich hasse diese Interviews«, knurrte Linda. »Weltweit heißt es nun auf Kanal Eins, daß Linda Albright sich wie eine blutige Anfängerin von hinten hat abschießen lassen, wie eine gottverdammte Anfängerin... Auf denn«, seufzte sie sodann schicksalsergeben, »mit ein bißchen Charme werden wir das Kind schon schaukeln.«

Einen Augenblick später war die Maschine eingekreist und Lindas Gesicht überlebensgroß auf den Bildschirmen zu sehen. Sie nahm ihren Helm ab, schüttelte ihr langes dunkles Haar und machte eine verdrießliche Miene.

»Linda Albright, das amerikanische Flug-As«, rief der Moderator, »Siegerin in der bewundernswerten Schlacht mit Li Sheng Tau, heute das unglückliche Opfer von Xiao Xien Ping aus Sezuan. Können Sie uns etwas über den heutigen Kampf sagen, Mrs. Albright?«

Am Rande der Absperrung lärmte eine Gruppe von Fans in buntbedruckten Jacken und Kappen, die für das chinesische Team warben. Sie genossen es, ihre Gesichter einen kurzen Kameraschwenk lang ebenfalls auf den Bildschirmen zu sehen, dann erschien Lindas Gesicht erneut in Großaufnahme. Sie war eine gefeierte Berühmtheit, und, wie es schien, auch noch beliebt. Auf den Bildschirmen wurden die Bewertungen der Jury eingeblendet, die Lindas Leistung trotz des Abschusses durchgehend mit 9,8 oder sogar 9,9 bewerteten. Als sie zu sprechen begann, wurde es im ganzen Stadion mucksmäuschenstill...

»Der ehrenwerte Xiao ist nicht nur einer der tapfersten Kämpfer, er bewegt sich auch mit Anmut am Himmel«, begann Linda. Ihre Worte wurden simultan übersetzt. »Ich verneige mich voll Respekt vor der Kühnheit und dem Geschick eures großen Piloten! Die Vereinigten Staaten von Amerika werden sich geehrt fühlen, falls meine Wenigkeit noch einmal die Chance haben sollte, ihm am unvergleichlich schönen Himmel eures Landes zu begegnen.«

Die Menge tobte vor Begeisterung. Offenbar gehörte sehr viel mehr dazu, Star der internationalen Luftspiele zu sein, als im richtigen Augenblick auf den Feuerknopf zu drücken.

Der Moderator nickte höflich. »Vielen Dank, Mrs. Albright. Wir freuen uns über Ihren Besuch in Stadion Drei und wünschen Ihnen einen angenehmen Aufenthalt und noch viel Glück für den weiteren Verlauf der Spiele. Wir schalten jetzt hinüber in Zone Vier zu Yuan Ch'ing Chih, wo sich eine dramatische Luftschlacht abzuzeichnen beginnt...«

Auf dem Bildschirm tauchten drei chinesische Kampfflugzeuge in Formation auf, die sich im Anflug auf acht amerikanische befanden. Die drei hatten entweder Grund zu der Annahme, daß ihr Manöver gelingen mußte, oder sie waren um jeden Preis auf Punkte aus. Die Menge im Stadion hielt den Atem an, denn da jedes Flugzeug mit einer Kamera ausgerüstet war, war der Anblick außerordentlich beeindruckend. Zusätzlich wurde der Luftkampf von den Beobachtungsflugzeugen der Fernsehgesellschaften verfolgt. Eben starteten acht kleine, wendige chinesische Jäger, um die ungleiche Begegnung zu ihren Gunsten zu entscheiden, bevor die Kollision in Zone Vier in die Geschichte der Luftspiele eingehen konnte.

Linda Albright kletterte aus dem winzigen Cockpit und sprang behende zur Erde. In ihrem hauteng sitzenden, orangerot glänzenden Overall, über dem sie ein nachtblaues Satinblouson mit weißen Sternen sowie einen rotweiß gestreiften Schal trug, sah sie eher wie ein Fotomodell als wie eine Kampfpilotin aus. Wir warteten geduldig, während Linda weitere Interviews gab, und bewunderten ihre rhetorischen Fähigkeiten. Stets blieb sie gleichbleibend höflich, fand immer wieder neue, unerwartete Antworten, gab sich bescheiden und selbstbewußt zugleich.

»Wenn ihr hier, wo sie verloren hat, soviel Respekt und Sympathie bekundet wird«, meinte Leslie, »was geschieht dann erst zu Hause, wenn sie gewonnen hat?«

Schließlich bahnten die anwesenden Ordner und Polizisten Linda den Weg zu einer Limousine, und eine knappe halbe Stunde später genossen wir die Ruhe in ihrer Hotelsuite. Aus einem der großen Fenster sah man ganz in der Ferne das Stadion, aus einem anderen hatte man einen weiten Ausblick auf die Stadt, die nicht viel anders aussah als in unseren Tagen, nur größer vielleicht und moderner.

Linda warf sich auf die Couch und streckte alle viere von sich. »Was für ein Tag«, seufzte sie.

»Wie kommt es...«, fragte Leslie.

»Oh«, sagte Linda, »ich habe mich nicht an meine wichtigste Regel gehalten, die da lautet: UNTER ALLEN UMSTÄNDEN RÜCKEN FREIHALTEN. Xiao ist ein prima Pilot, wir hätten uns eine famose Schlacht liefern können...«

»Das meine ich nicht«, unterbrach Leslie sie. »Ich meine die Spiele. Wie sind sie entstanden? Und warum? Zu welchem Zweck?«

»Ihr kommt wirklich aus einer anderen Zeit, was?« erwiderte Linda. »Aus irgendeiner langweiligen Zukunft wahrscheinlich, wo es keine Wettkämpfe mehr gibt, nehme ich an. Ist das nicht ziemlich trist?«

»Irrtum«, versetzte ich. »Wir kommen aus einer Zeit, wo es Kriege gibt, und das ist weder langweilig noch aufregend, es ist schlicht und ergreifend dumm. Abertausende, ja Millionen von Menschen sterben. Wir haben Angst vor unseren Politikern, Religionen trennen uns...«

Linda stopfte sich ein Kissen unter den Nacken. »Auch bei uns sterben Tausende«, warf sie ein. »Was glaubt ihr wohl, wie oft ich in meiner Karriere schon abgeschossen und getötet worden bin? Seit ich als Profi an den Spielen teilnehme, glücklicherweise noch nicht so oft, toi toi toi, aber trotzdem, so etwas wie heute kommt immer wieder mal vor. 1989 zum Beispiel wurde das gesamte amerikanische Team an drei aufeinanderfolgenden Tagen immer wieder besiegt! Das müßt ihr euch einmal vorstellen! Zu Lande, zu Wasser und in der Luft...« Sie unterstrich die Bedeutung des Gesagten durch eine theatralische Geste. »Die Polen waren nicht aufzuhalten, sie lehrten uns das Fürchten. Drei Divisionen, dreihunderttausend Spieler fegten uns einfach aus den Spielen! Bingo!«

Die Erinnerung an die damalige Niederlage schien den Druck ihres Versagens am heutigen Tag von ihr zu nehmen.

»Aber es erging nicht nur uns so«, erzählte sie eifrig weiter. »Wir befanden uns in bester Gesellschaft mit der UdSSR, Japan und Israel. Zum Schluß schlugen sie noch die Kanadier und gewannen damit Gold. Die Polen rasteten völlig aus, das ganze Land war völlig verrückt vor Freude.«

»Du verstehst nicht, was ich meine«, warf Leslie ein. »Unsere Kriege sind keine Spiele, keine kämpferischen Wettbewerbe. Bei uns sterben die Menschen tatsächlich, sie werden nicht ausgezählt oder auf einem Spielbrett schachmatt gesetzt.«

Lindas eben noch leuchtendes Gesicht wurde ernst. »Das kommt bei uns auch ab und zu vor«, sagte sie. »Manchmal kollidieren Flugzeuge in der Luft. Die Briten verloren letztes Jahr bei einem Sturm auf See ein Schiff in den Seespielen. Die Mannschaft konnte nicht geborgen werden. Aber die schlimmsten Unfälle geschehen bei den Landspielen. Die Mannschaften, für die das Gelände fremd ist, kommen oft mit den örtlichen Gegebenheiten nicht zurecht, trotz modernster Technik...«

»Verstehst du nicht, was Leslie gesagt hat?« unterbrach ich sie. »Bei uns ist es kein Spaß, es ist tödlicher Ernst.«

»Na, was dachtest du denn«, versetzte sie erstaunt, »so ist das eben. Immer, wenn man etwas erreichen will, muß man Risiken eingehen. Die Gefahr läßt sich nie ganz ausschalten. Wenn ich da an die Marsstation denke, die wir mit den Russen teilen... Und nächstes Jahr starten wir die Alpha-Centauri-Mission, an der Wissenschaftler aus allen Ländern der Welt teilnehmen. Es ist ein Multibilliarden-Unternehmen. Unfälle sind schrecklich, aber deswegen wird man ein solches Unternehmen nicht aufgeben!«

»Ich habe das Gefühl, du willst oder kannst uns nicht verstehen«, sagte Leslie, schon fast resignierend. »Wir reden nicht von Unfällen, Spielen oder Wettstreit. Wir sprechen von vorsätzlichem, geplanten Massenmord.«

Linda Albright setzte sich aufrecht hin und musterte uns erstaunt. »Mein Gott!« rief sie und schlug sich an die Stirn, »ihr meint *Kriege*! Es ist schon so lange her...« Ihre Stimme klang mitfühlend. »Das tut mir leid«, sagte sie, »ich kann es mir kaum mehr vorstellen... Wir hatten auch noch Kriege, vor vielen Jahren. Weltkriege, so nannte man sie damals, bis es eines Tages hieß, der nächste wäre auch der letzte, weil wir uns ganz einfach selbst vernichten würden.«

»Was habt ihr getan? Wie habt ihr ihn verhindert?«

»Wir haben unsere Ansichten geändert.«

Sie machte eine Pause und lächelte. »Die Japaner fingen damit an. Vor dreißig Jahren kaufte *Matsumoto*, ein japanischer Automobilhersteller, sich mit einem ziemlich werbewirksamen Gag bei einer amerikanischen Flugshow ein. Sie bauten den Motor ihres Sundai in ein Flugzeug und montierten Kameras an die Tragflächen, machten ein paar sagenhafte Aufnahmen und verwendeten sie für ihre Sundaiwerbung. Niemand kümmerte es, daß sie nur Vierter wurden. Die Sundaiverkaufszahlen schnellten in schwindelnde Höhen!«

»Und das hat die Welt verändert?«

»So ganz allmählich, ja. Als nächstes hatte Gordon Bremer, der Veranstalter der Flugshow, die Idee, Fernsehmikrokameras und Laserkanonen in die Maschinen einzubauen, die automatisch alle Treffer zählen sollten. Er legte ein paar Regeln fest und setzte hohe Geldpreise für den Gewinner aus. Die Veranstaltung wurde zum lokalen Knüller, der die Zuschauer wie ein Magnet anzog. Das hatte es noch nie gegeben. Der Luftkampf war plötzlich zu einer anerkannten Kampfsportart geworden, die die Techniken und Strategien der verschiedensten Sportarten miteinander kombinierte, nur daß sich das Ganze in der Luft abspielte und dadurch gefährlicher aussah, als es war.«

Ihre Augen funkelten vor Begeisterung. Linda Albright war ganz offensichtlich mit Leib und Seele Pilotin. Sie verdiente es, der Star ihres Teams zu sein.

»Durch die Kameras erlebten die Zuschauer das Geschehen am Himmel so hautnah mit, als säßen sie selbst im Cockpit! Es war phantastischer als das Kentucky Derby, das Rennen von Indianapolis und der Super Bowl zusammen. Als Bremer die Show schließlich mit Hilfe einiger finanzkräftiger Geschäftspartner ins überregionale Programm brachte, war ihr Erfolg nicht mehr zu bremsen. Aus dem Stand wurde sie zur beliebtesten amerikanischen TV-Show. Es war nur eine Frage der Zeit, bis die Luftspiele via Satellit weltweit übertragen wurden. Sie schlugen wie eine Bombe ein.«

»Die Macht des Geldes«, staunte Leslie.

»Ungeheure Summen! Die Städte kauften Konzessionen für ihre Luftkampfteams, außerdem gab es eine Nationalmannschaft, deren Teilnehmer sich aus den lokalen Entscheidungskämpfen rekrutierten. Als nächstes – und das führte die entscheidende Wende herbei – entwickelten sich die Spiele zu einem Wettkampf auf internationaler Ebene, es gab die erste internationale Luftkampf-Olympiade. Sieben Tage lang hingen Millionen von Zuschauern an den Bildschirmen. Könnt ihr euch die Einnahmen allein aus der Werbung vorstellen, bei solch einer Einschaltquote? Es gab Länder, die auf diese Weise nicht nur ihre Haushaltsdefizite ausgleichen, sondern sogar Auslandsschulden bezahlen konnten!«

Wir hörten wie gebannt zu.

»Die Schnelligkeit, mit der sich die Dinge von da ab entwickelten, war erstaunlich. Jede Stadt, die sich ein Flugfeld und ein paar Flugzeuge leisten konnte, unterstützte Amateurteams. Es war *die* Chance für jeden, der es zu etwas bringen wollte, für den einfachen Mann von der Straße oder den Jugendlichen aus den Slums. Innerhalb von ein paar Jahren waren sie gefeierte Sportskanonen. Wenn du dich für schnell, clever und tapfer genug hieltest, wenn du bereit warst, dich auch als internationaler TV-Star vermarkten zu lassen, hattest du die besten Aussichten, unvorstellbar viel Geld zu verdienen.

In der Zwischenzeit mußte die Luftwaffe Personal abbauen. Keiner blieb länger als nötig. Nach der Ausbildung nahmen die Piloten ihre Papiere und meldeten sich für die Spiele an, weil niemand mehr Lust hatte, sich als vergleichsweise schlecht bezahlter Offizier in irgendeinen gottverlassenen Winkel der Erde schicken zu lassen, um dort am Flugsimulator zu hocken oder alte, gefährliche Mühlen zu fliegen und im Ernstfall als erster abgeschossen zu werden.«

Natürlich, dachte ich. Wenn es in meiner Jugend zivile Flugteams gegeben hätte, wenn ich die Möglichkeit gehabt hätte, meinen fliegerischen Neigungen auch außerhalb des Militärs nachzugehen, hätte mich die Luftwaffe sicher genausowenig interessiert wie ein Kamikazekommando.

»Aber warum fliegt ihr keine Düsenjäger, sondern Propellermaschinen?« fragte ich. »Warum gebt ihr euch mit fünfhundert Stundenkilometern zufrieden?«

»Neunhundert«, wurde ich korrigiert. »Die Düsenjäger erwiesen sich als publikumsuntauglich für diese Art von Luftkampf. Eine kurze Schlacht dauerte ein paar Sekunden, eine lange im Höchstfall dreißig. Man brauchte nur einmal zu blinzeln, und schon hatte man den entscheidenden Augenblick verpaßt. Als der Reiz des Neuen vorüber war, wurden die Zuschauer der Düsenjäger überdrüssig.«

»Nun gut, ich kann notfalls noch verstehen, daß Jagdpiloten sich zu dieser Variante des Luftkampfs hingezogen fühlen. Was ist aber mit dem Heer und der Marine?« wollte Leslie wissen.

»Oh, auch dort begriffen die Verantwortlichen sehr rasch, daß sie sich etwas einfallen lassen mußten. Sie installierten Kameras in die Panzer, und die Marine eröffnete die ersten zweiwöchigen Seekampfspiele.

Sie nannten die Spiele ›Dritter Weltkrieg‹. Schon bald stellte sich heraus, daß der herkömmliche Soldat oder Pilot, der blindlings Befehle ausführt, nicht mehr gefragt war. Wer in diesen Spielen gewinnen wollte, mußte schnell sein und eigenverantwortlich handeln können, um Punkte zu sammeln.

Bald darauf drängten Privatunternehmen in die Spiele, zunächst beim Heer, später bei der Marine. Sie waren beweglicher und schneller, das Militär machte neben ihnen eine schlechte Figur. Die fähigen Leute wanderten alle ab, sie konnten niemanden mehr halten, weil bei den Spielen nicht nur mehr Ruhm zu ernten war, sondern auch mehr Geld.«

Ein Lämpchen an der Telefonanlage leuchtete auf, doch Linda ignorierte es.

»Niemand dachte mehr an Krieg, die Nationen waren viel zu sehr mit den Vorbereitungen für die Spiele beschäftigt. Man zog es vor, seine Kräfte in einem sportlichen Wettkampf zu messen und Geld zu verdienen, als in einem Krieg mit ungewissem Ausgang zu sterben!«

»Das Militär erübrigte sich demnach«, sagte ich halb im Scherz, doch Linda nickte.

»Es war gewissermaßen unvermeidlich. Die Staatsregierungen leisteten sich das Militär noch ein paar Jahre wie eine liebgewordene Tradition, bis die Steuerzahler revoltierten. Es gab auch noch andere Proteste, und alles zusammen bedeutete das endgültige Aus.«

»Das Militär gab den Geist auf?« fragte ich ungläubig. »Dafür danke ich Gott!«

»Aber nein!« Linda schüttelte sich vor Vergnügen. »Das Volk hat es verhindert.«

»Das Volk hat *was*?«

»Oh, ihr müßt nicht glauben, daß wir etwas gegen das Militär hätten, nein, nein, wir lieben unser Militär. Ich selbst mache jedes Jahr eine großzügige Spende, weil es etwas dazugelernt hat. Es hat sich verändert. Als erstes hatte die Korruption ein Ende, dann räumten sie mit dem bürokratischen Überhang auf. Sie hörten auch auf, Unsummen für die Entwicklung neuer Waffengattungen zum Fenster hinauszuwerfen, die sie schon ein Jahr später als veraltet wieder verschrotten lassen mußten. Sie erkannten, daß sie nur dann überleben und Gelder hereinbekommen konnten, wenn sie etwas leisteten, was die Spiele nicht leisten konnten. Es mußte eine Herausforderung sein, eine Herausforderung für die ganze Menschheit. Nun, und zehn Jahre später gab es die erste Marsstation, und mittlerweile sind wir auf dem Weg zum Alpha Centauri.«

Es könnte gutgehen, dachte ich überrascht. Ich hatte eine derartige Möglichkeit nur nie ernsthaft in Erwägung gezogen.

»Das klingt nicht schlecht«, bemerkte ich, an Leslie gewandt.

»Und es funktioniert«, rief sie, »hier funktioniert es!«

»Und wie es funktioniert«, sagte Linda stolz. »Die Spiele haben wahre Wunder für die gesamte Weltwirtschaft bewirkt. Sie garantieren einen ständigen Bedarf an Fachkräften, an Spezialisten – Mechaniker, Techniker, Piloten, Strategen, Planer und Hilfstruppen. Sie werfen unglaubliche Gewinne ab. Ich weiß nicht, was die Veranstalter einstekken, aber ein guter Spieler kann Millionen verdienen. Neben dem Grundgehalt gibt es jede Menge Vergütungen und Bonusse, für Siege beispielsweise, aber auch für die Entdekkung und Ausbildung neuer Talente. Wir verdienen mehr, als wir ausgeben können, wir haben unseren Nervenkitzel… manchmal mehr, als uns lieb ist…«

Von der Tür her ertönte ein leises Summen.

»Auch die größten Profilneurotiker kommen voll auf ihre Kosten. Interviews am laufenden Band, Fernsehauftritte, Personality-Shows, alles, was sie glücklich macht. Ich gehöre übrigens auch dazu«, rief sie vergnügt, während sie aufsprang, um die Tür zu öffnen. »Und was noch besser ist«, fügte sie im Hinauslaufen dazu, »niemand braucht sich den Kopf zu zerbrechen, wer den nächsten Krieg gewinnen wird. Man wartet einfach auf den einundzwanzigsten Juni und sieht es sich live im Tele-Sat an. Es werden sogar Wetten auf Piloten oder Teams abgeschlossen, man kommt sich schon fast vor wie beim Pferderennen… Bitte entschuldigt mich kurz…«

»Krys!« Durch die ausladenden Wedel einer deckenhohen Zimmerpalme sahen wir, wie sie einen Mann von stattlicher Größe stürmisch umarmte. Ich sah Leslie fragend an. Mir schien, daß es an der Zeit war, Abschied zu nehmen, denn eine Fortsetzung des Gesprächs war nun wohl unmöglich. Wie sollte Linda diesem Krys erklären, daß sie sich mit zwei Freunden unterhielt, wenn er uns nicht sehen konnte? Ich wurde dieser Sorge umgehend enthoben, denn als sie sich aus der Umarmung löste, stellte sich heraus, daß der Mann niemand anderer als ich war.

»Liebling, wie kommst du hierher?« fragte Linda. »Ich denke, du bist in Taipeh…«

Er zuckte mit den Schultern und schaute auf seine Schuhspitzen. »Es war alles in allem ein phantastischer Luftkampf, Lindie!« sagte er.

Sie schaute ihn entgeistert an. »Wurdest du *abgeschossen*?«

»Motorschaden. Dein Geschwaderkommandant ist ein unglaublich guter Pilot.« Er machte eine Pause und genoß es sichtlich, sie zappeln zu lassen. »Aber so gut nun auch wieder nicht«, fuhr er grinsend fort. »Vergißt, daß weißer Rauch nicht gleich schwarzer Rauch ist. Ich muß notlanden, fahre Fahrwerk und Landeklappen aus. Dann aber starte ich durch und ziehe steil nach oben. Er kommt vor meine Kanone, und ich *erwische ihn*! Habe mir sagen lassen, daß die Aufnahmen fabelhaft sind. Der Kampf hat zweiundzwanzig Minuten gedauert, und Taipeh liegt mittlerweile weit hinter mir. Ich rufe Schanghai Drei, lande und sehe deine Maschine, über und über mit Öl bespritzt. Sobald meine Interviews erledigt waren, kam ich her... Dachte, meine Süße braucht vielleicht Aufheiterung...«

In diesem Augenblick bemerkte er uns. »Ah, die Presse. Dann gehe ich besser wieder, ich will nicht stören.«

»Es sind keine Reporter«, erwiderte Linda mit einem Seitenblick auf uns. »Richard, Leslie, darf ich vorstellen? Mein Mann, Krzysztof Sobieski, die Nummer Eins der polnischen Jagdflieger.«

Er war etwas kleiner als ich, sein Haar war heller als meines, und er hatte buschigere Augenbrauen. Auf seiner rotweißen Fliegerjacke las ich die Aufschrift: *Erstes Luftkampfgeschwader der Volksrepublik Polen.* Abgesehen von solchen Kleinigkeiten war mir jedoch, als schaute ich in mein eigenes, verblüfftes Gesicht. Wir begrüßten uns, und Leslie übernahm es wieder einmal, unsere Geschichte zu erzählen.

»Verstehe«, sagte er ein wenig befangen, aber nicht unfreundlich. Immerhin hatte seine Frau uns als das akzeptiert, was wir zu sein vorgaben. »Eure Welt«, meinte er, »hat sie Ähnlichkeit mit unserer?«

»Kaum«, antwortete ich. »Es erscheint uns ziemlich bizarr, daß ihr euer Leben so sehr auf diese Spiele ausgerichtet habt, als wäre die Welt ein einziger großer Zirkus oder das Leben eine Art Karneval.«

»Ihr habt mir eben erzählt, daß eure Welt ganz auf Krieg ausgerichtet ist«, widersprach Linda, »auf *echten* Krieg, auf vorsätzlichen Massenmord. Nun, das erscheint *uns* ziemlich bizarr!«

»Vielleicht erscheint es euch wirklich wie ein gigantischer Zirkus«, sagte Krys, »aber wir haben dauerhaften Frieden, Arbeit für alle, Wohlstand für alle, sogar die Rüstungsindustrie blüht – sie müssen eine Menge Flugzeuge, Schiffe und Panzer für die Spiele produzieren. Warum sollen wir wegen nichts und wieder nichts aufeinander losgehen, uns gegenseitig umbringen, wenn wir den Kampf über Tele-Sat austragen und von den Tantiemen fürstlich leben können? Es ist absoluter Unsinn, *sich wegen einer Schlacht umzubringen.* Bringen Schauspieler sich vielleicht für eine Rolle um? Hinter den Spielen steht eine gigantische Industrie. Natürlich gibt es Kritiker, wie überall, aber ist es nicht besser, sich im Wettkampf zu messen, als sich gegenseitig... wie heißt es so schön... zu eliminieren?«

Er führte seine Frau zur Couch zurück und küßte ihre Hand. »Hat Lindie euch schon gesagt, wie gut es tut, niemanden hassen zu müssen? Heute ist sie von einem Chinesen abgeschossen worden. Ich muß mich nicht aufregen oder wie ein Wahnsinniger gebärden und den Mann hassen, der sie auf dem Gewissen hat, weder ihn noch sein Volk noch das Leben. Ich habe Mitleid mit ihm, weil er sich vorsehen muß, wenn er Lindie das nächste Mal da oben begegnet. Sie ist die Nummer Zwei des amerikanischen Teams, hat sie euch das erzählt?«

»Ich werde bald die letzte sein, wenn ich mich nicht vorsehe«, entgegnete sie mürrisch, da sie nun wieder an ihre heutige Niederlage denken mußte! »Ich bin mir schon lange nicht mehr so dumm vorgekommen, Krys, so… Ich fiel aus allen Wolken, als ich plötzlich die Meldung ABGESCHOSSEN bekam. Als nächstes fielen die Motoren aus, und um das Maß vollzumachen, zieht dieser Xiao feixend an mir vorbei…!«

Immer häufiger blinkten nun die Lämpchen der Telefonanlage auf, und schließlich wurden erste Gespräche durchgestellt: Anrufe von Produzenten, Direktoren, Einsatzleitern und Vertretern der Stadt. Presse- und Fernsehtermine wurden abgesprochen, kurzfristige Einladungen diskutiert. In unserer Welt hätte man angenommen, die beiden seien Rockstars, die sich gerade auf Tour befänden.

Ich hatte noch so viele Fragen, aber die beiden mußten ihren Verpflichtungen nachkommen, und so beschlossen wir zu gehen. Als wir ihnen zum Abschied zuwinkten, bedeckte Linda die Muschel mit der Hand und rief: »Bleibt noch, bitte. Es dauert nicht mehr lange…«

Auch Krys schaute auf. »Wartet, wir könnten essen gehen!« rief er, »ihr müßt noch bleiben!«

»Vielen Dank«, erwiderte Leslie. »Aber wir haben eure Zeit schon genug in Anspruch genommen.«

»Weiterhin viel Erfolg«, wünschte ich ihnen. »Ach ja, Mrs. Albright, und vergessen Sie nicht, öfter einmal nach hinten zu schauen.«

Linda Albright zog eine schalkhaft zerknirschte Grimasse, und ihre Welt löste sich auf.

13

Auch als wir wieder im Cockpit saßen, ließ uns die Welt von Linda und Krys keine Ruhe, denn sie erschien uns wie eine verheißungsvolle Alternative zu dem Gefängnis unserer auf Krieg und Zerstörung ausgerichteten Zivilisation, die in einer Art hochtechnisiertem Mittelalter stekkengeblieben war.

»Es gibt Hoffnung!« sagte ich.

»Welch ein Gegensatz«, meinte Leslie. »Mir wird erst jetzt richtig bewußt, wieviel Energie wir mit Furcht, Mißtrauen und Gedanken an Kriege verschwenden!«

»Ob es noch andere Welten da unten gibt, die Konflikte auf ähnlich kreative Weise gelöst haben?« fragte ich. »Was meinst du? Gibt es mehr Welten wie unsere oder mehr wie ihre?«

»Vielleicht gibt es überhaupt nur kreative Lösungen? Laß uns landen!«

Über uns, an einem zartviolett gefärbten Himmel, stand die Sonne wie eine kupferfarbene Scheibe, zweimal so groß wie unsere irdische Sonne, aber längst nicht so strahlend hell, näher, aber nicht wärmer. Sie tauchte die Landschaft in einen goldenen Schimmer; die Luft war erfüllt von einem angenehmen Vanillearoma.

Wir standen an einem Hang, der auf eine mit milchigweißen Blumen bewachsene Wiese hinabführte, an die sich ein Wäldchen anschloß. In der Ferne schlängelte sich ein glitzernder Fluß dem Horizont entgegen, wo wir einen funkelnden Ozean zu erkennen meinten. Zur anderen Seite hin erstreckte sich, soweit das Auge reichte, eine Ebene, die in eine sanfte Hügellandschaft überging. Alles wirkte unberührt, verlassen und trotzdem paradiesisch.

Auf den ersten Blick wollte es mir erscheinen, als seien wir in einer prähistorischen Zeit gelandet – oder in einer Welt, in der es bereits keinen Homo sapiens mehr gab.

»Sieht aus wie in einem Science-fiction-Film«, bemerkte Leslie.

Ein fremdartiger Himmel, fremdartige Gestirne, eine anmutige, aber fremdartige Landschaft, keine Menschenseele weit und breit. »Was sollen wir auf einem verlassenen Planeten?« fragte ich.

»Ich glaube nicht, daß er verlassen ist«, entgegnete Leslie. »Wir werden schon noch auf dich und mich stoßen, da bin ich mir ganz sicher.«

Bei genauerem Hinsehen ließen sich in der Ferne dunkle, schachbrettartige Muster ausmachen, Linien, die an Straßen oder Häusergrundrisse erinnerten.

»Ich weiß, was passiert ist«, rief ich impulsiv. »Wir haben Los Angeles gefunden, tausend Jahre nach der Katastrophe. Siehst du, dort drüben lag Beverly Hills, da Santa Monica. Die Menschheit hat sich selbst ausgerottet!«

»Vielleicht, vielleicht auch nicht. Über Los Angeles gab es nie einen solchen Himmel und auch keine zwei Monde.« Leslie deutete auf ein Doppelgestirn am Himmel. Tatsächlich, über den Hügeln am Horizont standen ein roter und ein gelber Mond, beide kleiner als unser irdischer Trabant.

»Hm, also nicht Los Angeles. Doch Science-fiction.«

Aus dem Augenwinkel nahmen wir am Rand des Wäldchens undeutlich eine Bewegung wahr.

»Sieh doch nur!«

Eine große Raubkatze, offensichtlich ein Leopard, trat auf die Wiese. Das Tier näherte sich in einem schleppenden Gang, deutlich hörten wir seinen rasselnden Atem.

»Richie, sieh doch nur«, rief Leslie mitfühlend, »es ist verletzt!«

Das mächtige Tier humpelte an uns vorüber, ohne uns zur Kenntnis zu nehmen, und ich meinte, in seinen bernsteinfarbenen Augen den Schmerz zu sehen, den die Verletzung ihm bereitete.

Kurz entschlossen rannten wir hinter ihm her, um zu helfen, obwohl wir eigentlich keine Ahnung hatten, wie. Nicht einmal mit einem Körper aus Fleisch und Blut hätte ich gewußt, wie man einer verletzten Wildkatze hilft, aber Leslie war voller Mitgefühl für diese leidende Kreatur. Der schleppende Gang, der rasselnde Atem, das Keuchen, die blutverkrusteten Flanken und Schultern – vielleicht hatte es ja nicht mehr lange zu leben. Ich hatte den Gedanken noch nicht zu Ende gedacht, als es ganz in unserer Nähe zusammenbrach, noch einmal versuchte, wieder auf die Beine zu kommen, und dann still liegenblieb.

»Richie, was können wir bloß tun?« fragte Leslie. »Wir können doch nicht einfach hilflos dabeistehen und zusehen, wie es stirbt...« Sie kniete sich zu dem Leoparden, um ihn zu streicheln oder irgendwie zu trösten, aber ihre Hände fuhren einfach durch den mächtigen Körper hindurch.

»Ich habe keine Ahnung«, sagte ich. »Vielleicht wollte es sich zum Sterben einen bestimmten Platz suchen, manche Tiere tun das... Der Tod ist für sie genausowenig das Ende wie für uns...« Ich unterbrach mich, denn angesichts des Leids dieser Kreatur kamen mir meine eigenen Worte leer, kalt und hohl vor.

Aus dem Wald, auf den das Tier zugehalten hatte, ertönte eine liebevolle, aber energische Stimme.

»Tyeen!«

Wir sahen erschreckt auf.

Die junge Frau sah auf den ersten Blick wie Pye aus, doch als sie näher kam, bemerkte ich, daß sie eine hellere Haut hatte und die dunklen Haare länger trug als unser Fluglotse.

Dennoch war die Ähnlichkeit zwischen ihr, Pye und Leslie unverkennbar: dieselbe Nackenlinie, dasselbe energische Kinn. Unter einem bodenlangen, dunkelgrünen Umhang trug sie ein langes hellgrünes Kleid.

Sie schien keinerlei Notiz von uns zu nehmen und rannte auf das sterbende Tier zu, das seinen Kopf hob und einen langgezogenen, gequälten Laut von sich gab.

Furchtlos kniete die junge Frau sich neben dem Tier auf die Erde und streichelte sanft seinen Kopf. »Steh auf, na komm schon…« flüsterte sie.

»Ich fürchte, es ist schwer verletzt, Ma'am«, sagte ich. »Wahrscheinlich kommt jede Hilfe zu spät.«

Sie beachtete mich nicht. Ihre Augen waren geschlossen, und sie schien ihre ganze Liebe auf das zu ihren Füßen liegende Tier zu richten. Nachdem sie ihm eine ganze Weile das Fell gestreichelt hatte, öffnete sie die Augen und sagte: »Steh auf, Tyeen, meine Kleine, steh auf!«

Mit einem Brüllen, das mir durch Mark und Bein ging, erhob sich das Tier, schüttelte sich und blickte auf die zierliche Person, die ihm zu Hilfe gekommen war. Die Frau strich ihm über die blutigen Flanken und Schultern.

»Mein dummes, kleines Mädchen«, sagte sie dabei, »hast du es immer noch nicht gelernt? Es ist noch zu früh, um zu sterben.«

Die verkrusteten Blutspuren waren verschwunden. Genießerisch schloß das Tier die Augen und rieb den Kopf an der Schulter seiner Retterin.

»Ich würde mich freuen, wenn du hierbleiben könntest«, sagte die junge Frau, »aber das wird bei deinem hungrigen Nachwuchs wohl kaum möglich sein, hm? Also, troll dich. Geh zu ihnen.«

Die große Katze knurrte, als würde sie lieber bleiben.

»Nun geh schon, und sieh dich an den Klippen etwas besser vor, Tyeen«, wurde sie liebevoll ermahnt. »Du bist *keine* Gemse, vergiß das nicht wieder!«

Das mächtige Tier wiegte seinen Kopf hin und her, schüttelte sich und setzte sich dann in Bewegung. Mit langen, federnden Sätzen erreichte es den Wald und verschwand zwischen den Bäumen.

Die Frau schaute ihm nach, bis nichts mehr von ihm zu sehen war, und wandte sich dann uns zu. »Sie liebt Höhen«, erklärte sie in sachlichem Ton, »Klippen ziehen sie geradezu magisch an. Sie will einfach nicht begreifen, daß längst nicht jeder Stein ihr Gewicht trägt.«

»Was… wie hast du das gemacht? Wir dachten… es sah so schlimm aus…«

Sie drehte sich um und bedeutete uns, ihr zu folgen. »Bei den Tieren heilen die Wunden rasch«, sagte sie, »aber manchmal brauchen sie auch ein bißchen Liebe. Tyeen und ich sind gute Freunde.«

»Wir scheinen ebenfalls gute Freunde zu sein«, warf ich ein, »denn du kannst uns sehen. Wer bist du?«

Sie musterte uns mit ihren grünen Augen, während wir gemeinsam einen Hügel hinaufstiegen: Wir hatten das Gefühl, in Bruchteilen von Sekunden auf Herz und Nieren geprüft zu werden – so als würden unsere Seelen wie mit einem Laserscanner abgetastet. Sie hatte die intelligentesten Augen, die ich je an einem Menschen gesehen hatte.

Plötzlich huschte ein Lächeln über ihr Gesicht.

»Leslie, Richard«, sagte sie, »ich bin Mashara.«

Wieso kannte sie unsere Namen? *Wer war diese Frau?*

»Ich bin ihr in meiner Dimension«, sagte sie lächelnd, als habe sie meine Gedanken erraten. »Und hier heißt ihr Mashara.«

»Und was ist dies für eine Dimension?« fragte Leslie. »Wo befindet sie sich? Wann…«

Mashara lachte. »Auch ich habe Fragen an euch… Kommt doch bitte mit.«

Hinter einer Biegung am Rand des Wäldchens stand ein kleines Steinhaus, nicht größer als eine Blockhütte. Die

Steine waren ohne Mörtel so exakt aufeinandergefügt, daß kein Blatt hätte dazwischen geschoben werden können. In der Türöffnung gab es weder eine Tür, noch gab es Scheiben in den Fenstern.

Eine Gänsefamilie – vielleicht waren es auch keine Gänse, aber sie erinnerten mich an Gänse – spazierte in Reih und Glied über den Hof. Auf einem ausladenden Ast hockte ein gefiedertes Knäuel und blinzelte uns träge an.

Mashara führte uns ins Innere der Hütte, wo unter einer der Fensteröffnungen auf einem Lager aus Blättern und Stroh ein weißes Tier vor sich hindöste, das gewisse Ähnlichkeiten mit einem Lama aufwies. Bei unserem Eintreten stellte es lediglich die Ohren in unsere Richtung auf, dann erlosch sein Interesse an uns auch schon wieder. Es drehte sich nicht einmal um.

Sie bat uns, am Tisch Platz zu nehmen. Es gab weder eine Feuerstelle noch ein Bett, als brauchte die hier lebende Person nicht zu schlafen oder zu essen. Mashara erschien uns immer rätselhafter. War sie am Ende auch ein Geist, so wie wir? Oder so etwas wie eine gute Waldfee?

»Meine Dimension ist eine Raum-Zeit parallel zu eurer, aber das wißt ihr ja schon. Ein anderer Planet, andere Gestirne, Galaxien und Universen, aber dasselbe *Jetzt.*«

»Mashara«, begann Leslie von Ungewißheit getrieben, »ist hier vor langer Zeit etwas Schreckliches geschehen? Eine Katastrophe?«

Sie sprach damit indirekt meine eigene Vermutung aus, die ich durch die Entdeckung des geometrischen Musters bestätigt sah. Hatte die Natur sich zurückgeholt, was der Mensch ihr geraubt hatte? War Mashara die letzte Überlebende der untergegangenen Zivilisation, die einst den Planeten bevölkert hatte?

»Ist es denn schlecht«, sagte unser anderes Ich, »wenn eine Zivilisation, die einen ganzen Planeten vom Meeresgrund bis in die Stratosphäre vergiftet, vergeht? Ist das wirklich so schrecklich? Ist es schlimm, wenn der Planet Zeit bekommt, um sich selbst wieder zu heilen?«

Ich stellte mir die letzten Tage des untergehenden Lebens auf diesem Planeten vor, schreiendes, wimmerndes, verendendes Leben. Eine Gänsehaut überlief mich.

»Ist es nicht schlecht, wenn Leben, egal in welcher Form, vergeht?«

»Es vergeht nicht«, erwiderte sie, »es verändert sich. Ein Aspekt eures Ich hat sich mit dieser Zivilisation identifiziert, sich in ihr wohl gefühlt und alle möglichen Konsequenzen dafür in Kauf genommen. Andere Aspekte haben sich in einem fast verzweifelten Kampf für Veränderungen eingesetzt. Manchmal gewannen die einen, manchmal die anderen. Alle haben daraus gelernt.«

»Und der Planet hat sich wieder erholt«, rief Leslie, »es gibt wieder Wälder, Flüsse, Blumen, Tiere...«

»Der Planet, die Natur, hat sich erholt. Der Mensch nicht«, sagte Mashara leise und wendete sich ab.

Sie urteilte nicht, sie bemitleidete nicht. Völlig frei von den selbstdarstellerischen Zwängen, die unser Denken, Reden und Tun bestimmen, stellte sie nur fest, was sich ereignet hatte.

Das Lama erhob sich und stakste zur Tür hinaus.

»Die Evolution brachte den Menschen hervor, machte ihn zum Verwalter dieses Planeten. Hunderttausend Jahre später war der Verwalter zum schlimmsten Parasiten des Planeten geworden, der ihn hervorgebracht hatte. Er beutete ihn so gründlich aus, daß er zum Schluß an sich selbst zugrunde ging. Die Evolution forderte ihr Geschenk zurück und befreite den Planeten von dem intelligenten Schädling, der vergessen hatte, daß leben lieben heißt.«

»Und deine Aufgabe, Mashara«, fragte Leslie gespannt, »ist es, Planeten zu retten?«

»Diesen hier, ja«, nickte sie. »Ich verkörpere die höchsten Ideale: Geduld, Mitgefühl, Verständnis, Toleranz, Liebe.

Ideale, die auch eure Kultur kannte. Trotzdem ging sie an ihrer eigenen Gier und dem damit verbundenen Mangel an Weitblick zugrunde. Sie beutete die Wälder aus und machte sie zu Wüsten, zerstörte das Land durch Gruben und Zechen und begrub es unter ihrem Müll. Sie verpestete die Luft, Flüsse, Seen und Meere, machte die Erde mit Gift und radioaktiver Strahlung unfruchtbar. Sie hatte unzählige Gelegenheiten, den Kurs zu ändern, aber sie tat es nicht. Weiterhin entriß sie der Erde ihre Schätze, um einigen wenigen Luxus und Annehmlichkeiten zu sichern, vielen anderen Arbeitsplätze... und Gräber für die Kinder aller. Eines Tages waren ihre Kinder erwachsen und protestierten, aber der Protest kam zu spät.«

»Wie konnte eine ganze Zivilisation nur so blind sein?« ereiferte ich mich. »Weißt du darauf eine Antwort, Mashara?«

Sie sah mich an. In ihrem Blick lag bedingungslose Liebe. »Ich kenne sie nicht, Richard«, sagte sie einfach, »ich bin die Antwort.«

Wir schwiegen. Am Horizont sank die Sonne langsam tiefer, aber bis zur Dunkelheit würde es noch eine gute Weile dauern.

»Was wurde aus den anderen?« wollte Leslie wissen.

»In den letzten Jahren vor dem Ende, als die Menschen erkannten, daß es keine Rettung mehr gab, bauten sie unter ihren Schutzkuppeln supraleitfähige Computer der Spitzentechnologie, programmierten uns darauf, die Erde wiederherzustellen, und schickten uns hinaus an die Luft, die sie längst nicht mehr atmen konnten. Schließlich überließen sie uns ihre Kuppeln. Das war ihre letzte gute Tat, denn so gaben sie uns die Möglichkeit, so viel von der Natur zu retten, wie irgend möglich. Sie segneten uns wie früher ihre Waffen und gingen hinaus in die Gifthölle, wo früher einmal ausgedehnte Wälder für gesunde Luft gesorgt hatten. Es war ihr Untergang. Keiner kehrte zurück.«

Sie schwieg, aber ihre Worte hallten in uns nach. Wir versuchten, uns die Einsamkeit, die Verzweiflung vorzustellen, die dieses Wesen erlebt haben mußte... Aber halt! Was hatte sie da beiläufig erwähnt?

»Mashara«, rief ich, »was sagtest du da eben? Sie haben euch *gebaut*? Du bist *kein* Mensch?«

Sie wendete mir ihr ebenmäßig schönes Gesicht zu. »Ihr könnt mich einen Computer nennen, aber in gewissem Sinne seid auch ihr Computer.«

»Bist du...«, begann ich unsicher, »bist du *lebendig*, Mashara?«

»Erscheint dir das so unmöglich?« gab sie zurück. »Macht es denn einen Unterschied, ob sich Humanität in Kohlenstoffatomen oder in Gallium und Silikon offenbart? Eine bestimmte Körperchemie ist noch längst keine Garantie für humanes Verhalten. Es gibt nichts, was schon menschlich auf die Welt kommt.«

»Ich verstehe nicht... Auch der niederträchtigste Mensch, sogar ein Mörder ist ein menschliches Wesen«, sagte ich. »Wir können zwar seine Art zu handeln nicht billigen, aber dennoch ist er ein Mensch.«

Sie schüttelte den Kopf. »Nein, Richard, ein Mensch ist nicht automatisch ein *humaner* Mensch, denn Menschlichkeit ist keine physikalische Beschreibung, sondern eine geistige Qualität, eine hohe Gesinnung, die uns nicht mit in die Wiege gelegt wird. Wir müssen uns darum bemühen. Wahre Menschlichkeit definiert sich durch die Fähigkeit, Liebe auszudrücken, nicht durch ein bestimmtes Erscheinungsbild.«

Ein ungewohnter Gedanke, dachte ich, aber besser verständlich angesichts der tragischen Ereignisse an diesem Ort des Raum-Zeit-Kontinuums. Und trotzdem, so sehr ich Mashara auch als eine Maschine betrachten wollte, als eine künstliche Intelligenz, als ein *Es*, es wollte mir nicht so recht gelingen. Nicht die chemische Zusammensetzung ihres Körpers definierte ihr Leben, sondern die Fähigkeit zu lieben, die Tiefe ihres Mitgefühls.

»Vielleicht bin ich nur zu sehr daran gewöhnt, Menschsein und Humanität gleichzusetzen«, sagte ich.

»Vielleicht solltest du umdenken.«

Der Hafer stach mich, ich mußte diese Frau, diesen Computer, testen. »Wieviel ist 13297 dividiert durch 2,32379001 im Quadrat?«

»Muß du das unbedingt wissen?«

Ich nickte.

Sie seufzte. »2462,4074025848280639 81... Bis auf wie viele Dezimalstellen genau hättest du es gerne?«

»Erstaunlich«, sagte ich, ehrlich beeindruckt.

»Und woher weißt du, daß ich dich nicht auf den Arm nehme und einfach irgendeine Lösung erfinde?« lächelte sie milde.

»Tut mir leid... Es ist nur, du bist so...«

»Wir können noch einen Test machen, wenn du willst«, sagte sie.

»Richard!« Leslie warf mir einen flehenden Blick zu, und Mashara dankte es ihr mit einem kleinen Lächeln. »Weißt du, welches die letzte große Prüfung im Leben ist?«

»Äh, nein...«

»Willst du mir eine Frage beantworten?«

»Klar doch.«

Sie sah mir direkt in die Augen, die gute Fee, die keine Furcht kannte.

»Sage mir«, begann sie, »was würdest du empfinden, wenn ich jetzt vor deinen Augen stürbe?«

Leslie wurde kalkweiß im Gesicht.

»Nein!« rief ich entsetzt.

Mein Herz verkrampfte sich bei dem Gedanken, daß unser anderes Ich zum letzten Mittel selbstloser Liebe greifen und sich selbst das Leben nehmen würde, um uns den Verlust ihres Lebens spüren zu lassen. »*Nein,* Mashara!«

Leicht wie eine Feder sank sie zu Boden und blieb reglos liegen.

Leslie kniete sich zu ihr, nahm die Gestalt in die Arme wie diese zuvor die Wildkatze und sprach.

»Und wie würdest du dich fühlen, Mashara, wenn Tyeen und ihre Jungen und die Wälder und Meere und der ganze Planet stürben, um dir ihre Liebe zu beweisen?«

Langsam, ganz langsam kehrte das Leben in sie zurück. Schließlich öffnete Mashara die Augen und sah ihre Schwester aus einer anderen Zeit an.

»Ich liebe euch«, sagte sie, während sie sich langsam aufrichtete, »ihr dürft niemals annehmen, daß ich… dazu nicht fähig wäre…«

Leslie lächelte ein wenig traurig. »Wie könnten wir uns an dem Anblick deiner Welt erfreuen und nicht glauben, daß du liebst? Wie könnten wir unsere eigene Welt lieben und nicht auch dich, Mashara?«

Die junge Frau schloß die Augen. »Ihr müßt gehen«, flüsterte sie. »Bitte vergeßt nicht…«

Ich faßte Leslie an der Hand.

»Jede Blume, die wir von nun an pflanzen, werden wir für dich pflanzen, Mashara«, versprach Leslie gerührt. Wir wandten uns zum Gehen.

Das Lama steckte seinen Kopf zur Tür herein, stellte die Ohren auf und witterte in unsere Richtung, als mache es sich Sorgen um die junge Frau, die ihm Schutz und Geborgenheit bedeutete. Als wir uns noch einmal umdrehten, hatte die gute Waldfee ihren Kopf an das Lama gelehnt.

In diesem Augenblick löste sich die kleine Hütte in einem feinen Nebel aus Wassertröpfchen auf.

»Ich kann es nicht glauben«, sagte ich, während *Growly* ruhig über das Muster hinflog. »Einer der liebenswertesten Menschen, den ich kenne, ist ein Computer!«

14

Die Schönheit von Masharas Planet hatte uns nachhaltig beeindruckt, und das starke Gefühl, daß ihre Liebe uns überallhin begleitete, erfüllte uns mit Dankbarkeit dafür, daß es uns vergönnt war, unseren Freunden aus den Parallelwelten begegnen zu können.

Einige dieser Begegnungen hatten uns froh gestimmt, andere in Schrecken und Trauer versetzt, aber jede hatte uns zu einer wertvollen Erfahrung verholfen, für die wir unter normalen Umständen noch viele hundert Leben gebraucht hätten. Wir waren entschlossen, die Zeit zu nutzen und noch viel mehr zu lernen.

In einiger Entfernung schimmerte das Muster zartrosa, durchwoben von goldenen Fäden. Es bedurfte keiner besonderen Eingebung; die Farben zogen mich geradezu magisch an. Leslie reagierte auf meinen fragenden Blick mit einem Kopfnicken.

»Egal, was auf uns wartet?«

»Ich glaube schon...«

Irgendwie schien es nicht geklappt zu haben, denn wir saßen nach wie vor in unserem Cockpit; Wasser umspülte unser Flugzeug. Dann bemerkte ich, daß wir nicht mehr auf dem Meer schaukelten, auch das Muster war fort.

Wir trieben auf einem kristallklaren Bergsee. Nadelwald erstreckte sich bis an die Uferböschung, wo die Sonne goldene Kringel auf den schmalen, bernsteinfarbenen Sandstreifen malte.

»Leslie«, rief ich über die Maßen verblüfft, »ich kenne diesen Ort, es ist der Lake Healey. Wir sind nicht mehr im Muster!«

Sie schaute sich prüfend um. »Bist du sicher?«

»Ziemlich sicher.« Noch einmal ließ ich meinen Blick zum bewaldeten Steilufer hinüberwandern und zur Schonung am Ende des Sees. Es gab keinen Zweifel, dies war der Lake Healey.

»Großartig!« rief ich erleichtert. Leslie dagegen schien meine Freude nicht zu teilen; sie machte sogar ein ausgesprochen enttäuschtes Gesicht.

»Ich weiß, ich sollte mich mit dir freuen, aber es gibt noch so vieles, was ich besser verstehen möchte!«

Nun ja, sie hatte nicht unrecht. Es war so, als hätten die Schauspieler die Bühne verlassen und der Vorhang wäre vor dem Ende des Stücks gefallen. Es war irgendwie unbefriedigend und enttäuschend.

Ich war eben dabei, das Ufer anzusteuern, als Leslie mich in die Seite stieß.

»Sieh doch nur!« rief sie.

Die leichte Drehung in Richtung Ufer hatte ein von unserer Tragfläche verdecktes Flugzeug auf der anderen Seite des Sees in Leslies Blickfeld gerückt. Es handelte sich ebenfalls um eine *Martin Seabird.*

»Aha, siehst du wohl«, sagte ich, »nun gibt es keinen Zweifel mehr. Wir sind zu Hause. Viele Leute üben hier mit ihren Wasserflugzeugen die Landung.« Ich gab leicht Gas, und wir setzten uns Richtung Ufer in Bewegung.

Die Besitzer des anderen Flugzeugs schienen nicht in der Nähe zu sein. Ich stellte den Motor ab. Die letzten Meter ließen wir uns von der Strömung an Land treiben, bis der Bug mit einem leichten Knirschen im Ufersand aufsetzte.

Ich zog meine Schuhe aus, sprang ins knöcheltiefe Wasser, um Leslie herabzuhelfen, und zog die Maschine ein Stück weiter ans Ufer, bevor ich den Anker festmachte.

Inzwischen schlenderte Leslie zu der zweiten Maschine hinüber.

»Hallo?« rief sie. *»Hallo!«*

Ich folgte ihr, wartete. »Ist wohl niemand zu Hause, was?« witzelte ich.

Stille. Leslie stellte sich auf die Zehenspitzen und lugte ins Cockpit.

Das Amphibienflugzeug sah *Growly* zum Verwechseln ähnlich. Die Bemalung war identisch, Farbe und Form der Sitze, der Stoff der Bezüge, die Armaturen... Es war unglaublich.

»Zufall?« meinte Leslie fragend. »Ein Amphibienflugzeug, das in jeder Hinsicht eine Kopie von *Growly* ist?«

»Seltsam.«

Ich legte die Hand auf die Motorhaube. Sie war noch warm. Ein unheimliches Gefühl beschlich mich. Ich faßte Leslies Hand und zerrte sie zu unserem Flugzeug zurück.

Nach ein paar Schritten blieb sie plötzlich stehen. »Richie, sieh dir das an!« rief sie triumphierend. »Keine Fußspuren, nur unsere eigenen. Wie kann jemand hier landen, aussteigen und fortgehen, ohne Fußspuren zu hinterlassen?«

Verblüfft über die Entdeckung standen wir zwischen den beiden *Growlys*. »Glaubst du immer noch, daß wir zu Hause sind?« fragte Leslie. »Es deutet einiges darauf hin, daß wir uns doch noch im Muster befinden, meinst du nicht?«

»Ein zweiter Lake Healey?« überlegte ich zweifelnd. »Warum hinterlassen wir dann Fußspuren? Geister hinterlassen keine Fußspuren.«

»Du hast recht. Und wenn wir uns im Muster befänden, müßten wir einem unserer anderen Ich-Aspekte begegnen.« Sie blickte sich suchend um, kniff die Augen zusammen und schaute über den See ans andere Ufer. Nichts.

»Möglicherweise ist es ein Test«, schlug ich vor. »Wir sehen zwar niemanden, aber nur, weil wir nach einer uns bekannten Form suchen. Vielleicht gibt es ja auch ganz andere Aspekte von uns als die, die wir bisher gesehen haben..«.

Ein purpurfarbener Blitz leuchtete neben uns auf. Wir erschraken fast zu Tode, doch dann stand Pye in weißen Jeans und karierter Bluse vor uns.

»Deswegen liebe ich euch wohl so«, rief sie zur Begrüßung. »Weil ihr nicht *alles* vergeßt.«

»Pye!« rief Leslie überglücklich und umarmte sie stürmisch. Wo immer wir auch sein mochten, innerhalb des Musters oder nicht, jedenfalls waren wir keine Geister, und die Umarmung fiel besonders herzlich aus.

»Wir freuen uns furchtbar, dich zu sehen«, rief meine Frau überschwenglich. »Du kannst dir gar nicht vorstellen, wo wir überall waren! Wir müssen dir so viel erzählen... wir haben so viele Fragen!«

»Wir freuen uns wirklich, daß du wieder da bist«, erklärte auch ich gerührt und umarmte sie ebenfalls. »Warum bist du bloß so plötzlich verschwunden?«

Pye schlenderte ans Ufer, setzte sich in den Sand und winkte uns, neben ihr Platz zu nehmen.

»Die Zeit war gekommen. Wenn man jemanden liebt, wenn man weiß, daß er in der Lage und willens ist zu lernen, dann läßt man ihn los. Wie hättet ihr sonst eure Erfahrungen selbst verarbeiten können, wenn ich die ganze Zeit dabeigesessen hätte?«

Sie wandte sich lächelnd an mich. »Du hast recht, dieser See hier ist ein nachempfundener Lake Healey. Das mit dem Flugzeug ist meine Idee gewesen. Ihr habt mich daran erinnert, wie gern ich selbst fliege, deshalb habe ich *Growly* kopiert.«

Dann wandte sie sich an Leslie und legte ihr die Hand auf die Schulter. »Du bist ein scharfer Beobachter. Du brauchtest nicht lange, um zu merken, daß ich keine Fußspuren im Sand hinterlassen hatte. Das hatte seinen Grund. Ich wollte euch daran erinnern, daß ihr euren eigenen Weg wählen müßt und nicht den Spuren von jemand anders folgen dürft. Ihr müßt eurer inneren Stimme folgen. Aber da sage ich euch ja nichts Neues.«

»Oh, Pye«, rief Leslie leidenschaftlich, »wie können wir unserer inneren Stimme folgen in einer Welt, die… Kanntest du Tatjana und Iwan?«

Pye nickte.

»Wir… liebten sie…« Leslies Stimme wollte vor Schmerz versagen, doch sie faßte sich. »Und es waren *Amerikaner*, die sie umbrachten, Pye! Wir haben sie umgebracht!«

»Das ist nicht wahr. *Ihr* dachtet nicht im Traum daran, sie zu töten.« Sie faßte Leslie am Kinn und sah ihr ernst in die Augen. »Du weißt doch, nichts ist zufällig, in diesem Muster hat alles seinen Grund.«

»Was für ein Grund könnte das wohl sein?« warf ich sarkastisch ein. »Du warst nicht dabei, hast das Grauen nicht miterlebt.« Die Erinnerung an die Nacht in Moskau übermannte mich.

»Richard, das Muster beinhaltet alle Möglichkeiten«, ermahnte sie mich milde. »Es ist wie mit einem Buch. Jedes Ereignis ist ein Wort, ein Satz, Teil einer endlosen Geschichte. Die Buchstaben bleiben auf jeder Seite unverändert stehen, was sich verändert, ist das *Bewußtsein*. Wir können uns aussuchen, was wir lesen wollen und was nicht. Wenn du ein Buch über Atomkrieg aufschlägst, verzweifelst du dann, oder versuchst du, etwas daraus zu lernen? Wirst du, nachdem du die Seite gelesen hast, umblättern und ein bißchen klüger sein als zuvor, oder stirbst du beim Lesen?

Ihr habt eine Seite eines Buches mit Tatjana und Iwan Kirilow geteilt, und als ihr an das Ende der Seite gelangtet, habt ihr umgeblättert. Sie existiert noch, auch in diesem Augenblick, und wartet darauf, zum Herzen eines jeden zu sprechen, der sich dazu entschließt, sie zu lesen. Aber wenn ihr gelernt habt, was es zu lernen gibt, braucht ihr sie nicht wieder und wieder zu lesen. Ihr habt euch der nächsten Seite zugewendet, wie übrigens auch die beiden.«

»Haben sie das?« fragte Leslie hoffnungsvoll.

Pye lächelte. »Hat Linda Albright euch nicht ein wenig an Tatjana Kirilowa erinnert? Hatte Krzysztof nicht ein ganz klein wenig Ähnlichkeit mit Iwan? Sind nicht aus den amerikanischen Jagdpiloten die von allen bewunderten Flieger der Luftspiele geworden? Was glaubt ihr wohl, wer sie waren?«

»Auch sie haben die Seite über jene schreckliche Nacht in Moskau gelesen, nicht wahr?« fragte Leslie.

»Genau.«

»Und *wir* sind *sie*?« fragte ich weiter.

»Richtig.« Pyes Augen funkelten. »Du und Leslie, Linda und Tatjana und Mashara und Jean Paul und Attila und Iwan und Tink und Atkin und Pye, wir *alle* sind *eins*!«

Die Wellen krochen leise plätschernd über den Sand, und über uns in den Bäumen flüsterte der Wind.

»Es gibt einen Grund für eure Begegnung mit mir«, fuhr Pye fort, »und ebenfalls für jede andere eurer Begegnungen. Ihr macht euch Gedanken über Krieg und Frieden? Nun, so landet ihr auf einer Buchseite, die euch Einblick in Krieg und Frieden gewährt. Ihr habt Angst, daß ihr euch verlieren könntet oder daß ihr sterben und voneinander getrennt werden könntet? Ihr landet in einer Zeit, die euch etwas über Verlust und Tod lehrt, und was ihr daraus lernt, wird die Welt um euch herum verändern. Ihr liebt die Erde und befürchtet, daß die Menschheit sie zerstört? Ihr seht sowohl die Katastrophe als auch die Zeit danach und lernt einmal mehr, daß nur eure persönliche Entscheidung zählt.«

»Du willst uns sagen, daß wir unsere eigene Wirklichkeit erschaffen, aber so etwas sagt sich leichter, als es zu begreifen ist, Pye«, hielt ich ihr entgegen.

Sie kicherte, dann deutete sie mit dem Finger nach Osten.

»Es ist noch früh am Morgen«, sagte sie, und ihre Stimme klang plötzlich geheimnisvoll. »Wir stehen an einem Ufer wie diesem hier und schauen über das Wasser. Erste Anzeichen der Dämmerung werden sichtbar. Es ist kalt. Vor jedem von euch steht eine Staffelei mit einer Leinwand. Pinsel und Palette liegen bereit.«

Wie hypnotisiert hörten wir ihr zu und erlebten ihre Geschichte. Ich fühlte die Palette in der linken, den Pinsel in der rechten Hand.

»Langsam bricht sich das Licht des neuen Tages Bahn. Seht ihr es? Der Himmel beginnt wie flüssiges Gold zu glühen, wie schmelzende Eiskristalle in der aufgehenden Sonne…«

Wir sahen es vor uns, überwältigt von dem Spiel der Farben.

»Jetzt malt!« befahl Pye. »Fangt diesen Sonnenaufgang auf eurer Leinwand ein! Erfühlt das Licht auf eurem Gesicht mit geschlossenen Augen, versucht, es zum Ausdruck zu bringen. Nur Mut! Erlebt die Morgendämmerung mit dem Pinsel!«

Ich bin kein Künstler, aber mein Herz schlug höher angesichts des prachtvollen Schauspiels, und ich setzte kühne Schwünge und Striche auf meine Leinwand, während Leslie auf der ihren die Farben gezielt miteinander verschmelzen ließ.

»Fertig?« fragte Pye nach einer Weile.

Wir nickten.

»Was habt ihr geschaffen?«

»Zwei sehr unterschiedliche Sonnenaufgänge«, erwiderte Leslie.

»Falsch, ihr habt nicht zwei Sonnenaufgänge geschaffen«, entgegnete Pye. »Der Künstler erschafft nicht den Sonnenaufgang, er…«

»Aber natürlich«, fiel Leslie ihr ins Wort, »der Künstler erschafft das *Bild* des Sonnenaufgangs!«

Pye nickte.

»Der Sonnenaufgang ist also die Wirklichkeit, das Gemälde ist das Abbild, das wir uns von der Wirklichkeit machen?« ergänzte ich.

»Haargenau. Wenn jeder von uns seine eigene Wirklichkeit erschaffen müßte, es wäre eine schöne Bescherung. Die Wirklichkeit wäre auf das wenige beschränkt, was jeder von uns sich vorstellen kann.«

Ich versuchte, ihren Gedanken weiterzuverfolgen. »Wie sollte zum Beispiel jemand, der noch nie einen Sonnenaufgang gesehen hat, einen Sonnenaufgang erschaffen?«

Pyes Antwort ließ nicht lange auf sich warten. »Die Wirklichkeit ist unabhängig von Erscheinungsformen oder unserer begrenzten, konditionierten Wahrnehmung. Wirklichkeit ist zum Ausdruck gebrachte Liebe, reine, vollkommene Liebe. Sie transzendiert Raum und Zeit. Habt ihr euch schon einmal so im Einklang mit der Welt gefühlt, mit dem Universum, mit allem, was ist, daß ein Gefühl unendlicher Liebe sich euer bemächtigt hat? *Das* ist Wirklichkeit. *Das* ist Wahrheit. Was wir damit anfangen, liegt ganz allein bei uns, so wie es auch am Maler liegt, wie er den Sonnenaufgang malt. In eurer Welt gibt es wohl eine Art Humanität, aber wenig Liebe. Die Menschen leben dem Haß, zerreiben sich in Machtkämpfen und berauben die Erde ihrer Schätze aus einer kurzsichtigen, engstirnigen Denkweise heraus. Wenn ihr daran nichts ändert, wird eines Tages niemand mehr einen Sonnenaufgang erleben.«

O Mashara, dachte ich betroffen, muß deine Vergangenheit denn auch unsere Zukunft sein?

»Es erscheint mir unmöglich, den Gedanken der Liebe in unserer Welt verwirklichen zu wollen«, sagte Leslie, »es gibt so viele Bedrohungen, so viele Attilas!«

Pye runzelte die Stirn und überlegte kurz. Dann zeichnete sie ein kleines Viereck in den Sand.

»Nehmen wir an, wir wohnen an einem entsetzlichen

Ort: in einer *Stadt der Gewalt*«, sagte sie und deutete auf das Viereck. »Je länger wir dort leben, um so weniger gefällt es uns dort. Gewalttätigkeit und Vandalismus sind an der Tagesordnung, die Menschen folgen nur ihren eigenen, egoistischen Zielen, kurz, wir fühlen uns dort nicht wohl!«

Als nächstes zeichnete sie eine geschlängelte Linie, die in vielen Windungen und Schleifen von der Stadt wegführte und in einen Kreis mündete.

»Eines Tages packen wir all unsere Habe und machen uns auf den Weg. Unser Ziel ist die *Stadt des Friedens*, wenn wir auch noch nicht genau wissen, wie wir dort hinkommen.« Dabei verfolgte sie mit dem Finger die komplizierte Wegstrecke, die sie vorgegeben hatte. »Nach einigen Irrungen und Wirrungen und vielen Umwegen, weil wir die Karte unseres inneren Führers nicht auf Anhieb lesen können, treffen wir eines Tages dennoch in der Stadt unserer Hoffnungen ein.« Ihr Finger hielt in dem Kreis inne, der die *Stadt des Friedens* darstellte. Mit der anderen Hand steckte sie kleine Zweige in den Kreis, die Bäume symbolisierten.

»Wir leben uns schnell in unserer Wahlheimat ein. Wir lernen andere Bewohner der Stadt kennen und finden heraus, daß die Werte und Ideale, für die *sie* eintreten, mit unseren identisch sind. Jeder hat auf einem anderen Weg hierhergefunden, aus unterschiedlichen Richtungen kommend, seiner eigenen Karte folgend, getrieben von dem Wunsch, nach einem anderen Wertesystem leben zu können, einem Wertesystem, an dessen erster Stelle Mitmenschlichkeit, Liebe und Güte stehen und das die Natur und alle lebenden Wesen gleichermaßen respektiert. Es war gar nicht nötig, jeden Menschen in der *Stadt der Gewalt* davon zu überzeugen, wieviel besser ein Leben in der *Stadt des Friedens* wäre, es genügte, daß wir selbst davon überzeugt waren. Auch mußten wir die *Stadt des Friedens* nicht erst schaffen, es gibt sie bereits. Wer dorthin ziehen will, der kann es jederzeit tun.«

Sie sah uns an, als wolle sie sich vergewissern, daß wir ihr so weit folgen konnten, bevor sie mit ihrer Geschichte fortfuhr.

»Die Menschen in der *Stadt des Friedens* haben erkannt, daß Haß nichts anderes ist als eine ins Gegenteil verkehrte Form der Liebe und daß der Grund für Haß vor allem in der Unwissenheit liegt. Denn wenn wir uns dessen bewußt wären, daß wir alle eins sind – und das ist die tiefste aller Wahrheiten – warum sollten wir uns dann noch gegenseitig vernichten wollen? Trotzdem steht es uns frei zu wählen. Die Menschen in der *Stadt der Gewalt* können ihr Leben lang von Frieden und Liebe träumen oder sich aufmachen und sie erfahren.

Es wird in der *Stadt der Gewalt* immer wieder Menschen geben, die – wie wir – der Willkür und Kurzsichtigkeit, die das Leben dort bestimmen, überdrüssig werden. Auch sie werden sich vielleicht dafür entscheiden, diesem Ort den Rücken zu kehren, und, ihrer eigenen Karte folgend, in der *Stadt des Friedens* ankommen. Immer mehr werden folgen, und eines Tages ist die *Stadt der Gewalt* nur noch eine Geisterstadt.«

Sie malte mit dem Finger eine Acht in den Sand, eine neue Verbindung zwischen den beiden Orten.

»Die Zeit vergeht. Eines Tages erinnern sich ein paar Einwohner der *Stadt des Friedens* an ihre frühere Heimat. Sie kehren zurück, um zu sehen, was daraus geworden ist, und finden eine verlassene Ruine vor, in der die Natur, nunmehr sich selbst überlassen, in den Zustand der ursprünglichen Wirklichkeit zurückgefunden hat. Klare, saubere Flüsse und neue junge Wälder wachsen dort, wo die früheren Bewohner alles kahlgeschlagen und zugebaut hatten. Die Luft ist wieder klar und rein, die Vögel zwitschern, kurz, es ist nicht mehr dieselbe Stadt.«

Pye pflanzte während ihrer Rede größere und kleinere Ästchen in das Viereck. »Sie nehmen das schiefhängende

Schild ab, auf dem in verblichenen Buchstaben ›*Stadt der Gewalt*‹ steht und hängen ein neues auf. ›*Willkommen in der Stadt der Liebe*‹ heißt es darauf. Sie beginnen mit den Aufräumungsarbeiten und geben sich das Versprechen, daß die Stadt ihrem neuen Namen gerecht werden soll. Seht ihr nun, meine lieben Freunde, man muß sich nur entschciden.

In den meisten Welten«, fuhr Pye fort, »geschehen Veränderungen langsam, nicht von heute auf morgen oder gar in Form eines Wunders. Sie müssen langsam wachsen – wie diplomatische Beziehungen zwischen den Völkern eurer Erde. Anfangs sind sie fein und wenig belastbar, doch je länger daran gearbeitet wird, um so tragfähiger werden sie. Die ersten Amateurluftspiele in Linda Albrights Welt, die ersten sowjetischen Künstler, die vor amerikanischem Publikum auftreten dürfen. Schritt für Schritt entscheidet ihr euch für das friedvolle Miteinander, für das Leben.«

»Warum sollte es nicht auch über Nacht möglich sein?« fragte ich herausfordernd. »Wo steht geschrieben, daß schnelle Veränderungen unmöglich sind?«

»Es steht nirgendwo geschrieben, Richard. Natürlich sind sie möglich«, entgegnete sie. »Jede Sekunde ereignen sich Veränderungen, ob du es bemerkst oder nicht. Eure Welt, deren Zukunft an einem seidenen Faden hängt, ist ebenso real wie jene andere, die 1962 endete, am ersten Tag des letzten Weltkrieges. Jeder von uns lenkt das Schicksal seiner Welt.«

»Aber dann habe ich Unterleutnant Bach gar nicht belogen«, rief ich. »In einer der möglichen Zukunftswelten, oder besser Parallelwelten«, korrigierte ich mich, »gaben die Russen 1962 nicht nach, und ich warf eine Atombombe?«

»Richtig. Im Muster gibt es noch unzählige andere Welten, die ebenfalls 1962 endeten, Tausende anderer Richards, die sich für die Erfahrung eines gewaltsamen Todes entschieden. Du hast nicht dazugehört.«

»Moment«, sagte ich, »langsam, bitte. Gab es in jenen Parallelwelten, die untergingen, nicht auch eine Menge unschuldiger Menschen, die getötet wurden, ohne den Untergang zu wollen?«

»Natürlich, Richard, aber du vergißt, daß auch sie sich für die Zerstörung ihres Planeten entschieden. Die einen aus Kurzsichtigkeit oder weil es ihnen gleichgültig war, die anderen, weil sie der festen Überzeugung waren, daß Angriff nun einmal die beste Verteidigung ist. Wieder andere hielten sich für zu schwach, ja unfähig, etwas dagegen zu tun, sie handelten nach dem Motto: *Wir* können ja sowieso nichts ausrichten. Fatalistisch fügten sie sich in das scheinbar unvermeidliche Unglück. Auch das ist eine Entscheidung!«

Pye schwieg einen Augenblick, deutete auf den Kreis und bemerkte abschließend: »Wenn wir uns für den Frieden entscheiden, dann werden wir auch in Frieden leben.«

»Gibt es eine Möglichkeit, mit anderen Ich-Aspekten, die sich dafür entschieden haben, Kontakt aufzunehmen, um von ihnen zu erfahren, was sie gelernt haben?« fragte Leslie.

»Aber das tut ihr ja gerade«, lächelte Pye.

»Ja, aber gibt es denn keine andere Möglichkeit, mit unseren anderen Aspekten Kontakt aufzunehmen, als die, in ein Flugzeug zu steigen und auf die minimale Chance zu hoffen, daß wir in jener anderen Dimension landen, in der wir dir begegnen können?« fragte ich.

»Du möchtest gern jederzeit mit jedem deiner anderen Ich-Aspekte kommunizieren können, richtig?«

»Ja, bitte«, antwortete ich.

»Es ist sogar sehr leicht, das zu tun«, lächelte sie. »Stell dir das andere Ich vor, mit dem du reden willst. Stell dir weiterhin vor, daß du ihm die Frage stellen wirst, die dir auf der Seele brennt, und daß es dir die Antwort gibt. Versuch es.«

»Ich?« fragte ich ein wenig unbehaglich. »Jetzt? Hier?«

»Warum nicht?«

»Hm… Soll ich die Augen dabei schließen?«

»Nur, wenn es dir hilft«, meinte sie. »Atme tief durch. Stell dir eine Tür vor, die in einen lichtdurchfluteten Raum führt. In diesem Licht oder Nebel, wenn dir Nebel lieber ist, bewegt sich die Person, die du dir vorstellst. Du kannst Licht und Nebel auch getrost vergessen und dir beispielsweise Stimmen vorstellen, das fällt uns manchmal leichter, als etwas zu visualisieren. Oder vergiß Licht und Töne, und stell dir vor, daß das Wissen dieser Person in dich hineinfließt. Du kannst auch darauf verzichten und dir einfach vorstellen, daß die Person, die dir als nächste begegnet, die Antwort gibt. Vielleicht gibt es aber auch ein bestimmtes Wort, das für dich von besonderer Bedeutung ist. Deiner Vorstellung sind keine Grenzen gesetzt.«

Ich entschied mich für die Visualisation und ein bestimmtes Wort. Ich stellte mir vor, daß, sobald ich das Wort aussprach, vor meinen Augen ein anderes Ich erstehen würde, um meine Frage zu beantworten.

Ich entspannte mich. Sanft ineinanderfließende Pastelltöne zogen vor meinem inneren Auge vorbei. Noch einmal sagte ich mir, daß ich die Person sehen würde, sobald ich das Wort ausgesprochen hatte. Du hast Zeit, Richard, beruhigte ich mich, kein Grund zur Eile.

Die Farben verschmolzen miteinander, pastellfarbene Wolken hinter meinen geschlossenen Augen.

»EinsSein«, sagte ich.

Es gab einen Lichtblitz, und ich sah die Gestalt eines Mannes, der mitten auf einer gemähten Wiese neben der Tragfläche eines alten Doppeldeckers stand. Vom strahlend blauen Himmel brannte die Mittagssonne herab; der Mann stand mit dem Rücken zu ihr, so daß ich sein Gesicht nicht erkennen konnte. Irgendwie erinnerte die Szene mich an friedlich-stille Sommertage in Iowa. Unvermittelt begann der Mann zu sprechen, und ich hörte seine Worte so deutlich, als säße er neben mir am Strand.

»In nicht allzuferner Zukunft wirst du dein ganzes bisheriges Wissen benötigen, um die Welt der scheinbar existierenden Objekte zu durchschauen und dich daraus zu befreien«, sagte er. »Vergiß nicht, daß du Leslies Kraft brauchst, um dich in deinem Flugzeug zwischen den Dimensionen bewegen zu können, sie hingegen deine Flügel. Gemeinsam könnt ihr fliegen.«

Das Bild löste sich in einem grellen Blitz auf, und ich öffnete meine Augen.

»Wie war's?« fragte Leslie gespannt.

»Tja«, sagte ich, »ich bin mir nicht sicher, wie ich es verstehen soll.« Dann erzählte ich ihr und Pye, was ich gesehen und gehört hatte und daß die Antwort mich nicht befriedigte. »Ich kann nichts damit anfangen.«

»Du wirst es verstehen, wenn die Zeit kommt, von der er gesprochen hat«, erklärte Pye zuversichtlich. »Wenn man etwas lernt, ohne die dazugehörige Erfahrung gemacht zu haben, erscheint die Lektion auf den ersten Blick natürlich unverständlich, aber das macht nichts.«

»Gut, das zu wissen«, lächelte Leslie. »Mir erscheinen nämlich ziemlich viele Lektionen, die wir hier lernen, sehr schwer umsetzbar.«

Pye fuhr nachdenklich mit dem Finger die Linien des Unendlichkeitssymbols nach, das sie in den Sand gemalt hatte.

»Man muß Wissen anwenden, um seinen eigentlichen Wert zu verstehen«, meinte sie schließlich. »Andererseits muß man etwas verstanden haben, um es anwenden zu können. Die Tatsache, daß ihr ein Flugzeug fliegen könnt, wäre Grund genug für einige eurer Ich-Aspekte, um euch für Götter zu halten, während ihr wiederum dazu neigen würdet, andere für Zauberer zu halten, weil sie Fähigkeiten besitzen, die in euren Augen außergewöhnlich sind...«

»Dich zum Beispiel...«, warf ich ein.

»Ich erscheine euch wie mit besonderen Kräften begabt, weil ihr keine Ahnung habt, wie hart ich an mir gearbeitet habe! Ich bin *ein* Zentrum des Bewußtseins, das sich im Muster ausdrückt – nicht anders als ihr. Wie ihr wurde ich weder geboren, noch werde ich sterben. Auch wenn ihr von *du* und *ich* sprecht, setzt ihr eine Trennung voraus, die es gar nicht gibt. Wir haben diesen Punkt schon angeschnitten, erinnert ihr euch? So wie ihr Teil der Person seid, die ihr vor einer Sekunde oder vor einer Woche wart oder die ihr in einer Sekunde oder einer Woche sein werdet, so seid ihr auch die Person, die ihr in anderen Leben wart oder sein werdet, für die ihr die Ausdrücke Vergangenheit beziehungsweise Zukunft geprägt habt.«

Damit stand sie auf und wischte sich den Sand von den Händen.

»Ich muß gehen«, sagte sie. »Denkt an den Sonnenaufgang und den Künstler. Was auch geschehen mag, wie euch die Dinge auch erscheinen mögen, die Liebe ist die einzige Wirklichkeit.«

Leslie umarmte sie herzlich. »Oh, Pye«, rief sie bewegt, »warum mußt du schon wieder gehen?«

»Wieso gehen? Ich kann mich zwar in Luft auflösen, wie ihr sagen würdet, aber deswegen verlasse ich euch doch nicht!«

»Ich weiß, wir sind eins, liebe Pye«, antwortete ich und drückte sie fest an mich, worauf sie schelmisch lächelte.

»Und deshalb liebe ich euch so! Weil ihr euch manchmal sogar an etwas erinnert...«

Vor unseren Augen löste sie sich auf. Leslie und ich saßen noch lange am Ufer, betrachteten Pyes Sandmalerei und dachten über ihre Geschichte nach. Schließlich standen wir in stillem Einvernehmen auf, um zu *Growly* zurückzukehren. Ich machte den Anker los, half Leslie ins Cockpit, stieß unser Flugzeug vom Ufer ab und kletterte an Bord. Eine Weile ließen wir uns von den Wellen sanft hin- und herschaukeln.

»Was wohl als nächstes kommen mag?« fragte ich Leslie.

»Seltsam«, meinte sie, »als wir hier landeten und ich dachte, wir hätten das Muster verlassen, war ich traurig, weil ich annahm, daß unser Abenteuer nun zu Ende wäre. Und jetzt... Nach dieser Begegnung mit Pye wird mir allmählich deutlich, wieviel wir in relativ kurzer Zeit erlebt haben, und ich verspüre fast den Wunsch, zu Hause in Ruhe über alles nachdenken zu können. Ich bin mir nicht sicher, ob ich verstanden habe, was es bedeutet...«

»Dann geht es dir wie mir!« rief ich erleichtert. »Fliegen wir also nach Hause zurück. Wir müssen nur noch schnell herausfinden, wie.«

Ich startete *Growly*, der Motor heulte auf, und wir gewannen schnell an Fahrt. Warum sollte dieser einfache Vorgang so schwierig sein, wenn ich den Steuerknüppel einmal *nicht* sah und ihn mir – wie Leslie – vorstellen mußte?

Als *Growly* vom Wasser abhob, verschwand der Bergsee, und wir befanden uns erneut über dem Ozean.

15

Unter uns erstreckte sich das Muster, geheimnisvoll, unergründlich. Keine Pfeile, die uns den Weg nach Hause wiesen, keine Hinweisschilder, nichts.

»Was tun wir jetzt?« fragte ich ratlos.

»Dasselbe wie immer«, versetzte Leslie, »versuchen wir es mit der Intuition.«

»Ich glaube, die wird uns dabei nicht helfen«, erwiderte ich. »Die Intuition hat uns bislang immer nur Überraschungen beschert. Wir haben weder Tink noch Mashara oder Attila *absichtlich* besucht. Ich glaube nicht, daß die Intuition dafür geeignet ist, ein genau bestimmtes Ziel zu finden, nämlich exakt die Stelle im Muster, an der wir uns befanden, als es passierte.«

Und in der Tat erschien mir diese letzte Aufgabe mehr wie ein Intelligenztest oder wie eine dieser philosophischen Betrachtungen, die einen in den Wahnsinn treiben, wenn man sie verstehen und konsequent zu Ende denken will.

Leslie legte ihre Hand auf meinen Arm. »Richard, als wir zu unserer ersten Landung im Muster ansetzten, begegneten wir nicht Attila oder Tink oder Mashara, wir begegneten uns selbst, richtig? Je weiter wir uns aber entfernten ...«

»Ah, du meinst, je weiter wir uns entfernten, um so mehr veränderten wir uns. Du willst also sagen, daß wir zu Strukturen im Muster zurückfinden müssen, die uns vertraut erscheinen?«

Sie nickte. »Wir müssen es versuchen. Aus welcher Richtung sind wir gekommen?«

Wir sahen uns um, einmal, noch einmal. Das Muster funkelte unter uns, aber nirgendwo konnten wir einen vertrauten Anhaltspunkt entdecken.

Also stiegen wir ein wenig höher, wobei wir das Labyrinth unter uns wie die Luchse beobachteten, damit uns nur ja nichts entging. Endlich kam in der Ferne die zartrosa-goldene Struktur in Sicht, wo wir Pye wiedergefunden hatten.

»Leslie, sieh doch nur...« Ich flog eine leichte Kurve, um sie darauf aufmerksam zu machen. »Sieht es nicht aus wie...«

»Rosa und Gold!« rief sie erleichtert.

Ich zog die Maschine noch ein wenig höher.

»Es gibt keinen Zweifel«, erklärte Leslie, »und ein gutes Stück dahinter... siehst du? Leuchtet es da nicht grün? Dort haben wir Mashara kennengelernt!«

Zuversichtlich überquerten wir den Ozean der Möglichkeiten, ein Stäubchen am unendlichen Himmel. Wir überflogen Masharas grüngoldene Welt, näherten uns der korallenroten, tragischen Nacht in Moskau und ließen sie hinter uns wie auch Attilas blutrote Welt. Wir hatten das Gefühl, schon Stunden unterwegs zu sein.

»Als Los Angeles verschwunden war, sah da das Wasser nicht strahlendblau aus, durchzogen von goldenen und silbrig glänzenden Linien?« sagte Leslie, während sie mit zusammengekniffenen Augen den Horizont absuchte. »Dort vorne... Was meinst du? Ja, da ist es!« Ihre Augen sprühten vor Begeisterung. »Nun, das war doch gar nicht so schwer, oder?«

O doch, dachte ich, doch ich behielt diesen Gedanken für mich, um ihre Freude nicht zu trüben.

Als wir die silbrigblau schimmernde Region überflogen, stellte sich uns sofort das nächste Problem. Irgendwo dort unten gab es eine Stelle, nur ein paar Meter im Durchmesser vielleicht, die wir genau ansteuern mußten, weil sich dort – und nur dort – der Durchgang zu unserer Welt befand. Die Frage war nur, wo?

Wir flogen eine Weile ziellos hin und her, immer auf der Suche nach den beiden parallel verlaufenden Linien, die uns nach Carmel geführt hatten, aber unter uns wimmelte es geradezu von parallelen Linien.

»Oh, Richie«, rief Leslie besorgt, »das schaffen wir nie. Wie sollen wir die Stelle bloß finden?«

»Aber natürlich finden wir sie«, erklärte ich in gespielt zuversichtlichem Ton, um sie nicht noch mehr zu beunruhigen. Innerlich neigte ich jedoch durchaus zu der Überzeugung, daß sie recht haben könnte. »Wollen wir's noch mal mit Intuition versuchen? Eigentlich bleibt uns gar nichts anderes übrig, was? Sieht alles gleich aus da unten.«

»Gut«, stimmte sie zu. »Du oder ich?«

»Du.«

Sie lehnte sich zurück und schloß die Augen.

»Leichte Linkskurve«, sagte sie kurz darauf. Ob sie auch die Unsicherheit in ihrer Stimme hören konnte? »Etwas steiler, noch etwas mehr... gut. Fertig zur Landung.«

Die Taverne war kaum besucht. An der Bar saß ein einzelner Mann, an einem der kleinen Tische im Gastraum sahen wir ein weißhaariges Paar, das in ein Gespräch vertieft war.

Was soll denn das? dachte ich überrascht. Eine *Kneipe*? Ich hasse Kneipen! Ich hasse sie so sehr, daß ich auf die andere Straßenseite hinüberwechsle, nur um nicht an einer Bar oder Kneipe vorbeigehen zu müssen. »Laß uns verschwinden!«

Leslie hielt mich am Arm zurück. »Fast jedesmal dachten wir zuerst, daß wir uns vertan hätten«, versuchte sie mich zu besänftigen.

Als ich zögerte, drehte sie sich entschlossen um und ging auf die Bar zu, wobei sie über die Schulter zu dem älteren Paar hinüberschaute. Ich sah, wie ihre Augen groß wurden vor Erstaunen.

Wieder einmal blieb mir nichts anderes übrig, als ihr zu folgen. Ich riskierte einen verstohlenen Seitenblick auf die beiden und wollte meinen Augen nicht trauen, als ich *uns* dort drüben sitzen sah.

»Das ist ein Ding«, flüsterte ich, »wie kommen wir denn hierher? Und wie sehen wir bloß aus?«

Wir hatten uns ziemlich verändert. Unsere Gesichter waren von tiefen Falten zerfurcht, ein harter Zug lag um den Mund. Der Mann wirkte vergrämt und verbittert, sein Gesicht hatte eine ungesunde graue Farbe. Er sah nicht nur alt aus, er war offensichtlich fertig, am Ende.

Auf dem Tisch standen zwei Dosen Bier und zwei Teller mit Hamburgern und Pommes frites. Zwischen ihnen lag eine Taschenbuchausgabe unseres letzten Buches.

»Was hältst du davon?« flüsterte Leslie.

»Ein zweites *Wir*, in unserer eigenen Welt, das unser Buch in einer Kneipe liest?« Ich schüttelte den Kopf.

»Warum sehen sie uns nicht?« wunderte sich Leslie.

»Sind wahrscheinlich zu besoffen«, meinte ich mürrisch. »Laß uns endlich von hier verschwinden.«

Sie schüttelte den Kopf. Natürlich, wie hätte es auch anders sein können! »Wir sollten mit ihnen reden, aber ich weiß nicht, ob es klug wäre, uns so mir nichts dir nichts in ihr Gespräch einzumischen. Sie machen einen recht verbiesterten Eindruck, findest du nicht auch? Ich hab's. Wir setzen uns an den Nebentisch und hören ein bißchen zu.«

»*Zuhören* nennst du das? Du wolltest wohl sagen, *wir belauschen sie.*«

»Also nicht?« meinte sie mit Unschuldsmiene. »Gut, dann gehst du eben zu ihnen. Ich komme nach, wenn ich sehe, daß sie nichts gegen unsere Gesellschaft einzuwenden haben.«

Ich beobachtete die beiden skeptisch. »Na ja, vielleicht hast du recht«, brummte ich. Leslie nickte und nahm am Nebentisch Platz. Widerwillig setzte ich mich neben sie.

Der Mann hustete trocken und klopfte mit dem Finger auf das vor ihm liegende Buch. »Hätte ich auch gekonnt«, erklärte er kauend, während er abwechselnd in den Hamburger biß und sich Pommes in den Mund schob. »Alles, was er da schreibt, hätte ich auch gekonnt!«

Sie seufzte. »Vielleicht hättest du es auch gekonnt, Dave.«

»Nicht vielleicht, ich hätt's bestimmt gekonnt!« widersprach er und hustete erneut. »Der Kerl fliegt 'nen Doppeldecker, ist das vielleicht was Besonderes? Ich hab' auch fliegen gelernt, stand kurz vor meinem ersten Alleinflug. Ist die einfachste Sache der Welt.«

Ich habe ja auch nicht geschrieben, daß es schwierig wäre, dachte ich, ich schrieb nur, daß mir die Decke auf den Kopf fiel, als ich einsah, daß mein Leben kein Ziel hatte...

»Er schreibt ja nicht nur übers Fliegen, Dave«, wandte sie vorsichtig ein.

»Ich halte ihn für einen ausgemachten Schwindler, einen Hochstapler, einen Angeber. Will von Rundflügen gelebt haben, auf einer Wiese gestartet und gelandet sein... Wer's glaubt, wird selig! Und dann erst diese Superfrau! Glatt erfunden hat er die, was denn sonst! Alles erstunken und erlogen.«

Warum war er bloß so zynisch? Wenn ich das Buch von einem meiner anderen Ichs lesen würde, müßte ich mich dann nicht auf den Seiten wiedererkennen können? Und wenn er ein Aspekt meines jetzigen Ichs war, warum hatten wir dann nicht dieselben Werte? Warum hockte er in einer Kneipe herum, trank Bier und aß das durch den Fleischwolf gedrehte, halbverkohlte Fleisch einer armen toten Kuh?

Vielleicht hat er heute einen besonders schlechten Tag, überlegte ich mitfühlend, aber je länger ich ihn mir ansah, desto mehr wuchs in mir die Überzeugung, daß er ein zutiefst unglücklicher Mensch sein mußte. Das Leben hatte tiefe Furchen in sein Gesicht gegraben, seine Augen blickten verbittert in die Welt. Es war, als umgäbe ihn eine dunkle Wolke, und ich fühlte mich so deprimiert, daß ich so schnell wie möglich fort von ihm wollte.

Leslie spürte mein Unbehagen, bat mich aber mit einem stummen Blick, noch ein wenig auszuharren.

»Und was wäre so schlimm daran, wenn er die Geschichte nur erfunden hat, Davey?« fragte seine Frau ihn mit sanfter Stimme. »Warum regst du dich so darüber auf?«

Er angelte sich eine ihrer Pommes frites. »Na ja, du bist mir ewig in den Ohren gelegen, daß ich's unbedingt lesen soll, und nun hab ich's gelesen und verstehe nicht, was du so ungewöhnlich daran findest. Dieser Typ ist nichts Besonderes, ein Mensch wie du und ich, und so schreibt er auch.«

»Aber genau das meine ich doch. Ich sehe dich und mich in diesem Buch.«

Er warf ihr einen verblüfften Blick zu und öffnete den Mund zu einer Erwiderung, aber sie ließ ihn nicht zu Wort kommen.

»Wenn du das Fliegen nicht aufgegeben hättest... Wer weiß, was daraus geworden wäre. Und dann das Schreiben. Du hast doch auch geschrieben. Erinnerst du dich noch an die Zeit, als du für den *Courier* gearbeitet hast? Ganze Nächte hast du dir um die Ohren geschlagen, so wie er.«

»Und? Was ist daraus geworden? Keiner wollte meine Geschichten haben. Absagen, eine nach der anderen. Ich war nur noch deprimiert. Nein, vielen Dank.«

Ihre Stimme klang nun noch eine Spur sanfter. »Vielleicht hast du zu früh aufgegeben.«

»Vielleicht. Eines steht jedenfalls fest, dieses Möwenabenteuer hätte ich auch zustande gebracht. Als Kind bin ich immer zu den Landungsbrücken runtergerannt und hab' den Möwen zugeschaut. Wie oft hab' ich mir gewünscht, ich wäre auch so 'n Vogel und hätte Flügel...«

Ich weiß, ich weiß, dachte ich. Auf allen vieren bist du zwischen den Felsen herumgekrochen, und die Möwen flogen so dicht an dir vorbei, daß du den Windhauch und das Rauschen ihrer Schwingen hören, ja spüren konntest. Wie gebannt hast du ihnen zugeschaut, wie sie sich vom Wind tragen ließen, während du, der Erde verhaftet, auf dem Felsen zurückbleiben mußtest.

Mitleid überschwemmte mich angesichts der Trostlosigkeit, die im Herzen meines anderen Ichs wohnte.

»Ich hätte dieses Buch auch schreiben können. Dann wäre ich heute ein reicher Mann.«

»Tja«, murmelte sie und schwieg.

Er bestellte sich ein weiteres Bier, zündete sich eine Zigarette an und hüllte sich in eine Rauchwolke.

»Warum hast du das Fliegen aufgegeben, Dave, wenn es dir so viel bedeutet hat?«

»Hab' ich dir das nie erzählt? Aus einem ziemlich einfachen Grund. Eine verdammte Flugstunde kostete zwanzig Dollar, und damals konnte man von zwanzig Dollar eine ganze Woche leben. Wenn du das Geld nicht hattest, mußtest du wie ein Sklave die Flugzeuge der anderen waschen und auftanken, von morgens früh bis spät abends, um dir 'ne Freistunde zu verdienen. Ich bin noch nie der Sklave von jemandem gewesen!«

Sie schwieg.

»Würdest du's etwa tun?« fragte er. »Würdest du eine ganze Woche lang jeden Abend todmüde nach Hause kommen wollen, voller Motoröl und nach Flugbenzin stinkend, nur für eine einzige verdammte Flugstunde? Bei dem Tempo hätte ich ein ganzes Jahr gebraucht, um meinen Pilotenschein zu machen.« Er blies den Rauch durch die Nase und seufzte. »Du bist 'n besserer Laufbursche. ›He, wisch die Öllache auf‹, heißt es den lieben langen Tag. Oder: ›Feg den Hangar sauber.‹ Oder: ›Wirf den Müll weg.‹ Danke, nicht mit mir!«

Er zog so heftig an der Zigarette, als wolle er die Erinnerung im Qualm ersticken.

»Bei der Armee war's nicht viel besser«, fuhr er fort, »aber immerhin wurde man bar bezahlt und konnte halbwegs davon leben.« Sein Blick schweifte ruhelos durch die leere Gaststube, ohne etwas wahrzunehmen, denn seine Gedanken kreisten um jene vergangenen Jahre. »Wir rückten regelmäßig ins Manöver aus, und immer wenn ich die Jagdbomber wie Pfeile über unsere Köpfe hinwegfliegen sah, wünschte ich mir, ich hätte mich zur Luftwaffe gemeldet. Hätte 'nen guten Kampfpiloten abgegeben.«

Irrtum, mein Lieber, dachte ich. Die Armee war das bessere von zwei Übeln, weil du als einzelner nicht auf einen Schlag eine ganze Stadt ausrotten kannst.

»Kann ja sein«, fuhr er hustend fort, »daß du recht hast mit dem Buch. Gut, ich habe Ähnlichkeit mit ihm, und ganz sicher bist du *ihr* verdammt ähnlich. Du warst wahrhaftig hübsch genug, um Schauspielerin oder Fotomodell werden zu können. Und tatsächlich erleben sie ja auch ziemlich schwere Zeiten in der Geschichte, aber das ist ihre eigene Schuld.« Ein weiterer Lungenzug, erneutes Husten. Plötzlich sah er noch trauriger aus als vorher. »Ich beneide sie nicht darum«, sagte er müde, »aber irgendwie neide ich ihnen das Happy-End, glaube ich.«

»Na, so kenne ich dich ja gar nicht«, sagte sie. »Ich bin jedenfalls froh, daß wir wir sind und nicht sie. Sie hatten oft Glück in ihrem Leben, aber für meinen Geschmack verlief das alles zu abenteuerlich, immer am Rand irgendeiner Katastrophe, völlig unberechenbar. Ich wäre für so ein Leben nicht gebaut, an ihrer Stelle könnte ich nachts nicht mehr ruhig schlafen. Du und ich, wir hatten doch auch kein schlechtes Leben, oder? Wir hatten beide gute Jobs, es hat uns nie an Geld gefehlt, auch jetzt nicht. Ich mag unser kleines Häuschen, wir haben sogar ein paar Geldreserven. Vielleicht sind wir nicht gerade die aufregendsten Zeitgenossen, die man sich vorstellen kann, und die glücklichsten wahrscheinlich auch nicht, aber... ich liebe dich, Dave...«

Er tätschelte ihre Hand mit einem jungenhaften Grinsen. »Aber ich liebe dich mehr als du mich...«

»Bist du wirklich so unverbesserlich, David?« fragte sie mit mildem Vorwurf in der Stimme.

Sie versanken in tiefes Schweigen. Wie sehr hatte mein Eindruck von ihnen sich doch innerhalb der wenigen Minuten seit unserer Ankunft verändert. Ich hätte es zwar besser gefunden, wenn Dave nie mit dem Rauchen angefangen hätte, aber ansonsten fand ich ihn ganz in Ordnung. Meine ursprüngliche Aversion gegen diese mir bisher unbekannte Seite meines Selbst hatte sich in Mitgefühl, ja Sympathie verwandelt. Wie hatte Pye gesagt? Die Wurzel allen Hasses ist Unwissenheit. Wenn wir hassen, dann doch nur, weil wir eine ganze Reihe von Fakten nicht kennen, die unser verzerrtes Bild korrigieren würden.

»Weißt du, was ich dir zu unserem Hochzeitstag schenken werde?« fragte sie.

»Hört, hört. Hochzeitsgeschenke! Wie nobel!« grinste er.

»Flugstunden!« erklärte sie strahlend.

Er bedachte seine Frau mit einem Blick, der soviel besagte wie »Du hast wohl den Verstand verloren, meine Liebe!«, doch sie redete unbeirrt weiter.

»Du kannst deinen Schein immer noch machen, Davey. Ich weiß, daß du's kannst...«

Schweigen.

»Das ist nicht fair«, sagte er nach einer Weile.

»Was ist schon fair?« gab sie zurück. »Manchmal geben sie einem lumpige sechs Monate, aber sie haben sich auch schon oft geirrt. Wer sagt denn, daß du nicht noch ein paar Jahre leben wirst?«

»Lorraine, es ist alles so *schnell* gegangen! Es kommt mir vor, als sei ich erst gestern zur Armee gegangen, aber es ist dreißig Jahre her! Warum sagen sie einem nicht, daß es so schnell vorbei ist?«

»Aber das tun sie doch.«

»Haben wir ihnen nicht zugehört?«

»Hätte es einen Unterschied gemacht?«

»Jetzt würde es einen Unterschied machen, wenn ich die Möglichkeit hätte, noch mal von vorn anzufangen...«

»Was würdest du unseren Kindern mit auf den Weg geben, wenn wir welche hätten?« fragte Lorraine.

»Ich würde ihnen sagen, daß sie sich genau überlegen müssen, was sie wollen. *Will ich dies oder jenes wirklich tun?* Es ist egal, was du tust, was zählt, ist, ob du's *wirklich willst.*«

Sie sah ihn überrascht an. Wahrscheinlich kam es nicht häufig vor, daß er so redete.

»Und ich würde ihnen sagen, daß es kein Spaß ist«, sprach er weiter, »wenn du vor den letzten sechs Monaten deines Lebens stehst und dich fragst, was aus all deinen Träumen wurde – und aus den wirklich wichtigen Dingen im Leben.« Er hustete wieder, zog eine Grimasse und drückte die Zigarette aus. Endlich, dachte ich. »Ich würde ihnen sagen, daß niemand am Anfang seines Lebens vorhat, im Mittelmaß steckenzubleiben, aber dann passiert es doch, wenn wir nicht über das, was wir tun oder wie wir leben, nachdenken, wenn wir nicht jede Entscheidung nach bestem Wissen treffen.«

»Du hättest schreiben sollen, Davey.«

Er winkte ab. »Und am Ende stellt man sich die Gretchenfrage: Kann ich stolz auf mich sein? Es hat mich ein ganzes Leben gekostet, um der zu werden, der ich jetzt bin. War es das wert?«

Er schien in sich zusammenzusinken.

Lorraine zog ein Taschentuch hervor, lehnte ihren Kopf an seine Schulter und betupfte sich die Augen. Er fuhr ihr liebevoll durch die Haare, betupfte sich ebenfalls die Augen und schwieg. Es war eine bedrückende Stille, nur unterbrochen von seinem hartnäckigen Husten.

Auch wenn er diese Einsicht nicht an seine eigenen Kinder würde weitergeben können, so hatte er sie doch seiner Frau mit auf den Weg gegeben. Und uns, die wir am Nebentisch saßen – wenngleich uns ein ganzes Universum voneinander trennte.

Oh, Dave, dachte ich.

Wie oft schon hatte ich versucht, mir vorzustellen, wie es mir heute wohl gehen würde, wenn ich in meinem Leben mehr auf Sicherheit bedacht gewesen wäre, andere Entscheidungen getroffen hätte. Viele Entscheidungen sind relativ einfach zu treffen: Ich will keine Bank ausrauben, will keiner Sucht verfallen, ich suche nicht den Nervenkitzel tollkühner Abenteuer. Andere Entscheidungen fielen mir schwerer. Aus Daves Sicht mußte jede Entscheidung allerdings der Gretchenfrage standhalten können, die da lautete: Bin ich im Rückblick froh, mich so oder so entschieden zu haben, oder bedauere ich es? Waren wir ihm deshalb begegnet?

»Die Armen!« flüsterte Leslie. »Sind wir das, Richie? Werden wir uns wünschen, wir hätten anders gelebt?«

»Wir arbeiten zuviel«, gab ich flüsternd zurück. »Dabei können wir uns glücklich schätzen, daß wir uns gefunden haben. Wir sollten uns mehr Zeit füreinander nehmen.«

»Recht hast du. Wir brauchen weder Kongresse zu besuchen noch weitere Filme zu drehen. Und wir müssen auch nicht ein halbes Dutzend verschiedener Projekte gleichzeitig betreuen. Wahrscheinlich hätten wir uns sogar die Streitereien mit der Steuerbehörde ersparen können. Vielleicht hätten wir einfach nach Neuseeland gehen und den Rest unseres Lebens Urlaub machen sollen, so, wie du es eigentlich vorhattest.«

»Jetzt bin ich froh, daß wir's nicht getan haben«, erwiderte ich und sah sie an, diese beste aller Lebensgefährtinnen. Wie dankbar war ich für die Jahre, die wir miteinander durchgestanden hatten, die schwersten und schönsten meines Lebens.

»Wie wär's mit einem langen Urlaub, wenn wir wieder zu Hause sind«, schlug ich vor. Die Begegnung mit dem alten Dave und seiner einfühlsamen Lorraine veranlaßte mich dazu, sogleich neue Prioritäten zu setzen.

Leslie nickte. »Auch wir sollten unser Leben *über*-denken.«

»Weißt du, was ich denke, Davey, mein Lieber?« meinte Lorraine mit einem kleinen Lächeln.

Er räusperte sich. »Aber ich weiß doch nie, was du denkst.«

»Ich denke, wir sollten diese Serviette hier nehmen und diesen Kugelschreiber...«, dabei zog sie einen aus ihrer Handtasche, »und überlegen, wie wir die nächsten sechs Monate zu den besten unseres Lebens machen können. Was würden wir tun, wenn es keine Ärzte gäbe, die dir dies und jenes verbieten. Sie sagen selbst, daß sie dir nicht helfen können, also sollten sie dir auch nicht vorschreiben, wie du in der dir noch verbleibenden Zeit leben oder nicht leben sollst. Ich denke, wir sollten uns eine Liste machen und dann tun, was uns Spaß macht.«

»Du warst schon immer ein verrücktes Huhn«, lächelte er.

Sie strich die Serviette glatt.

»Erster Punkt: Flugstunden«, sagte sie.

»Wir wollen es doch nicht übertreiben«, protestierte Dave schwach.

»Wieso übertreiben? Du hast selbst gesagt, daß du es genauso hättest tun können«, widersprach sie sanft. »Nun komm schon, zier dich nicht. Was noch?«

»Wenn dir so viel daran liegt... Nun, ich wollte schon immer gern einmal nach Europa.«

»Wo in Europa? Irgendein spezielles Land?«

»Italien«, kam es wie aus der Pistole geschossen, als läge es ihm schon ein Leben lang auf der Zunge.

Der zweite Punkt auf der Liste.

»Und ehe wir losfahren, möchte ich gern Italienisch lernen, damit wir uns dort auch verständigen können.«

Erstaunte Blicke ihrerseits.

»Wir könnten einen Sprachkurs besuchen... und weiter? Es ist deine Liste, Dave, also denk gut nach...«

»Aber... wir haben keine Zeit mehr für solche... Wir hätten sie uns schon vor Jahren nehmen sollen.«

»Hätten, wäre... alles Wortklauberei«, widersprach sie resolut. »Es ist müßig, einer Vergangenheit nachzuweinen, an der wir nichts mehr ändern können, aber noch unsinniger wäre es, nicht über Dinge nachzudenken, die noch vor uns liegen.«

Er zog die Worte in Erwägung, und sein Gesicht hellte sich auf, als hätten sie ihm neues Leben eingeflößt.

»Du hast ja so recht!« sagte er. »Es wird höchste Zeit. Drittens: Surfen.«

»Surfen?« fragte sie, als habe sie sich verhört.

»Was wird wohl der Arzt dazu sagen?« kicherte er übermütig, als hecke er einen wahrhaft unglaublichen Plan aus.

»Er wird um deine Gesundheit fürchten«, lachte sie und schrieb »Surfen« unter die Italienreise. »Weiter?«

Leslie und ich sahen uns zufrieden an.

»Auch wenn sie uns nicht sagen konnten, wie wir nach Hause kommen«, flüsterte ich, »so haben sie uns immerhin gesagt, was wir alles anstellen können, wenn wir wieder dort sind.«

Leslie nickte. Aufatmend zog sie den Steuerknüppel an, und wir ließen die Kneipe hinter uns.

16

*A*ls wir genügend Höhe gewonnen hatten, nahmen wir unsere Suche nach der entscheidenden Stelle im Muster wieder auf. Wir wollten unbedingt nach Hause und wußten doch immer noch nicht wie. Die Linien selbst boten keinerlei Anhaltspunkt.

»Ich frage mich«, seufzte Leslie halb scherzhaft, halb im Ernst, »ob wir nun ewig hier oben herumkreisen und auf der Suche nach unserer eigenen Welt in das Leben anderer Menschen hineinplatzen werden.«

»Werden wir nicht, Liebling, irgendwo hier muß es doch sein«, widersprach ich betont zuversichtlich. »Wir dürfen nur nicht ungeduldig werden. Warum versuchen wir's nicht einfach noch einmal?«

»Gut. Geben wir der Intuition eine letzte Chance.«

Ich schloß die Augen und hatte sogleich ein gutes Gefühl.

»Geradeaus. Fertig zur Landung!«

Er lag auf seinem Hotelzimmerbett, ein absolut identischer Zwillingsbruder. Reglos, auf einen Ellenbogen gestützt, schaute er düster aus dem Fenster. Die äußerlichen Unterschiede waren so minimal, daß ich wußte, wir konnten nicht weit von zu Hause sein.

Vom Balkon seines Zimmers aus blickte man auf einen parkähnlich angelegten Golfplatz hinab. Die Wolken hingen tief, der Regen prasselte monoton gegen die Fensterscheiben. Leslie und ich waren auf einem der gegenüberliegenden Balkone gelandet und sahen zu ihm hinüber.

»Ich habe das Gefühl, daß ihn irgend etwas bedrückt«, flüsterte sie. »Was meinst du?«

»Es ist nicht seine Art, untätig auf dem Bett herumzuliegen«, gab ich ebenso leise zurück. »Wo Leslie wohl steckt?«

»Ich weiß nicht... Irgend etwas stimmt nicht«, stellte meine Frau fest. »Ich glaube, du solltest mit ihm reden – allein.«

Die Gestalt auf dem Bett regte sich nicht.

»Nun geh schon, Liebling«, drängte Leslie. »Ich habe das Gefühl, als bräuchte er dich.«

Ich drückte ihre Hand zum Abschied und stand im nächsten Augenblick in Richards Zimmer. Auch mein plötzliches Erscheinen vermochte nicht, ihn aus seiner Lethargie zu reißen. Neben ihm auf dem Bett stand ein tragbarer PC. Das Gerät lief, aber der Monitor war dunkel.

»Hallo, Richard«, sagte ich. »Du brauchst nicht zu erschrecken. Ich bin...«

»Weiß schon.« Ein schwerer Seufzer entrang sich seiner Brust. »Du bist eine Projektion meines gequälten Geistes, hahaha.« Dann starrte er wieder stumm in den Regen hinaus.

Er kam mir vor wie ein vom Blitz getroffener Baum, der geknickt und ausgebrannt war – oder zumindest leicht verkohlt.

»Was ist geschehen?« fragte ich.

Schweigen.

»Warum bist du so deprimiert?«

»Es hat nicht geklappt«, kam es endlich vom Bett. »Ich weiß nicht, warum.« Kurze Pause. »Sie hat mich verlassen.«

»Leslie? Sie hat dich verlassen?«

Er brachte ein schwaches Kopfnicken zustande. »Sie sagte, wenn ich nicht ausziehe, würde sie es eben tun. Sie wollte mich nicht mehr sehen.«

Unmöglich, dachte ich. Was konnte so schlimm gewesen

sein, daß eine andere Leslie ihren Richard nicht mehr ausstehen konnte? Meine Frau und ich haben schon so viele Stürme überstanden... Die Jahre nach meinem Bankrott, Zeiten, wo wir so müde, so ausgelaugt waren, daß wir glaubten, nicht mehr weitermachen zu können, wo ein solcher Druck auf uns lastete, daß wir nicht mehr klar denken konnten, ungeduldig wurden, aneinandergerieten. Aber nie war es so schlimm gewesen, daß einer dem anderen die Tür gewiesen hätte. Was mochte ihm und seiner Leslie widerfahren sein, das so viel schlimmer war als das, was wir durchlebt hatten?

»Sie hört mir nicht einmal mehr zu.« Seine Stimme klang matt. »Sobald ich mit ihr über alles reden will, hängt sie auf.«

»Was hast du getan?« fragte ich. »Hast du angefangen zu trinken? Nimmst du etwa Drogen? Hast du...?«

»Stell dich nicht dümmer, als du bist«, erklärte er gereizt. »Ich bin immer noch ich. Und jetzt hau ab. Ich will allein sein.« Er schloß die Augen und gab sich erneut seinem Schmerz hin.

»Tut mir leid«, sagte ich, »das war dumm von mir. Es ist nur... Ich kann mir nicht vorstellen, was euch beide auseinanderbringen konnte. Es muß etwas... Schreckliches gewesen sein!«

»Quatsch«, ertönte es vom Bett. »Kleinigkeiten, kleine Dinge, die sich eben summierten! Da ist dieser Berg von Arbeit – Steuern, Buchhaltung, Filme, Bücher, Tausende von Angeboten und Anfragen aus aller Welt. Alles muß bearbeitet werden, und zwar richtig, wie sie immer sagt. Deshalb macht sie auch alles selbst, arbeitet wie eine Wahnsinnige und kann nicht damit aufhören. Vor Jahren hat sie mir versprochen, daß mein Leben nie wieder so aus den Fugen geraten würde wie damals, als wir uns kennenlernten. Ich ahnte nicht, wie ernst es ihr damit war...«

Das Eis war gebrochen, er brauchte keine Aufforderung

mehr. Als sei er erleichtert, reden zu können, wenn auch lediglich mit der Projektion seines eigenen gequälten Geistes, sprudelten die Worte aus ihm heraus.

»Ich mache mir einfach nichts aus diesem Kram, also kümmert sie sich darum, arbeitet gleichzeitig an drei Computern, füllt mehrere Dutzend Formulare gleichzeitig aus, versucht, Termine einzuhalten usw. Sie fühlt sich ihrem Versprechen verpflichtet. Es wird sie noch ins Grab bringen.«

Und mich dazu. Das sagte er zwar nicht, aber seine bittere Miene sprach Bände.

»Sie hat nie Zeit für mich, die Arbeit frißt sie förmlich auf. Und helfen läßt sie sich auch nicht, weil sie panische Angst hat, daß ich alles durcheinanderbringen könnte.

Wenn ich dann versuche, ihr klarzumachen, daß ohnehin alles nur Schein und Illusion ist und daß sie es nicht so ernst nehmen und lieber eine Runde mit mir fliegen soll, um den Kopf zu lüften und ein bißchen Abstand zu kriegen, was tut sie? Sie wird sauer. Und wenn ich dann gehe, weiß ich genau, daß ich ein toter Mann wäre, wenn Blicke töten könnten.«

Er lag auf dem Bett, als wäre es die Couch eines Psychoanalytikers.

»Sie hat sich völlig verändert, der dauernde Streß macht sie mürbe. Ihr früherer Charme und ihr sprühender Humor sind auf der Strecke geblieben, sogar ihr Aussehen. Sie arbeitet verbissen wie ein Kranführer, der kurz vor Schichtschluß noch soundsoviel Papier von hierhin nach dorthin bewegen soll. Doch laufend kommt neues Papier hinzu, und sie bekommt allmählich das Gefühl, darin zu ersticken, wenn sie sich auch nur eine Minute Pause gönnt.

Was ist aus uns geworden, frage ich sie, aus unserem gemeinsamen Leben? Und sie schreit mich an, daß ich es schnell herausfinden könnte, wenn ich ihr einen Teil der Arbeit abnehmen würde!«

Hätte ich nicht genau gewußt, wovon mein Gegenüber sprach, ich hätte auf die Idee kommen können, daß er vielleicht ein wenig zu dick auftrug. So aber erinnerte ich mich genau an jene Zeit in meinem Leben, als ich wirklich fürchtete, verrückt zu werden. Es ist so leicht, vom Hundertsten ins Tausendste zu geraten, bis man sich schließlich so sehr in Nichtigkeiten verstrickt hat, daß man die wirklich wichtigen Dinge immer wieder aufschiebt. Irgendwann beginnt man, sein Gewissen damit zu beruhigen, daß das starke Band der Liebe, das einen miteinander verbindet, die Belastungen schon aushalten wird. Dann, eines Tages, stellt man fest, daß eben jene Nichtigkeiten das eigentliche Leben aufgefressen haben und daß man sich ausgerechnet von der Person, die man am meisten liebt, am meisten entfremdet hat.

»Mir ist es ähnlich gegangen«, sagte ich. »Darf ich dir eine Frage stellen?«

»Nur zu«, kam es teilnahmslos vom Bett, »frage ruhig, ich bin Schmerz gewöhnt. Unsere Beziehung ist eben gescheitert, aber es war nicht meine Schuld. Natürlich summieren sich kleine Dinge, aber deswegen gibt man kein gemeinsames Leben auf. Wir hatten uns gefunden, verstehst du, wir waren verwandte Seelen! Nur weil ich mich mal zwei Tage lang ein wenig gehen lasse, meine Klamotten nicht gleich aufräume und dergleichen, beklagt sie sich, daß ich ihr zusätzliche Arbeit mache, als ob sie nicht bereits genug am Hals hätte. Sie gibt mir eine Liste von Dingen, die ich erledigen soll, aber ich komme nicht immer gleich dazu oder vergesse mal eine Kleinigkeit wie das Auswechseln einer Glühbirne oder so etwas. Sofort beschuldigt sie mich, daß ich die Verantwortung für alles auf sie abwälze. Verstehst du das?

Natürlich sollte ich ihr helfen, aber nicht andauernd. Und selbst wenn ich gar keine Lust dazu hätte, ist das vielleicht ein Grund, unsere Beziehung aufzugeben? So geht es nun schon lange, jeder Streit hat das Fundament unserer Ehe ein wenig mehr zerrüttet, bis es eben ausgehöhlt war und einstürzte. Ich habe ihr gesagt, sie soll sich auch mal die schönen, positiven Seiten unserer Beziehung anschauen, aber nein! Früher einmal, ja, da hatte unsere Ehe etwas mit Liebe und Respekt zu tun, jetzt gibt es nur noch Streß, Streß und noch mal Streß. Sie will einfach nicht einsehen, daß andere Dinge genauso wichtig wie Arbeit sind! Sie...«

»Wirst du mir eine Frage beantworten?« unterbrach ich seine Tirade.

Er schaute mich verblüfft an, als merke er erst jetzt, daß ich immer noch da war.

»Was ist denn so wunderbar an *dir,* daß sie immer noch in dich verliebt sein sollte?« fragte ich.

Er machte ein mürrisches Gesicht, wollte etwas sagen, schwieg aber, als hätte die Frage ihn irgendwie aus dem Konzept gebracht. Schließlich blickte er wieder aus dem Fenster.

»Wie war noch gleich die Frage?«

»Welches sind die unübertroffenen Qualitäten, die deine Frau über alles an dir lieben könnte?«

Offenbar dachte er angestrengt nach, brachte aber nur ein müdes Schulterzucken zustande.

»Weiß nicht«, brummte er verdrießlich.

»Bist du ein liebevoller Partner?« fragte ich.

Er schüttelte den Kopf. »Nicht mehr. Aber es ist schwer, wenn...«

»Bist du verständnisvoll? Geduldig?«

»Du willst es wirklich wissen, was?« Wieder dachte er nach. »Kann man nicht gerade sagen.«

»Bist du unvoreingenommen ihren Meinungen gegenüber? Rücksichtsvoll, wenn es um ihre Gefühle geht? Bist du ein aufmerksamer, mitfühlender Partner?«

»Nein«, lautete die grimmige Antwort.

Er dachte über jede Frage, die ich ihm stellte, nach. Ob es

ihm wohl schwerfiel, ehrlich darauf zu antworten? Oder trieb ihn die Verzweiflung dazu, der Wahrheit ins Gesicht zu sehen?

»Bist du ein guter Gesprächspartner? Kannst du zuhören? Bist du humorvoll, interessiert, intelligent, enthusiastisch, inspirierend?«

Die Fragen schienen ihn langsam aus der Lethargie zu reißen; jedenfalls setzte er sich auf und starrte mich mit offenem Mund an. »Ab und zu schon... Na ja, nicht allzuoft.« Lange Pause. »Nein.«

»Bist du romantisch? Überraschst du sie manchmal mit einer netten Kleinigkeit?«

»Nein.«

»Bist du vielleicht ein guter Koch? Verwöhnst du sie mit lukullischen Genüssen? Hilfst du im Haus mit?«

»Nein.«

»Bist du zuverlässig? Packst du Probleme an? Bist du ihr Fels in der Brandung?«

»Nein... ich glaube nicht.«

»Bist du ein guter Geschäftsmann?«

»Ich fürchte nicht.«

»Bist du ein guter Kamerad für sie?«

Die Antwort ließ auf sich warten. »Nein, nicht einmal das«, sagte er.

»Wenn du ihr all deine Fehler bei eurer ersten Verabredung gebeichtet hättest, was meinst du, hätte sie dann auf einer zweiten bestanden?«

»Glaube kaum.«

»Warum hat sie dich dann nicht schon längst verlassen?«

Seine Augen weiteten sich. »Vielleicht, weil sie mit mir *verheiratet* ist?«

»Du sagst es!« Wir schwiegen beide, betreten über diese traurige Erkenntnis.

»Was glaubst du«, begann ich wieder, »wäre es dir möglich, dich zu ändern? Aus jedem *Nein* ein *Ja* zu machen?«

Er schien noch reichlich verstört von den Erkenntnissen der letzten Augenblicke, doch er brachte immerhin ein Nikken zustande.

»Früher war ich ihr bester Freund, ihr…«, begann er und stutzte, unsicher, was er ihr noch alles bedeutet haben mochte.

»Würden diese Qualitäten dich in irgendeiner Weise kompromittieren, wenn du sie… wiedererlangen würdest?« fragte ich. »Würdest du dir damit etwas vergeben?«

»Nein. Wieso?«

»Hättest du etwas zu verlieren, wenn du es versuchen würdest?«

»Ich glaube nicht.«

»Könntest du nicht vielleicht sogar etwas dabei gewinnen?«

»Sogar eine ganze Menge!« rief er erstaunt, daß er nicht selbst auf diese blendende Idee gekommen war. »Vielleicht könnte sie mich wieder lieben, und wir könnten wieder so glücklich sein wie früher. Wir lebten in völligem Einklang, jeder Augenblick war wunderbar. Wir konnten über alles miteinander reden, auf völlig neue Gedanken kommen, es war nie langweilig. Wenn wir mehr Zeit hätten, könnte es vielleicht wieder so werden…«

Wieder hielt er inne. Sein Gesichtsausdruck ließ darauf schließen, daß ihm eine Eingebung gekommen war. »Ich könnte ihr wirklich unter die Arme greifen«, sagte er. »Ich habe mich nur so daran gewöhnt, alles ihr zu überlassen. Es war viel einfacher, weil sie ja Bescheid wußte und sich besser auskannte. Aber wenn ich ihr helfe, würde ich mich selbst auch wieder achten können.«

Wie elektrisiert sprang er nun auf, schaute kopfschüttelnd in den Spiegel und begann, unruhig davor auf- und abzumarschieren. Von einem Augenblick zum anderen kam er mir wie ein neuer Mensch vor. Die Verwandlung war so offensichtlich, daß es an ein Wunder grenzte.

»Warum bin ich nicht selbst darauf gekommen?« fragte er mit einem Seitenblick auf mich und korrigierte sich sogleich. »In gewissem Sinn *bin* ich ja selbst darauf gekommen.«

»Du hast Jahre gebraucht, um so zu werden, wie du heute bist«, warf ich vorsichtig ein. »Wie viele Jahre wirst du brauchen, um den Schaden wieder zu reparieren?«

»Jahre? Wieso? Gerade eben bin ich ein anderer Mensch geworden. Ich werde es sofort ausprobieren!«

»So schnell?«

»Wenn man das Problem erkannt und verstanden hat, braucht man keine Zeit, um sich zu ändern«, rief er mit vor Begeisterung leuchtenden Augen. »Wenn dir jemand eine Klapperschlange in die Hand gibt, schleuderst du sie ja auch sofort von dir, richtig? Soll ich sie etwa festhalten, nur weil ich die Schlange bin? Nein, danke!«

»Wie viele Menschen würden genau das tun.«

Er ließ sich in einen Sessel fallen und streckte die Beine weit von sich. »Ich bin nicht wie die anderen«, sagte er. »Zwei Tage lang habe ich hier auf dem Bett gelegen und gedacht, daß Leslie und Richard, die beiden, die sich noch lieben, wohl in eine glücklichere Zukunft weitergereist sind und mich hier in meinem eigenen Schlamassel zurückgelassen haben.

Ich war so sicher, daß die Schuld bei Leslie liegt, daß ich keinen Ausweg sah, weil es ja bedeutet hätte, daß *sie* sich verändern muß, um den Dingen eine neue Wende zu geben. Aber jetzt, wo ich weiß, daß es *mein* Fehler ist... Ich kann etwas daran ändern. Wenn ich mich ändere und wir nach einem Monat immer noch unglücklich sind, *dann* können wir überlegen, wo *sie* etwas ändern muß.«

Mit einem anerkennenden Blick in meine Richtung, wohl wegen meiner brillanten therapeutischen Leistung, fuhr er fort. »Ich habe noch ein paar Fragen, o. k.? Erstens, warum war es nötig, daß du von irgendwoher auf diese immerhin nicht ganz alltägliche Weise zu mir kommst? Und zweitens, warum habe ich mir diese Frage nicht schon längst selbst gestellt?«

»Tja, warum wohl?« gab ich zurück.

»Ich weiß es nicht. Vielleicht war ich zu beschäftigt damit, unsere Probleme unerträglich zu finden. Ich begann sogar schon zu glauben, daß Leslie die Probleme erst verursacht, und bemitleidete mich, weil sie nur noch wenig mit der Frau gemein hatte, die ich fast abgöttisch geliebt habe. Als du hereingeschneit kamst, weißt du, an was ich da dachte? Ich war so verzweifelt, ich dachte, daß ich mich…«

Er schaute lange Zeit aus dem Fenster, ehe er erneut das Wort ergriff.

»Man muß sich *verändern.* Wenn es mir nicht gelingt, meine Denkweise zu ändern, dann geschieht es mir nur recht, wenn ich sie verliere…«

»Warum sollte sie glauben, daß du dich schlagartig verändert hast?« fragte ich. »Wie oft bist du schon unversöhnlich von zu Hause ausgezogen und zwei Tage später nicht nur geläutert, sondern sogar völlig gewandelt wieder aufgetaucht, ganz der Traummann, den sie geheiratet hat?«

Er versank abermals in Schweigen, ich hatte seinem Optimismus einen empfindlichen Dämpfer versetzt. »Stimmt«, gab er zu, »warum sollte sie mir glauben? Vielleicht käme ich ihr gar nicht verändert vor, oder vielleicht bräuchte sie Tage, wenn nicht sogar Wochen, bis sie es bemerken würde. Vielleicht merkt sie es nie. Vielleicht will sie mich nie mehr wiedersehen.« Auch darüber dachte er eine geraume Weile nach, kam schließlich aber doch zu einem Entschluß. »Es liegt an mir, mich zu ändern. Ob und wann sie es bemerkt und was sie daraus macht, liegt doch an ihr, nicht wahr?« fragte er mich.

»Wenn sie nicht mit dir reden will«, warf ich wenig ermutigend ein, »wie willst du ihr dann klarmachen, was geschehen ist?«

»Das weiß ich auch noch nicht«, gab er ungewöhnlich sanftmütig zurück. »Vielleicht hört sie es an meiner Stimme.« Mit diesen Worten griff er nach dem Telefon und wählte ihre Nummer. Einen Augenblick später schien er mich völlig vergessen zu haben, so sehr erfüllte ihn der Gedanke an eine Zukunft, die er schon verloren geglaubt hatte.

»Hallo, Liebling«, meldete er sich. »Ich kann gut verstehen, wenn du gleich wieder aufhängen möchtest, aber ich habe eben etwas gelernt, das dich vielleicht auch interessiert... Nein, ich rufe dich an, um dir zu sagen, daß du *recht* hast. *Ich* bin das Problem, ich *habe* mich falsch und selbstsüchtig benommen, ich war unfair dir gegenüber und kann dir gar nicht sagen, wie leid es mir tut. Ich bin es, der sich verändern muß, und ich habe schon damit angefangen.«

Er lauschte in den Hörer. »Liebling, ich liebe dich von ganzem Herzen und verstehe erst jetzt, wie schwer es dir gefallen sein muß, es so lange mit mir auszuhalten. Ich schwöre dir, daß du es nie bereuen wirst!«

Erneutes Zuhören, dann überzog ein Lächeln sein Gesicht. »Danke. In diesem Fall frage ich mich, ob du Zeit für eine Verabredung mit deinem Mann hättest, bevor er dich vielleicht für immer in Ruhe läßt?«

17

Noch während er sprach, kehrte ich zu meiner Frau zurück, drückte sie fest an mich und küßte sie, glücklich darüber, daß wir zusammengeblieben waren.

»Ob sie sich wohl versöhnen werden?« rätselte ich. »Ich frage mich, ob ein Mensch sich wirklich so schnell verändern kann.«

»Ich denke schon, immerhin hat er sich nicht gerechtfertigt«, sagte Leslie, »das ist ein gutes Zeichen. Er will sich wirklich verändern.«

»Und ich dachte immer, daß verwandte Seelen eine bedingungslose Liebe verbindet, die so stark und unabänderlich ist, daß nichts sie zerstören kann.«

»Bedingungslos?« fragte sie. »Wenn ich grundlos gehässig und grausam zu dir bin, wenn ich über dein Leben rücksichtslos hinwegtrample, wirst du mich dann ewig lieben? Wenn ich dich schlage, wenn ich tagelang verschwinde und mit jedem Mann, dem ich auf der Straße begegne, ins Bett gehe, wenn ich unser letztes Geld verspiele und betrunken nach Hause komme, wirst du dann immer noch froh sein, daß wir uns begegnet sind?«

»Na ja, so betrachtet, könnte meine Liebe schon ins Wanken geraten«, versetzte ich. Und ist es nicht so, überlegte ich weiter, daß wir um so weniger zur Liebe fähig sind, je mehr wir uns ängstigen? »Bedingungslose Liebe ist also unabhängig vom Handeln eines Menschen, meinst du? Ohne Ansehen der Person gewissermaßen?«

Leslie nickte. »Genau das denke ich.«

»Dann liebe mich bitte so wie bisher, wenn ich erträglich

bin, und mit Abstrichen, wenn ich eklig und langweilig bin.«

Lachend versprach sie es mir.

Wir schauten in das andere Hotelzimmer hinüber, wo Richard noch immer telefonierte, und lächelten uns an.

»Diesmal könntest du starten«, schlug Leslie vor. »Du solltest wissen, wie es funktioniert, ehe wir nach Hause zurückkehren. Bist du bereit?«

Ich nickte. Wenn sie meinte, daß es nötig war, würde ich es eben auch einmal probieren. Ich stellte mir also in Gedanken den Steuerknüppel vor und versuchte zu starten.

Nichts. Kein noch so sanftes Beben deutete an, daß meine Bemühungen fruchtbar gewesen wären.

»Aber es ist ganz einfach, Richie«, hörte ich Leslie sagen. »Du mußt dich nur darauf konzentrieren.«

Ich beschloß, einen zweiten Versuch zu wagen, da vernahm ich bereits das vertraut gewordene Dröhnen, welches den Sprung durch die Zeit jedesmal einleitet. Leslie war an meiner Stelle gestartet.

»Ich will es noch einmal versuchen«, sagte ich.

»In Ordnung, Liebling, und denk daran, du mußt dich konzentrieren...« Wir tauchten gerade wieder in den klaren, blauen Himmel über dem Muster ein, als sie den Steuerknüppel zurückzog und eine Fehlzündung auslöste. Der Motor spuckte, schien sich wieder zu stabilisieren... Nein, zu spät.

Ehe ich begriffen hatte, was geschah, stürzten wir bereits dem Wasser entgegen. Ich wußte, es würde eine harte Landung werden, aber mit einem derartig gewaltigen, explosionsartigen Aufprall hatte ich nicht gerechnet.

Mein Sicherheitsgurt riß wie ein dünner Bindfaden, und ich wurde aus dem Flugzeug katapultiert. Als ich wieder auftauchte, sah ich unser Flugzeug bereits sinken.

Nein, dachte ich in panischer Angst. Alles, nur das nicht! Die Angst verlieh mir Flügel. So schnell ich konnte, schwamm ich zu dem sinkenden Wrack hinüber, von dem nur noch das Heck aus dem Wasser ragte. Tauchend gelang es mir, die Reste der Cockpithaube zu entfernen und Leslies Sicherheitsgurt zu öffnen. Sie hing leblos in ihrem Sitz, ihre blonden Haare wurden von den Wellen wie im Zeitlupentempo hin- und hergeschaukelt. Ich zerrte sie heraus und tauchte zusammen mit ihr dem hellen Schein der Wasseroberfläche entgegen, die mir in diesem Moment so unerreichbar fern erschien. Sie ist tot, hämmerte es in meinem Kopf. Nein, nein, nein, schrie ich innerlich. Wenn sie tot ist, will ich jetzt auf der Stelle sterben, mit ihr ertrinken!

Aber vielleicht lebte sie noch... Die Hoffnung trieb mich voran.

Die Chancen standen eins zu tausend. Als ich endlich auftauchte, war ich dem Zusammenbruch nahe. »Es wird alles gut, Liebling«, keuchte ich. »Wir werden es schon schaffen...«

Ein vorbeisausendes Fischerboot mit zwei starken Außenbordmotoren hätte uns fast überfahren, so plötzlich tauchten wir vor ihm auf. Es schlug einen gewaltigen Haken, während wir von den Wellen hin- und hergespült wurden und noch mehr Wasser schluckten. Dann sprang jemand in unserer Nähe ins Wasser, ein Rettungsring wurde mir zugeworfen.

Keine zehn Sekunden später rief eine rauhe Männerstimme: »Hab' sie beide... Zieh uns an Bord!«

Ich war kein Geist, und ich träumte nicht. Der Stein fühlte sich kalt an; er war Wirklichkeit. Ich war nicht der unbeteiligte Beobachter einer Szene, ich *war* die Szene.

Schluchzend lag ich auf ihrem Grab an dem Hang, wo ihre Wiesenblumen blühten. Unter mir kühles Gras. Auf dem kalten Stein ein einziges Wort: *Leslie.*

Herbstwind – ich spürte ihn nicht. Ich war wieder in meiner eigenen Welt, doch sie war mir gleichgültig geworden. Drei Monate nach dem Absturz fühlte ich mich immer noch wie betäubt, als hätte eine schwere Theaterkulisse mich unter sich begraben, als müßte ich an meinem Kummer quälend langsam ersticken. Noch nie war mir so bewußt gewesen, wieviel Mut nach dem Tod des Lebensgefährten vonnöten ist, um sich nicht aufzugeben – mehr Mut, als ich aufbringen konnte. Einzig das Versprechen, das ich Leslie gegeben hatte, hielt mich davon ab, ihr in den Tod zu folgen.

Unzählige Male hatten wir davon gesprochen, daß wir gemeinsam sterben wollten.

»Aber falls es anders kommt und ich zuerst sterbe«, hatte sie gesagt, »bleibst du am Leben. Versprich es mir!«

»Ich verspreche es dir, wenn du es mir auch versprichst...«

»Nein! Wenn du stirbst, dann sehe ich keinen Grund, warum ich noch länger leben sollte. Ich will bei dir sein.«

»Leslie, wie kannst du erwarten, daß ich dir verspreche, am Leben zu bleiben, wenn du es mir nicht ebenfalls versprichst? Ich gebe dir mein Wort, weil es ja sein könnte, daß es nicht grundlos geschieht, aber nur, wenn du zu demselben Versprechen bereit bist.«

»Und was für ein Grund sollte das sein?«

»Ich weiß nicht, es ist eine rein theoretische Überlegung, vielleicht erübrigt es sich ja auch. Wenn Liebe als Motivation nicht ausreicht, um den Tod zu überwinden, dann weiß ich auch nicht weiter. Vielleicht würden wir erfahren, daß wir trotzdem noch zusammen sind, entgegen der landläufigen Überzeugung, daß der Tod das Ende bedeutet. Vielleicht ist der Tod nur eine andere Perspektive, eine Art Hypnose, aus der wir uns ent-hypnotisieren können, verstehst du? Es wäre wunderbar, ein Geschenk an die Menschheit, darüber schreiben zu können.«

Sie lachte mich einfach aus. »Ach, Liebling, ich finde es

wunderbar, wie dein Geist diese Dinge immer wieder dreht und wendet, aber siehst du nicht, daß du mich damit nur in meiner Ansicht bestärkst? Du liest nicht nur Bücher über Tod und Sterben, du bist auch der Schriftsteller. Wenn also dieses, wie sagtest du... ent-hypnotisieren... wirklich möglich ist, dann hättest *du* allen Grund, am Leben zu bleiben, wenn ich sterbe. Du könntest lernen und darüber schreiben. Wenn du aber stirbst, gibt es für *mich* keinen solchen Grund. Also, versprich es mir!«

»Hör zu«, hatte ich damals abgelenkt und eines meiner Bücher zu diesem Thema aufgeschlagen.

»... und als ich so allein und voller Trauer um meinen von mir gegangenen Robert in unserem Wohnzimmer stehe, fällt ein Buch aus dem Bücherregal, wie von Geisterhand bewegt, und landet aufgeschlagen auf dem Fußboden. Ich hebe es auf, und mein Blick fällt auf einen Satz, den er selbst unterstrichen hatte, *Ich bin bei dir!*«

»Was für eine nette Geschichte«, hatte Leslie dazu gesagt, wie sie auch ansonsten diesen Dingen gegenüber immer eine kritische Haltung einnahm.

»Zweifelst du daran?« hatte ich sie gefragt.

»Richard, ich sage nur, wenn du stirbst...«

Ich gab nicht auf. »Was würden die Leute denken?« beschwor ich sie. »Wir erzählen jedem, der es hören will, ach, was rede ich, wir *schreiben* sogar bei jeder Gelegenheit darüber, welch glorreiche Gelegenheit, ja Herausforderung dieses Leben in der Raum-Zeit bietet, um die Macht der Liebe zu entdecken und zu erfahren, daß Niederlagen sich in Siege verwandeln lassen, und eine Minute nach meinem Ableben greifst du zur Winchester und schießt dir ein Loch in den Kopf?«

»Es wäre mir ziemlich egal, was die Leute denken würden, wenn du...«

»Aha, es wäre dir also egal...!«

Stundenlang hatten wir leidenschaftlich weiterdiskutiert, ohne ein Ende zu finden. Jeder behauptete, nicht ohne den anderen weiterleben zu wollen oder zu können, aber schließlich einigten wir uns wenigstens darauf, daß Selbstmord nicht in Frage kommen durfte.

Jetzt bereute ich jedes Wort. Insgeheim hatte ich natürlich gehofft, daß ich zuerst sterben würde, wenn uns schon nicht beschieden sein sollte, gemeinsam jene Schwelle zu überschreiten. Ich wußte, daß es mir möglich sein würde, von dort, von jener anderen Welt aus, eine Brücke zu schlagen, um bei ihr zu sein. Aber umgekehrt, von dieser in jene…?

Ich preßte mein Gesicht gegen den kalten Grabstein. Mein Wissen über den Vorgang des Sterbens füllte viele Regale, aber was bedeutete das im Vergleich zu dem, was Leslie jetzt wußte? Was für ein Idiot war ich doch gewesen, ihr ein solches Versprechen zu geben!

Nun gut, Leslie, Selbstmord steht außer Frage. Aber ihr Tod hatte mich aus der Bahn geworfen, und weil mir nichts mehr am Leben gelegen war, wurde ich noch unvorsichtiger, als ich es ohnehin schon immer gewesen war. Oft stieg ich spätnachts in ihren alten *Torrance Sedan* und jagte das betagte Vehikel wie einen Sportwagen über schmale, abschüssige Straßen – ohne Sicherheitsgurt und völlig in meine Erinnerungen versunken. Es war ein Wunder, daß mir nichts passierte.

Ich gab das Geld mit vollen Händen aus. Hunderttausend Dollar für eine *Honda Starflash,* siebenhundert PS, versteckt in einem sechshundert Kilo schweren Flugzeug, hunderttausend Dollar, um an Wochenenden an den örtlichen Amateurluftkämpfen teilzunehmen.

Kein Selbstmord also, versprochen ist versprochen, aber ich setzte hinfort alles auf eine Karte, um zu gewinnen, denn zu verlieren hatte ich nichts mehr…

Ich stand auf und schleppte mich ins Haus zurück, die friedvolle Abendstimmung ignorierend. Früher liebte ich die Sonnenuntergänge, deren farbige Pracht Augen und Seele labten und Leslies Freude über das Glühen ihrer Wiesenblumen zu einem Glück für beide werden ließ. Jetzt umgab mich nur düsteres Grau.

Pye hatte uns versichert, daß es uns gelingen würde, den Durchgang in unsere Welt zu finden. Warum hatte sie uns verschwiegen, daß wir dabei abstürzen und einer von uns sterben würde?

Ich vergrub mich in meine Bücher über den Tod, kaufte noch mehr davon. Wie viele Menschen waren schon gegen diese Wand angerannt, doch das Tor öffnete sich nur von dort nach hier... Wenn Leslie allerdings bei mir war, warum gab sie mir dann keinen Fingerzeig? Weder fielen Bücher aufgeschlagen aus den Regalen, noch hingen Bilder plötzlich schräg an der Wand.

Nachts schleppte ich meinen Schlafsack samt Kopfkissen auf die Veranda, um unter freiem Himmel zu schlafen, weil ich Leslies leeres Bett neben mir nicht ertrug.

Die Träume, früher meine Ratgeber, Pforten in andere Bewußtseinsräume, jetzt waren sie wie dunkle Schatten, unzusammenhängende, stumme Bilder.

Immer und immer wieder überflog ich in Gedanken den Ozean der Möglichkeiten, jenes geheimnisvolle Muster, und untersuchte es verzweifelt nach Hinweisen, die ich übersehen haben könnte. Wenn es eine Antwort gab, dann ganz sicherlich dort! Und wenn nicht, Versprechen hin oder her...

Es war eine jener sternklaren Nächte, in denen alle Wunder möglich zu sein scheinen – eine Nacht wie jene mit dem Weisen Le Clerc im alten Frankreich...

Vergeßt nicht, daß die Liebe über allem steht und daß ihr in jedem Augenblick die Möglichkeit habt, euer Sein zu transformieren, indem ihr das Gelernte anwendet.

Fürchtet euch nicht vor dem scheinbar Bösen und Schlechten oder vor der leeren Drohung des Todes, denn ihr habt euch dafür entschieden, zu lernen und euren Geist zu vervollkommnen.

Eure Welt ist ebenso ein Trugbild wie jede andere. Euer Einssein in der Liebe, das ist die Realität, und Trugbilder können die Wirklichkeit nicht verändern.

Wohin ihr auch geht, seid ihr doch eins, geborgen in der Liebe derer, die ihr am meisten liebt.

Ihr schafft nicht die Wirklichkeit, sondern eure eigenen Abbilder der Wirklichkeit.

Du brauchst ihre Kraft. Sie braucht deine Flügel. Gemeinsam könnt ihr fliegen!

Richie, es ist ganz einfach. Du mußt dich nur darauf konzentrieren!

Ich hieb mit der Faust auf die Erde, und Attilas trotziger Kämpfergeist brach sich in mir Bahn.

Es ist mir egal, ob wir abgestürzt sind oder nicht, dachte ich, ich weigere mich, es zu glauben. Es ist mir egal, was ich meine, gesehen und gefühlt zu haben, ich akzeptiere keinen der scheinbaren Beweise für den Tod!

Niemand ist tot, niemand wurde begraben, niemand ist allein zurückgeblieben. Ich war schon immer mit ihr zusammen, auch jetzt bin ich es, wir werden es immer sein, und *nichts* wird je zwischen uns stehen!

Ich hörte Leslies Stimme, dünn, aber deutlich. »Richie! *Es ist wahr!*«

Es gab keinen Absturz, nur den Absturz in meiner Vorstellung, und ich weigere mich, dieser Täuschung in die Falle zu gehen. Ich weigerte mich, diese Welt als einzige, unerschütterliche Wahrheit zu betrachten, ich weigerte mich, die Zeit als absolute Größe anzuerkennen, es gab nicht einmal diese *Honda Starflash*, weil *Honda* gar keine Flugzeuge baut, ich weigerte mich ferner, zu glauben, daß ich weniger paranormal veranlagt bin als Leslie, ich habe mindestens tausend Bücher gelesen und sie keines, verdammt noch mal, und ich werde meine Hand an diesen Steuerknüppel legen und ihn bis zum Anschlag durchdrücken, wenn nötig. Niemand ist abgestürzt, niemand wurde aus dem Cockpit geschleudert, wir sind ganz einfach in einer anderen Welt dieses verdammten Musters gelandet, und ich habe die Schnauze voll von dem Gerede von Tod und Trauer und dem Geheule an ihrem Grab, und ich *werde* ihr beweisen, daß ich es ebensogut kann wie sie, wieso sollte es unmöglich sein…

In meiner Wut, meinem Aufbegehren, fühlte ich einen Strom enormer Kraft in mir aufsteigen, und wie Samson stemmte ich mich mit dieser enormen Kraft dagegen. Ich spürte, wie die Welt sich bewegte, spannte meine Muskeln an… Ein gewaltiges Erdbeben erschütterte das Haus, die Sterne verschwammen. Mit aller Gewalt drückte ich meinen rechten Arm nach vorne. Das Haus verschwand. Hohe Wellen schlugen gegen unser Flugzeug, doch schon gewann *Growly* an Geschwindigkeit und erhob sich aus dem Wasser.

»Leslie! Du bist zurückgekommen! *Wir sind wieder zusammen!*«

Sie lachte und weinte gleichzeitig. »Richie, mein Liebling«, rief sie. »Du hast es geschafft, ich liebe dich, *du hast es geschafft*!«

18

Mein Mann verließ den anderen Richard, als dieser auf dem Bett sitzend mit seiner Leslie telefonierte, und kam wieder zu mir auf den Balkon zurück.

Er küßte mich, und wir hielten uns lange Zeit umschlungen, glücklich, wir selbst zu sein.

»Diesmal könntest du starten«, schlug ich vor. »Du solltest wissen, wie es funktioniert, ehe wir nach Hause zurückkehren.«

Er versuchte es, aber nichts geschah. Warum sollte es ihm schwerer fallen als mir, wunderte ich mich. Möglicherweise war er in Gedanken wieder einmal ganz woanders, nur nicht beim Starten.

»Richie, es ist ganz leicht«, sagte ich daher. »Du mußt dich nur darauf konzentrieren.«

Dann startete ich, um ihm zu zeigen, wie es ging, und sofort veränderte sich die Szenerie. Es war wie im Film, wenn eine Szene abgedreht ist und die Kulissen abgebaut werden. Wälder und Berge werden zusammengerollt, Schaumstofffelsen werden hinausgeschoben, Karren werden ins Studio gefahren, um alles abzutransportieren.

»Ich will es noch einmal versuchen«, sagte er.

»In Ordnung, Liebling«, erwiderte ich und zog den Steuerknüppel wieder an. »Und denk daran, du mußt dich darauf konzentrieren…«

Ich war überrascht, daß *Growly* wie bei einem wirklichen Flug reagierte. In der Sekunde, als ich den Steuerknüppel wieder anzog, spuckte der Motor mehrmals, es gab eine Fehlzündung. *Growly* zog steil nach oben und ging dann in den Sturzflug. Richard versuchte, die Maschine wieder unter Kontrolle zu bekommen, aber es war zu spät.

Ich nahm den Aufprall wie in Zeitlupe wahr. Langsam näherte sich ein Sturm weißen Rauschens, als würde man mit dem Finger bei voller Lautstärke über den Saphir eines Tonarms fahren. Langsam schlug das Wasser über uns zusammen, langsam fiel der Vorhang. Es wurde dunkel.

Als der Vorhang wieder aufging, war die Welt schmutzig grün, kein Laut war zu hören. Richard machte sich an unserem sinkenden Flugzeug zu schaffen, er tauchte wiederholt und versuchte, etwas aus dem Cockpit zu zerren.

»Richie, so warte doch«, sagte ich, »wir haben ein echtes Problem, über das wir reden müssen. Laß das Flugzeug, wir können es ohnehin nicht mehr brauchen.«

Aber ich kenne meinen Mann. Wenn er sich einmal etwas vorgenommen hat, läßt er sich durch nichts und niemanden davon abbringen. Er ist erst dann wieder glücklich, wenn es ihm gelungen ist, seine alte Fliegerjacke, oder was auch immer er gerade sucht, auszugraben.

»Also gut, mein Schatz«, rief ich zu ihm hinüber, »laß dir Zeit. Ich warte auf dich.«

Ich schaute ihm eine Weile zu, neugierig, was er zutage fördern würde. Sie können sich mein Erstaunen vorstellen, als ich mich wie eine nasse Ratte in seinen Armen hängen sah.

Ich beobachtete, wie er mit mir auftauchte. »Es wird alles gut, Liebling«, keuchte er, »wir werden es schon schaffen.«

Ein paar Fischer hätten ihn mit ihrem Boot um ein Haar überfahren, so plötzlich tauchte er in ihrer Fahrtrichtung auf. Es wendete, ein Mann sprang ins Wasser und warf ihm einen Rettungsring zu. Der arme Richard machte ein so angsterfülltes Gesicht, daß ich es gar nicht mit ansehen konnte.

Ich wendete mich ab und blickte in ein wunderbares Licht. Ein Gefühl von Liebe umfing mich; es hüllte mich förmlich ein. Ich sah nirgendwo diesen Tunnel, von dem Richard mir immer erzählt hatte, aber man konnte durchaus das Gefühl, in einem Tunnel zu stecken, bekommen, denn im Vergleich zu dem Licht vor mir erschien alles andere wie dunkelste Nacht.

An dem Licht war nichts Beängstigendes, im Gegenteil, ich verspürte eine so ungewohnte, große Zuversicht, daß tiefes Vertrauen in dieses Licht mein ganzes Wesen erfaßte.

Zwei Gestalten näherten sich mir, von denen eine, die jüngere, mir sehr bekannt vorkam. Sie blieb jedoch in einiger Entfernung von mir stehen, während die andere Gestalt, ein älterer Mann, etwa so groß wie ich und ebenfalls kein Fremder, weiter auf mich zuging.

»Hallo, Leslie«, sprach er mich an. Die Stimme war rauh vom jahrelangen Kettenrauchen.

»Hy? Hy Feldmann? Bist du das?« Ich rannte ihm entgegen, warf mich in seine Arme, und wir tanzten wie die Kinder vor lauter Wiedersehensfreude im Kreis herum.

Nie hatte ich einen besseren Freund gehabt als diesen Mann, der stets zu mir gehalten hatte, selbst in den Zeiten, als andere mir den Rücken zukehrten. Kein Tag verging, an dem ich nicht mindestens einmal mit dem guten alten Hy telefonierte.

Wir lösten uns aus der Umarmung, schauten uns an, strahlten von einem Ohr zum anderen. »Lieber Hy! Das ist absolut phantastisch! Ich kann es nicht glauben. Wie ich mich freue, dich wiederzusehen!«

Ich erinnerte mich an seinen plötzlichen Tod vor drei Jahren, an den Schrecken, den Schmerz, ihn verloren zu haben. Ich war ihm damals so böse gewesen...

Mein Gesicht verfinsterte sich. »Hy, ich bin böse auf dich!«

Er lächelte, und in seinen Augen blitzte der Schalk. Ich hatte ihn zu meinem weisen älteren Bruder auserkoren und er mich zu seiner starrköpfigen jüngeren Schwester.

»Immer noch wütend, hm?«

»Aber selbstverständlich! Was für ein schäbiger Abgang! Ich liebte dich! Ich vertraute dir! Du hattest *versprochen,* in deinem ganzen Leben keine einzige Zigarette mehr anzuzünden. Und was tust du? Gehst und steckst dir die nächste an... Hast du dir jemals vor Augen geführt, wieviel Schmerz du uns zugefügt hast?«

Er sah mich reumütig an. »Wenn ich dir sage, daß es mir leid tut, fühlst du dich dann besser?«

»Nein«, erklärte ich nachtragend. »Hy, du hättest für einen guten Zweck sterben können, für die Menschenrechte, zum Beispiel, oder im Einsatz für die Rettung des Waldes und der Meere oder um das Leben eines anderen Menschen zu retten, alles das hätte ich verstanden. Aber du bist gestorben, weil du dich zu Tode gequalmt hast, und das, nachdem du versprochen hattest, es zu lassen!«

»Soll nie wieder vorkommen!« grinste er. »Ich versprech's.«

»Oh, bitte, nur keine weiteren Versprechen«, rief ich lachend. Es tat so gut, wieder mit ihm zu reden, daß mein Zorn im Nu verrauchte.

»Kommt es dir nicht wie eine ganze Ewigkeit vor?«

»Wie gestern«, antwortete ich.

Er ergriff meine Hand. »Komm mit«, sagte er. »Dort ist wer, den du schon länger als mich vermißt...«

Ich war gespannt, aber dann fiel mir Richard ein, und ich blieb ruckartig stehen.

»Hy, ich kann nicht mitkommen, ich muß zurück. Richard und ich stecken mitten in einem unglaublichen Abenteuer, wir sehen und lernen so viel *Neues*... Warte, bis ich dir alles erzählt habe. Aber vorhin, da passierte irgend etwas Schreckliches! Als ich ihn verließ, war er außer sich vor Angst. Ich muß zu ihm zurück!«

»Leslie«, sagte er und drückte meine Hand ein wenig fester, »Leslie, ich muß dir etwas sagen.«

»*Nein!* Hy, bitte nicht. Du willst mir sagen, daß ich tot bin, nicht wahr?«

Er nickte traurig.

»Aber Hy, das ist vollkommen unmöglich! Ich kann nicht so mir nichts dir nichts aus seinem Leben verschwinden und ihn sich selbst überlassen! Keiner von uns beiden kann ohne den anderen leben!«

Er sah mich verständnisvoll an, aber das Lächeln war aus seinen Augen verschwunden.

»Wir haben miteinander oft über das Sterben gesprochen«, fuhr ich eindringlich fort, »wir haben keine Angst vor dem Tod, sondern davor, voneinander getrennt zu sein. Wir wollten immer gemeinsam sterben, und dann dieser dumme Zwischenfall... Kannst du dir so etwas vorstellen? Ich weiß ja nicht einmal, warum wir abgestürzt sind!«

»Es war kein dummer Zwischenfall«, erwiderte er, »es hatte seinen Grund.«

»So. Also, ich kenne diesen Grund jedenfalls nicht, und selbst wenn es so wäre, wie du sagst, ist es mir ziemlich egal. Ich kann Richard nicht einfach verlassen!«

»Ist dir noch nie der Gedanke gekommen, daß er vielleicht etwas zu lernen hat, etwas, daß er nur *allein* lernen kann? Etwas Wichtiges?«

Ich schüttelte den Kopf. »Ich kann es mir wenigstens nicht vorstellen«, erwiderte ich wahrheitsgemäß. »Und wenn es so wäre, hätte es früher schon tausend geeignetere Gelegenheiten dafür gegeben.«

»Es ist aber jetzt geschehen«, entgegnete er ruhig.

»So! Ich werde mich aber nicht damit abfinden!«

In diesem Augenblick setzte sich der junge Mann in Bewegung, die Hände lässig in den Taschen vergraben und den Blick auf die Erde gerichtet. Er war groß und viel zu dünn für seine Größe. In seinem Gang lag eine eigenartige Reserviertheit, wie ich sie nur an einer Person gekannt hatte... Mein Herz verkrampfte sich schmerzlich...

Er war herangekommen, hob den Kopf und schaute mich mit seinen pechschwarzen Augen schelmisch lächelnd an.

»Ronnie!«

Mein drei Jahre jüngerer Bruder und ich waren als Kinder unzertrennlich gewesen. Wir umarmten uns stürmisch, lachend und weinend vor Freude über dieses unverhoffte Wiedersehen.

Mit siebzehn Jahren war er bei einem Unfall ums Leben gekommen, und ich hatte fast zwanzig Jahre gebraucht, um mich damit abzufinden. Er war von so sprühendem Leben erfüllt gewesen, daß sein Tod mir jahrelang unfaßbar blieb und mich aus einem hoffnungsfrohen, entschlußkräftigen Menschen in ein niedergeschlagenes Häufchen Unglück verwandelte, als hätte ich den Antrieb zum Leben zusammen mit ihm verloren! Nun, da wir uns wiedersahen, war das Glück ebensogroß wie damals der Schmerz.

»Du hast dich überhaupt nicht verändert«, stellte ich erstaunt fest, als ich mich endlich etwas beruhigt hatte und wieder klar denken konnte. »Wie kommt es, daß du nach so langer Zeit immer noch wie siebzehn aussiehst?«

»Ich wollte, daß du mich wiedererkennst«, erwiderte er lachend und erzählte mir dann, daß ihm für unsere Begegnung auch andere Ideen gekommen waren. »Eigentlich hatte ich vor, als alter räudiger Hund auf der Bildfläche zu erscheinen, aber sogar ich sah ein, daß dies ein schlechter Zeitpunkt für einen solch makabren Scherz gewesen wäre...«

Scherze. Sie waren Ronnies Spezialität gewesen, der angesichts unserer Armut sein Heil in der Komik suchte, während ich ihr mit bitterem Ernst zu Leibe rückte. Alles, was ich anpackte, um unsere Situation zu verbessern, geschah mit verbissener Entschlossenheit, Ronnie dagegen zog es vor, das Leben nicht so ernst zu nehmen und lieber darüber zu lachen. Seine Späße brachten mich manchmal so in Rage, daß ich ihn am liebsten erwürgt hätte, aber leider war er ein meisterhafter Charmeur, dem man alles verzieh. Jeder liebte ihn, und ganz besonders ich.

»Wie geht's Ma?« fragte er. Ich ahnte, daß er Bescheid wußte, es aber aus meinem Mund hören wollte.

»Ma geht es gut«, erwiderte ich daher, »aber sie trauert immer noch um dich. Ich habe mich irgendwann vor zehn Jahren damit abgefunden, daß du nicht mehr bei uns warst. Aber Ma ist nie darüber hinweggekommen.«

Er nickte und seufzte.

So schwer es mir in all den Jahren gefallen war, an seinen Tod zu glauben, so schwer fiel es mir nun, zu glauben, daß wir hier beieinander standen. »Ich habe dir so viel zu erzählen, Ronnie, und fast noch mehr Fragen...«

»Ich hab' dir doch gesagt, daß ich eine Überraschung für dich hätte«, ließ Hy sich vernehmen. Sie nahmen mich in die Mitte, ich hakte mich bei ihnen unter, und gemeinsam gingen wir dem wunderbaren Licht entgegen.

»Ach, Ronnie, Hy! Dies ist einer der glücklichsten Augenblicke meines Lebens!« rief ich überschwenglich. Ich wußte nicht, wohin mit so viel Freude.

Wir näherten uns einem herrlichen Tal, in dem ein Bach sich durch herbstlich bunt gesprenkelte Wiesen und Wälder schlängelte. Am Horizont erhoben sich schneebedeckte Gipfel gegen einen strahlendblauen Himmel, und in einiger Entfernung toste ein mehrere hundert Meter hoher Wasserfall, ein atemberaubend schönes Naturschauspiel, das mich an etwas erinnerte...

»Yosemite?« fragte ich überrascht.

Hy nickte. »Wir dachten, es würde dir vielleicht gefallen, und wir könnten eine Weile hier sitzen und reden.«

Wir ließen uns unter einer Baumgruppe auf dem Gras nieder. Wo soll ich nur anfangen, dachte ich, und im selben Augenblick wußte ich es. Ich stellte Ronnie die eine Frage, die mich jahrelang verfolgt hatte.

»Ronnie, warum? Ich weiß, daß es ein Unfall war, ich

weiß, daß du es nicht geplant hattest. Aber ich habe auch gelernt, daß wir unser Leben selbst in der Hand haben und denke daher, irgendwo, tief in deinem Inneren, wolltest du wohl gehen, als es geschah?«

»Es war eine kleinmütige Entscheidung«, antwortete er leichthin. »Ich dachte, daß ich für ein schönes Leben ziemlich schlechte Karten hätte, und glaubte nicht an die Möglichkeit, noch etwas daraus machen zu können. Trotz all meiner Späße war ich sehr unglücklich, wußtest du das?« Er grinste, aber ich spürte, daß er selbst jetzt seine Traurigkeit hinter gespielter Heiterkeit versteckte.

»Ich glaube, ja«, erwiderte ich, und das Herz wollte mir erneut brechen, »aber ich wollte es nie wahrhaben. Wie konntest du unglücklich sein, wo wir dich alle so liebten?«

»Ich mochte mich längst nicht so wie ihr mich«, antwortete er, »und glaubte daher, ich hätte eure Liebe gar nicht verdient... Wenn ich jetzt zurückschaue, denke ich, daß es doch ein gutes Leben hätte werden können, aber damals war es mir nicht möglich, über meinen engen Horizont hinauszuschauen.« Er blickte zu Boden. »Natürlich ging ich nicht mit der Absicht fort, mich umzubringen, aber ich hatte auch keinen Überlebenswillen. Ich hätte es anpacken müssen, so wie du.«

Derart ernst hatte ich ihn noch nie erlebt, doch seine wenigen Worte trösteten mich ungemein, löschten sie doch den Schmerz und die quälende Ungewißheit von Jahrzehnten aus.

Schüchtern lächelnd fuhr Ronnie fort. »Ich hab' ein Auge auf dich gehabt. Eine Weile fürchtete ich, du würdest mir gleich nachkommen. Dann sah ich, wie du das Steuer herumgerissen hast, und begriff, daß ich es auch gekonnt hätte. Es wäre zwar nicht leicht gewesen~~, aber ich~~ hätte etwas daraus machen können. Na ja, ich habe trotzdem viel dazugelernt.«

»Du hattest ein Auge auf mich?« fragte ich überrascht.

»Du weißt, wie mein Leben verlaufen ist? Du weißt von Richard?« Der Gedanke, daß mein Mann ihm kein Fremder war, faszinierte mich.

Er nickte. »Und ich freue mich für dich!«

Richard!

Schlagartig kehrte die Panik zurück. Wie konnte ich nur hier sitzen und mich mit meinem toten Bruder unterhalten? Was war nur mit mir los? Stimmte mit mir etwas nicht? Richard hatte mir erzählt, daß Menschen kurz nach ihrem Tod sehr verwirrt sein können... »Er ist in Sorge um mich, versteht ihr? Er denkt, er hat mich verloren. Ich kann leider nicht hierbleiben, so sehr ich euch auch liebe, aber es geht nicht! Das versteht ihr doch, nicht wahr? Ich muß zu ihm zurück...«

»Leslie«, entgegnete Hy, »Richard kann dich nicht sehen.«

»Und warum nicht?« Ich war verunsichert. Hatte Hy mir vielleicht etwas verschwiegen? Daß ich der Geist eines Geistes war? War ich... »Wie meinst du das? Willst du mir etwa sagen, daß ich wirklich tot bin? Daß ich nicht die Wahl habe, zurückzugehen?«

Er nickte.

Ich schwieg betroffen. »Aber Ronnie war die ganze Zeit über bei mir. Er sagte eben selbst, daß er ein Auge auf mich hatte...«

»Du hast ihn aber nie gesehen, nicht wahr? Du wußtest nicht, daß er da war«, sagte Hy sanft.

»Doch, manchmal schon, in Träumen...«

»In Träumen ja«, stimmte er zu, »aber entspricht das deinen Vorstellungen von einer Ehe? Richard sieht dich in seinen Träumen, aber jeden Morgen, wenn er aufwacht, vergißt er dich. Anstatt ihn eines Tages hier abzuholen und ihm beizubringen, was du gelernt hast, willst du als Geist um ihn herumschwirren?«

»Hy, so versteh doch! Wir waren noch nicht am Ende! Es

ist, als ob ein Buch, das vierundzwanzig Kapitel hat, plötzlich bei Kapitel Siebzehn mitten im Satz aufhört... Man braucht es gar nicht zu veröffentlichen, weil ihm der Schluß fehlt. Aber wir können nicht einfach aufhören und so tun, als ob hier alles zu Ende wäre!« Nein, ich wollte mich nicht damit abfinden!

»Stell dir den Leser vor«, fuhr ich fort, »der gerne wissen möchte, wie wir unsere neuen Erfahrungen angewendet haben, um den Herausforderungen des Lebens zu begegnen, und in der Mitte des Buches findet er die Anmerkung des Herausgebers: *Dann stürzten sie mit ihrem Flugzeug ab. Sie kam dabei ums Leben, und deshalb konnten sie ihre Arbeit nicht zu Ende führen.*

»Das Leben vieler Menschen endet so«, warf Hy ein. »Meines war auch nicht zu Ende.«

»Na, dann weißt du ja, was ich meine!« rief ich erregt. »Wir werden unsere Geschichte jedenfalls nicht mittendrin abbrechen!«

»Du möchtest also ein Ende, in dem steht, daß Leslie nach dem Absturz von den Toten zurückkehrte und sie glücklich und zufrieden bis in alle Ewigkeit lebten?«

»Das wäre gar kein schlechter Schlußsatz!« lachte ich. »Natürlich würde ich gern am Schluß sagen können, wie es uns geglückt ist, wieder in unsere Welt zurückzukehren...«

Noch während ich redete, kam mir der aberwitzige Gedanke, daß diese Begegnung ein weiterer Test sein könnte, eine weitere Landung im Muster, eine Welt, aus der wir zurückkehren konnten.

»Schau, Hy«, fügte ich hinzu, »ich glaube, Richard hat recht mit diesen verrückten Ideen, an die er glaubt. Zum Beispiel dieses kosmische Gesetz, daß das, was wir denken, auch geschehen wird. Ist dieses Gesetz durch unseren Absturz nun plötzlich außer Kraft gesetzt?«

Er lächelte. »Kosmische Gesetze ändern sich nicht«, sagte er.

Ich streckte ihm die Hand zum Abschied entgegen.

»Einen Augenblick lang dachte ich schon, ihr wolltet es mir ausreden.«

»Niemand kann Leslie Parrish etwas ausreden. Wie kommst du darauf, daß es hier anders sein könnte als in deiner Welt?«

Hy umarmte mich. »Eines interessiert mich noch«, sagte er. »Wenn Richard gestorben wäre, hättest du ihn gehen lassen, darauf vertrauend, daß es ihm gutgehen würde, bis du dein Leben zu Ende geführt hast?«

»Nein. Ich würde mich erschießen!«

»Dickschädel«, sagte er.

»Oh, Hy, ich weiß, es ist vielleicht unlogisch. Aber ich kann nicht anders. Ich muß zu ihm. Ich liebe ihn, Hy!«

»Ich weiß. Also dann...«

Schweigend umarmte ich Ronnie. Es fiel mir unsagbar schwer, mich wieder von ihm zu trennen.

»Ich liebe dich«, brachte ich hervor, während ich mühsam gegen die aufsteigenden Tränen ankämpfte. »Ich liebe euch beide. Und wir werden uns wiedersehen, nicht wahr?«

»Das werden wir«, sagte Ronnie. »Wenn du das nächste Mal stirbst und nach deinem Bruder Ausschau hältst, könnte es sein, daß dir dieser alte Köter über den Weg läuft...«

Trotz meiner Tränen mußte ich lachen.

»...wir lieben dich auch«, sagte er.

Ich hätte nie geglaubt, daß mir so etwas passieren könnte. Ich hatte mich zwar – wenn auch mit Vorbehalten – darauf verlassen, daß Richard recht hatte und es wirklich mehr als dieses eine Leben gab. Durch die Erfahrungen des Musters und den Absturz hatte ich Gewißheit darüber erlangt. Und noch eines wußte ich nun. Eines Tages würden Richard und ich gemeinsam auf dieses Licht zugehen. Eines Tages... aber noch nicht jetzt.

Die Rückkehr war weder unmöglich noch besonders

schwierig. Nachdem ich die Schwelle überschritten hatte, die man angeblich nicht überschreiten kann, erkannte ich das Muster wieder. Schritt für Schritt, wie es Pye gesagt hatte, kehrte ich in den Ausschnitt des Musters zurück, in Richards Parallelwelt, die er, ich weiß nicht wie, für wirklicher als die vorigen hielt. Er hatte sich über mein Grab geworfen, sein Kummer umgab ihn wie eine dicke, undurchdringliche Mauer. Er konnte mich weder hören noch sehen.

Ich stemmte mich gegen die Mauer. »Richard...«

Keine Reaktion.

»Richard, *ich bin hier*!«

Er schluchzte herzzerreißend an meinem Grabstein. Waren wir nicht übereingekommen, daß wir auf Grabsteine verzichten wollten?

»Liebling, wir sind nicht getrennt, ich bin bei dir, jetzt, heute nacht, wenn du schläfst und morgen früh, wenn du aufwachst. Wir sind nur in deiner Vorstellung getrennt!«

Die Wiesenblumen auf dem Grab hätten ihm sagen müssen, daß selbst da Leben ist, wo der Mensch dem Tod ein Denkmal setzt, aber er hörte ihre Botschaft ebensowenig wie meine.

Er ging, nein schleppte sich samt seiner *Mauer* ins Haus zurück. Er achtete nicht auf die untergehende Sonne, die ihm zu verstehen gab, daß die Nacht nichts anderes als der Übergang zur bevorstehenden Morgendämmerung ist, daß die Morgendämmerung bereits existierte. Verzweifelt warf er seinen Schlafsack auf die Veranda.

War das etwa mein Mann, mein geliebter Richard, der stets die Überzeugung vertrat, daß nichts aus Zufall geschieht, weder das Fallen eines Blattes noch die Entstehung einer Galaxie? Derselbe Richard, der da unterm Sternenzelt in seinen Schlafsack schluchzte?

»Richard!« versuchte ich es wieder. »Du hattest recht! Die ganze Zeit über hattest du schon recht! Der Absturz war kein Zufall! Du weißt bereits alles, was nötig ist, um uns wieder zusammenzubringen! Erinnerst du dich? Du mußt dich konzentrieren!«

Unvermittelt hieb er mit der Faust auf die Erde, begann, an der *Mauer* zu rütteln.

»Unsere Geschichte ist noch nicht zu Ende!« Ich schrie fast. »Wir sind noch mittendrin! Du kannst es jetzt ändern, lieber Richard! JETZT!«

Die *Mauer* ächzte. Ich schloß meine Augen und konzentrierte mich mit jeder Faser meines Seins. Ich stellte mir unser unbeschädigtes Cockpit vor, in dem Richard und ich saßen. Gemeinsam flogen wir über das Muster, es gab keinen Kummer, keinen Schmerz, keine Trennung.

Richard begann es zu spüren, er schien wie aus einer tiefen Hypnose zu erwachen. Er gab sich alle Mühe, den Steuerknüppel nach vorn zu drücken. Seine Augen waren geschlossen, er spannte jeden Muskel an, als müsse er sich gegen die ganze Welt stemmen und nicht gegen einen einfachen Steuerknüppel. Die *Mauer,* seine felsenfeste Überzeugung, begann nachzugeben, ein wenig nur, dann mehr.

»Richard, ich bin nicht tot, ich war nie tot! Ich bin auch jetzt bei dir, *wir sind zusammen*!«

Die *Mauer* erzitterte, bröckelte. *Growlys* Motor heulte auf.

Richard hielt den Atem an, seine Halsschlagader trat hervor. Mit verbissenem Gesicht kämpfte er gegen seine Überzeugung an, daß der Absturz wirklich geschehen war. Entgegen der Logik des sogenannten gesunden Menschenverstandes nahm er den Tod nicht länger als die letzte Wirklichkeit hin…

»Richie!« schrie ich, so laut ich konnte, »es ist wahr! Zusammen können wir fliegen!«

Plötzlich bewegte sich der Steuerknüppel, *Growly* schoß über das Wasser und hob ab.

Es war herrlich, ihn wiederzusehen und seine Stimme in einer Welt zu hören, die wir miteinander teilten.

Er riß die Augen auf. »Leslie! Du bist zurückgekommen! Wir sind wieder zusammen!«

»Richard, mein Liebling«, rief ich lachend und weinend. »Du hast es geschafft, ich liebe dich, *du hast es geschafft*!«

19

Die sicherste Methode, um mit einem Flugzeug wie ein Stein vom Himmel zu fallen, ist die, den Steuerknüppel direkt nach dem Start anzuziehen und in dieser Stellung zu belassen. Wir aber, selig über Leslies Rückkehr von den Toten, schwebten wie im siebenten Himmel, und hätten wir auch *Growlys* Tragflächen eingebüßt, so wären wir dennoch auf den Flügeln unserer wiedergefundenen Liebe weiter himmelwärts gestiegen.

Wir hielten uns fest umschlungen.

»Leslie! Ich träume nicht! Du lebst!«

Sie war nicht umgekommen, sie lag nicht in diesem Grab am Hang hinter unserem Haus, sondern saß hier neben mir und strahlte wie die aufgehende Sonne. Nicht unsere Wiedervereinigung war der Traum, sondern jene vergangenen Monate, in denen ich in einer Parallelwelt um sie getrauert hatte.

»Ohne dich war es…« begann ich, »…das Leben war so leer, so sinnlos.« Ich streichelte ihr Gesicht. »Wo warst du?«

Sie lachte und weinte gleichzeitig. »Ich war bei dir!« sagte sie. »Als unser Flugzeug sank, beobachtete ich dich im Wasser. Ich sah, wie du meinen Körper aus dem Cockpit zogst. Es war ein ziemlicher Schock, weil ich dachte, daß du nach deiner alten Fliegerjacke tauchst. Obwohl ich bei dir war, konntest du mich nicht sehen, weil du so um meinen leblosen Körper besorgt warst.«

Sie war bei mir gewesen.

Wie war es nach all dem, was wir gemeinsam erlebt und

gelernt hatten, möglich gewesen, daß ich plötzlich alles vergessen hatte und doch wieder auf die Gaukeleien meines Geistes hereingefallen war? dachte ich bestürzt. Meine erste Reaktion auf Leslies Tod war ein entschiedenes NEIN gewesen... Warum hatte ich nicht auf meine innere Stimme gehört?

»Ich hätte es wirklich besser wissen müssen«, erklärte ich niedergeschlagen, »aber ich habe mich täuschen lassen wie ein dummer Junge...«

»Wie solltest du auch nach dem Absturz nicht so denken und handeln, wie du es getan hast«, widersprach sie mir. »Später umgab dich dann diese dicke Mauer aus Kummer und Herzeleid, und ich konnte einfach nicht zu dir durchdringen. Wenn ich schneller begriffen hätte...«

»Verdammt! Es war ein wichtiger Test, und ich habe auf der ganzen Linie versagt!«

»Aber du hast doch gar nicht versagt! Du warst einfach einmalig! Trotz aller Verstrickungen hast du die Kraft gefunden, dich daraus zu befreien und *Growly* zu starten. Du hast es geschafft, uns aus jener Welt herauszuholen, ist dir das überhaupt klar?«

In jener schrecklichen Welt, in der ich sie zu Grabe getragen hatte, war die Erinnerung an den Klang ihrer Stimme und die Züge ihres Gesichtes allmählich verblaßt und hatte mich teilnahmslos und leer zurückgelassen. Sie jetzt lebendig neben mir sitzen zu sehen, das war, als sei das Leben *in mich* zurückgekehrt.

»Ich habe dir so viel zu erzählen«, sprudelte es aus ihr heraus. »Ich weiß, es ist alles erst ein paar Stunden her, aber trotzdem...«

»Stunden? Wookie, es ist *Monate* her, drei Monate und sieben Tage!«

Verwirrt schauten wir uns an.

»Das kann nicht sein, Richie! Stell dir vor, ich habe Ronnie gesehen, und er sah kein bißchen tot aus! Hy war ebenfalls da, er kam mir zuerst entgegen, er sagte, es sei alles in Ordnung, der Absturz hätte seinen Grund gehabt. Gleich nach dem Absturz sah ich übrigens dieses wunderbare Licht, genauso, wie es in deinen Büchern steht...« Ihre Augen glänzten vor Begeisterung.

Ich erinnerte mich, daß jedesmal, wenn ich zum Einkaufen in die Stadt fuhr, wir anschließend mindestens eine Stunde brauchten, um uns alles zu erzählen, was in der Zeit, in der wir uns nicht gesehen hatten, vorgefallen war. Und nun die letzte Reise, die aus ihrer Sicht ein paar Stunden gedauert hatte und aus meiner drei Monate – wie lange würde es diesmal dauern, bis wir uns alles erzählt hatten?

»Du kannst dir keinen schöneren Ort vorstellen, Richie«, schwärmte sie weiter, »ich bin nur deinetwegen zurückgekommen.« Wir schwiegen eine Weile, und sie dachte nach. »Bitte, antworte mir ganz ehrlich, Richie«, nahm sie das Gespräch wieder auf. »Wenn du gewußt hättest, daß es mir gutgeht, hättest du dich besser gefühlt?«

»Ich glaube ja«, antwortete ich. »Es hätte mich sicherlich getröstet. Ich hätte mir vielleicht gesagt, daß du mir vorausgegangen bist und dich schon ein wenig auskennst, wenn ich dann nachkomme – wie bei einem Umzug sozusagen. Aber es ist nicht wie bei einem Umzug, weißt du, es gibt keine Post, kein Telefon... Man weiß *nichts.*«

»Wenn deine Trauer nicht gewesen wäre, hätten wir vielleicht miteinander reden können«, meinte Leslie nachdenklich, »zum Beispiel in deinen Träumen oder Meditationen, aber du warst so von deinem Schmerz überwältigt...«

»Falls es wieder einmal passieren sollte, weiß ich ja nun Bescheid«, scherzte ich. »Ich werde wissen, daß du da bist, egal, wie die Dinge stehen. Daß du es mir nur ja nicht selbst vergißt.«

»Ich frage mich«, erwiderte sie, »warum Ronnie noch da war. Sein Tod liegt schon dreißig Jahre zurück... Warum ist er nicht schon längst wieder inkarniert?«

»Aber das ist er, und wir sind es ebenfalls. Schau dort hinunter. Das Muster ist unendlich, kein Anfang, kein Ende. Alle Leben spielen sich gleichzeitig ab, Geburt, Leben, Tod, Zwischenleben, Geburt... Ich glaube, ich fange langsam an, es wirklich zu begreifen.«

In dem Muster unter uns, dachte ich, gab es irgendwo eine Leslie und einen Richard, die sich nicht wiedergefunden hatten, ein trauriger Gedanke, den ich für mich behielt. Wir hatten uns so viel zu erzählen und versuchten, unsere Erfahrungen zu einem Ganzen zusammenzufügen.

»Alles war so, als sei ich wieder in *unserer Wirklichkeit*«, erzählte ich. »Ich war kein Geist, ich konnte nicht durch Wände gehen, meine Mitmenschen sahen mich, unser Haus war unverändert. Nein, halt«, rief ich, mich an einen Umstand erinnernd, der mir erst jetzt auffiel, dem ich in jenen Monaten der Trennung jedoch eigenartigerweise keine Bedeutung beigemessen hatte. »Ich habe mir nie Gedanken darüber gemacht, daß in der Garage nicht unser alter *Chrysler* stand, sondern dein uralter *Torrance*«, berichtete ich.

»Ohne unsere Erfahrungen im Muster wärst du wahrscheinlich immer noch dort«, foppte sie mich, wurde aber gleich wieder ernst. »Richie, wir haben es nur ganz knapp geschafft! Trotz all dem, was wir in einem guten Dutzend verschiedener Parallelwelten gelernt haben!«

Sie deutete auf das Muster. »Sitzen wir hier vielleicht in einer Falle, Richie? Ist es vielleicht ebenso schwer, aus dem Muster wieder herauszufinden, wie unsere verzerrte Vorstellung vom Tod aufzugeben?«

Nun, nachdem wir wieder vereint waren und die (hoffentlich!) schwierigste Prüfung unseres Lebens hinter uns hatten, fühlten wir uns nicht mehr ganz so verloren, aber ein einziger Blick auf Leslie überzeugte mich, daß auch ihr der Sinn nicht nach weiteren Abenteuern stand.

»Erinnerst du dich an das, was Pye einmal sagte?« fragte ich sie. »Sie sagte, daß der Weg aus dem Muster zurück über eine geistige Anstrengung führt, nicht wahr? Sie sagte so etwas wie: ›Laßt euch von der Hoffnung leiten.‹«

Noch während ich sprach, fragte ich mich, was das für einen Sinn haben sollte. Wir hatten ja bereits *so sehr gehofft*, nach Hause zu kommen... Warum also waren wir nicht schon dort?

Leslie antwortete erst nach einer Weile. »Sie sagte *Liebe*, Wookie, nicht Hoffnung«, widersprach sie sanft. »Sie sagte: *Laßt euch von der Liebe leiten!*«

20

Und tatsächlich, nichts war leichter als das. Es ist nicht schwer, sich von der Liebe leiten zu lassen.

Auch wenn die Welt der beiden, die sich auf dem Weg nach Los Angeles zu einer wissenschaftlichen Tagung befanden, ein Trugbild war, so war es doch immerhin ihr Trugbild oder besser gesagt, die Leinwand, auf der sie ihren Sonnenaufgang malten, und das Bild, das sie schufen, gefiel ihnen. Es fiel nicht schwer, uns die Liebe der beiden zu ihrer Welt zu vergegenwärtigen.

»Fertig?« fragte Leslie.

Ich legte meine Hand auf ihre. Mit geschlossenen Augen, ganz auf die beiden in ihrer Welt konzentriert, die wir so liebten, wie wir uns selbst, unser Zuhause und unser abwechslungsreiches Leben liebten, drückten wir den Steuerknüppel nach vorn. Er bewegte sich wie von selbst, als sei aus *Growly* ein eigenständiges Wesen geworden, das den Weg nach Hause kennt. Leslie und ich öffneten gleichzeitig die Augen, schauten gespannt hinunter und entdeckten im gleichen Augenblick eine goldene Acht, die im Wasser glitzerte. Es war dasselbe Zeichen, das Pye am Ufer des Lake Healey in den Sand gemalt hatte.

»Sagte Pye nicht auch, daß wir unseren anderen Aspekten Fingerzeige geben können?« fragte ich.

»...und da ist schon unser Fingerzeig«, rief Leslie. »Die gute Pye!«

Ich kreiste über der goldenen Acht, um mir die Stelle genau einzuprägen. Leichter Wind kräuselte die Wasseroberfläche. Die Figur tanzte auf den Wellen.

Die Landung auf der Acht war ein Kinderspiel. Bei leichtem Gegenwind glitten wir wenige Meter über der Wasseroberfläche dahin. Kurz davor drosselte ich die Geschwindigkeit und setzte auf.

Im gleichen Augenblick verschwand das Muster. Wir befanden uns in unserem richtigen Flugzeug im Anflug auf Santa Monica, nur leider waren wir nicht die Piloten. Wie bei all den vorausgegangenen Landungen auch hockten wir als Geister hinter den beiden, die wir ja eigentlich hätten sein wollen, im Cockpit.

»Wie lautete noch gleich die Nummer?« fragte Richard, der Pilot.

»Erinnerst du dich nicht?« sagte seine Leslie.

»VIER SECHS VIER FÜNF.«

»Na, siehst du«, antwortete sie lächelnd, »was würdest du ohne mich bloß anfangen?«

Sie hatten uns nicht bemerkt.

Ich zögerte nicht. Einem Impuls folgend drückte ich den Steuerknüppel mit aller Kraft nach vorn. Ich spürte Leslies Hand auf meiner, in ihren Augen stand die gleiche bange Frage, die ich mir selbst stellte. Für einen Augenblick hielten wir den Atem an, doch die Szene löste sich wie gewohnt auf, und wir kreisten wieder über dem Muster.

»Richie, was sollen wir nur tun? Ich war mir so sicher, daß es klappen würde!«

Ich schaute auf das goldene Symbol hinab, unfähig zu verstehen, warum wir trotz des deutlichen Fingerzeigs nicht nach Hause fanden. Ich wünschte mir, daß Pye hier wäre, nicht um uns irgendwelche Erklärungen zu geben, sondern klare Instruktionen. Das Zeichen war wie ein Nummernschloß, zu dem uns die richtige Kombination fehlte.

»Ich bin am Ende meines Lateins«, klagte Leslie. »Wo wir auch landen, immer sind wir Geister.«

»Nicht am Lake Healey…«

»Pye war dort, es zählt also nicht«, wendete sie ein.

»... und beim Absturz.«

Sie überlegte. »Nein, denn *ich* war ein Geist! Nicht einmal du konntest mich sehen.«

Sie verfiel in nachdenkliches Schweigen, während ich weiter über dem Symbol kreiste, um es nicht aus den Augen zu verlieren. Es schien zu verblassen, und zwar in dem Maß, wie wir unserer Angst Raum gaben.

Zu Hilfe, Pye, flehte ich innerlich. Ohne das Symbol würde uns auch die richtige Kombination nichts mehr nützen. Verzweifelt versuchte ich, mir die Kreuzungen und Figuren einzuprägen, über denen das Symbol auf den Wellen schaukelte. Wir konnten es uns nicht leisten, diesen einzigen konkreten Hinweis zu verlieren. Zwei Linien links, sechs rechts davon, zwei geradeaus... Bald würde es sich ganz auflösen, aber ich wollte Leslie mit meinen Befürchtungen nicht noch zusätzlich belasten.

»... aber ich war kein beobachtender Geist«, hörte ich Leslie laut überlegen. »Ich glaubte vielmehr, daß ich tot sei, denn ich war ja abgestürzt. Ich dachte, daß ich wohl ein Geist sein müsse, und deshalb war ich ein wirklicher Geist. Oh, Richie, du hast wieder einmal recht... Die Lösung *hat* etwas mit dem Absturz zu tun.

Die Welt, in die wir abstürzten«, fuhr sie eifrig fort, »erschien dir wirklich, denn da du überlebtest, konntest du ja kein Geist sein. Es war eine Parallelwelt, in der du mich beerdigt hast, in einem Haus gewohnt hast, ein Flugzeug geflogen, Autos gefahren und mit Menschen gesprochen hast.«

Obwohl ich nur mit halbem Ohr zuhörte, begriff ich doch, was sie damit sagen wollte. »Du meinst, wir sollten noch einmal *abstürzen*? Pye sagte, daß es so einfach wäre, als würde man von einer Stufe springen! Sie sagte nicht, daß wir uns aus dem Flugzeug stürzen sollen!«

»Das ist richtig. Aber die Lösung hat etwas mit dem Absturz zu tun... Warum warst *du* kein Geist nach dem Absturz? Was war anders an jener Landung?«

»Wir sind nicht im eigentlichen Sinn gelandet, wir sind gewissermaßen wie ein Stein vom Himmel gefallen«, antwortete ich, und im gleichen Augenblick ging mir ein Licht auf. »Wir waren keine unbeteiligten Beobachter mehr, sondern Teil des Musters! Wir steckten mittendrin!«

Das Symbol war kaum mehr zu erkennen, wir hatten nicht mehr viel Zeit.

»Also versuchen wir's.«

»Versuchen?« Leslie riß erschreckt die Augen auf. »Willst du tatsächlich aus dem Flugzeug springen?«

Ich wagte nicht, meine Augen von der Stelle zu nehmen, die ich mir gemerkt hatte.

»Nicht ganz. Wir gehen in den Landeanflug, ich drossle die Geschwindigkeit, und in dem Augenblick, wo wir aufsetzen, springen wir.«

»O Gott, Richie, mir sträuben sich die Haare.«

»Es bleibt uns nichts anderes übrig. Das Muster ist die Welt der Bilder. Um Teil eines bestimmten Bildes zu werden, müssen wir darin eintauchen. Pye sagte einmal, daß wir, solange wir *über* dem Muster fliegen, Unbeteiligte sind. Als sie meinte, es sei so leicht wie der Sprung von einer Stufe, da meinte sie natürlich *Growly*! *Growly* ist unsere Stufe. Sie sagte uns, wie wir nach Hause finden können.«

»Aber ich kann es nicht!« rief Leslie. »Ich fürchte mich!«

»Ich drossle die Geschwindigkeit, so wie immer«, beruhigte ich sie, »und sobald wir das Wasser berühren, lassen wir uns fallen. Auf alle Fälle ist mir ein gezielter Absprung lieber als ein Absturz.«

Sie bemerkte meine Unruhe. »Was gibt es?« fragte sie.

»Die Acht ist weg«, antwortete ich schweren Herzens, »und ich will die Stelle, die ich mir gemerkt habe, nicht aus den Augen verlieren.«

»Tatsächlich, sie ist nicht mehr da!« Einen Augenblick lang schwiegen wir beide bedrückt. »Gut, wenn du springst, springe ich auch«, sagte sie schließlich.

Ich schluckte. »Wir müssen die Gurte lösen, die Haube entriegeln, zurückschieben und springen. Traust du es dir zu?«

»Wir könnten die Gurte ja gleich lösen und auch die Haube entriegeln«, schlug sie beherzt vor.

Ich nickte. Sie machte sich an der Verriegelung zu schaffen und schob die Haube zurück. Der Wind schien uns besonders herausfordernd um die Ohren zu fauchen.

Leslie sah mich mit großen Augen an.

»Fertig zur Landung.»

21

Unsere Nerven waren zum Zerreißen gespannt.

»Bist du bereit?« fragte ich.

Leslie nickte nervös. Die Schwimmer berührten die Wasseroberfläche, und ich schloß die Augen, um nicht wieder auf die Trugbilder meines Geistes hereinzufallen. Wir faßten uns an den Händen.

»Sprung!«

Ich ließ mich aus dem Flugzeug fallen und öffnete im gleichen Augenblick die Augen. Das Wasser war fort. Wir stürzten im freien Fall durch die Luft auf Los Angeles zu,und das ohne Fallschirm!

»LESLIE!«

Ihre Augen waren geschlossen, und der Wind pfiff so laut, daß sie mich nicht hören konnte.

Projektionen, sagte ich mir, was ich sehe, ist nichts weiter als ein Trugbild, eine Schöpfung meines Geistes. Erneut schloß ich die Augen, und im gleichen Augenblick spürte ich einen dumpfen Aufprall.

Ich riß die Augen auf. Zu meiner großen Erleichterung sah ich Leslie und mich in *Growlys* Cockpit sitzen. Einen Augenblick lang war die Kabine in goldenes Licht getaucht, dann verschwand es.

»Richie! Wir haben es geschafft!« schrie Leslie außer sich vor Freude und warf ihre Arme stürmisch um mich. »Du bist ein Genie!«

»Diesmal konnte es gar nicht schiefgehen, Wookie«, erwiderte ich bescheiden, obwohl ich mir dessen durchaus nicht sicher war. Wenn sie allerdings darauf bestand, daß es etwas mit meinem Genie zu tun haben mußte, nun, dann wollte ich sie nicht enttäuschen.

»Ach«, rief sie, »ist ja auch egal! Hauptsache, wir sind wieder daheim.«

Unsere Geschwindigkeit betrug unverändert zweihundertfünfzig Stundenkilometer, der Magnetkompaß zeigte unverändert auf Süd-Ost, die Navigationsinstrumente summten, im Loran leuchtete orangerot unser Kode. Wir waren ganz allein im Cockpit. Der vertraute Anblick von Straßen und Häusern mit blauglitzernden Swimmingpools in den Gärten hatte das Muster unter uns ersetzt.

»Sollen wir...?« fragten wir wie aus einem Mund mit Blick auf den Sprechfunk.

Leslie nickte.

»Hallo, Los Angeles Tower, ich rufe Los Angeles«, meldete ich mich, »hier ist *Seabird Eins Vier Bravo.* Könnt ihr mich empfangen?«

»Hallo, *Eins Vier Bravo,* wir sind auf Empfang.«

Er fragte uns weder, wo wir so plötzlich wieder herkamen, noch, wo wir die ganze Zeit über gesteckt hatten. Leslie zupfte mich am Ärmel.

»Bitte, sage mir, was du gesehen hast, als wir das erste Mal...«

»Einen stahlblauen Himmel, einen flachen Ozean, ein endloses Muster, Pye, Jean Paul, Iwan und Tatjana, Linda und Krys...«

»Gut«, seufzte sie erleichtert, »es war also kein Traum.«

Wir näherten uns dem Flugplatz von Santa Monica und fühlten uns mindestens wie Buck Rogers.

»Was, wenn es wirklich wahr ist?« fragte Leslie. »Wenn tatsächlich alle Menschen Aspekte voneinander sind? Wie wird sich das auf unser weiteres Leben auswirken? Wird sich dadurch etwas ändern?«

Ich konzentrierte mich auf den Landeanflug. »Eine gute Frage«, sagte ich, »wirklich eine gute Frage.«

Butterweich setzten wir auf und rollten zu den Parkplätzen hinüber. Ich stellte den Motor ab. Irgendwie traute ich dem Frieden noch nicht so recht. Es hätte mich nicht gewundert, wenn die Szene sich wieder in Wohlgefallen aufgelöst hätte, aber sie tat es nicht. Die Luft roch salzig, vom Centinela Boulevard drang gedämpfter Verkehrslärm herüber, die Sonne blendete.

Ich half Leslie beim Aussteigen. Es war ein gutes Gefühl, wieder festen Boden unter den Füßen zu haben, und wir umarmten uns bewegt.

»Ist es nicht wunderbar?« flüsterte ich.

Sie nickte mit feuchtglänzenden Augen. Ich hob unser Gepäck aus der Maschine und verriegelte die Haube. Auf dem Parkplatz gegenüber polierte ein Junge eine *Luscombe Silvaire.* Als er uns aussteigen sah, sprang er in den Tankwagen und kam zu uns herübergefahren.

Auf der Brusttasche seiner Lederjacke stand »Dave«. Ich schätzte, daß er im gleichen Alter wie ich war, als ich mir auf diese Weise meine Flugstunden verdient hatte. Unwillkürlich mußte ich schmunzeln. Es war so leicht, mich in ihm wiederzuerkennen. Was hätten wir ihm alles über die vor ihm liegenden Möglichkeiten erzählen können, über die Abenteuer, die in diesem Augenblick auf seine Entscheidung warteten.

»Hallo auch«, begrüßte er uns. »Willkommen in Santa Monica. Auftanken gefällig?«

Wir schauten uns an und lachten bei dem Gedanken, daß wir von nun an wieder Treibstoff verbrauchen würden.

»Gute Idee!« antwortete ich. »War ein langer Flug.«

»Darf man fragen, wo Sie waren?«

Ich warf Leslie einen ratlosen Blick zu, doch sie machte keine Anstalten, mir zu Hilfe zu kommen.

»Oh, hier und da und dort«, erwiderte ich lahm, »vor allem dort.«

Dave schraubte den Tankdeckel ab. »Eine *Seabird* habe

ich noch nie geflogen, aber wie ich höre, kann sie so ziemlich überall landen. Stimmt das?«

»Darauf kannst du dich verlassen, mein Junge«, erwiderte ich. »Diese Maschine bringt dich an jeden Ort, den du dir vorstellen kannst.«

22

»Nun«, begann Leslie, als wir in unserem Mietwagen auf den Zubringer zum Santa Monica Freeway einbogen, »sprechen wir darüber oder nicht?«

»Auf der Tagung?«

»Egal wo.«

»Wir könnten sagen, daß uns auf dem Weg hierher etwas Komisches passiert ist, zum Beispiel, daß uns mitten in der Luft etwas Unbekanntes mehrere Monate lang aufhielt, und zwar in einer anderen Dimension, wo es weder Raum noch Zeit gibt. Wir fanden dort heraus, daß alle Menschen Aspekte voneinander sind, weil es nur ein allem Sein zugrunde liegendes Bewußtsein gibt. Und was unsere Zukunft betrifft, tja, das ist etwas sehr Subjektives. Jedenfalls bestimmen wir alle das Schicksal unserer Welt dadurch mit, daß wir bestimmen, was wir für uns selbst verwirklichen wollen. Vielen Dank für Ihre Aufmerksamkeit. Irgendwelche Fragen?«

Sie lachte. »Kaum beginnen die Menschen die Möglichkeit in Betracht zu ziehen, daß es vielleicht mehr als ein Leben geben könnte, da kommen wir bereits des Weges und sagen: ›Ach was, liebe Leute, nicht *ein* Leben, jeder Mensch hat unendlich viele Leben, die alle gleichzeitig stattfinden‹... Nein, ich glaube, wir lassen es besser. Reden ist Silber, Schweigen ist Gold.«

»Dabei ist die Vorstellung an sich nicht so neu, wie du vielleicht annimmst«, sagte ich. »Einstein hat zum Beispiel gesagt, daß für einen Physiker die Unterscheidung in Vergangenheit, Gegenwart und Zukunft nicht haltbar ist und daß diese Vorstellung von der Zeit leider nur schwer auszumerzen sei.«

»Albert Einstein hat so etwas gesagt?«

»Das ist noch nicht alles! Die Physik kennt noch eine ganze Reihe anderer Phänomene. Licht wird abgelenkt, der Raum ist gekrümmt, Uhren in Raketen gehen langsamer als Uhren zu Hause, Körper, die sich mit Lichtgeschwindigkeit fortbewegen, scheinen stillzustehen. Es ist also beileibe nicht so, als würden wir der Welt eine völlig unbekannte Neuigkeit verkünden. Jeder, der sich mit Quantenphysik beschäftigt hat...«

»Und wie viele Menschen legen sich deiner Ansicht nach abends mit einem Buch über Quantenphysik und einem Blatt Papier für Integralrechnungen auf die Couch?« warf Leslie ein. »Nein, je länger ich darüber nachdenke, desto mehr glaube ich, daß wir nicht darüber sprechen sollten. Außerdem würde man uns wahrscheinlich sowieso nicht glauben. Warum auch? Nur, weil *wir* eine Erfahrung gemacht haben? Ich war dabei und weiß trotzdem nicht genau, was ich davon zu halten habe.«

»Immer noch die alte Skeptikerin, hm?« fragte ich belustigt, aber auch in meinem Herzen nagte der Zweifel, leise zwar, aber er nagte. Was, wenn es nur ein Traum gewesen war? Es kam natürlich nicht oft vor, daß zwei Menschen gleichzeitig exakt den gleichen Traum träumten, aber wenn es dennoch so gewesen wäre? War überhaupt etwas von unserer neugewonnenen Perspektive übriggeblieben?

Waren *wir* das, die beiden dort drüben in der schwarzen Luxuslimousine? Oder die zwei, deren alter Chevrolet qualmend am Straßenrand stand? Und wie sah es mit den beiden frisch Vermählten aus? Ich versuchte mir vorzustellen, daß sie *wir* in anderen Körpern waren, aber es funktionierte nicht. Sie waren uns allesamt fremd, und das, obwohl wir sowohl Armut als auch Reichtum selbst erlebt hatten.

Wir sind einfach nur *wir,* dachte ich, und sonst niemand.

»Bist du gar nicht hungrig?« unterbrach Leslie meine philosophischen Betrachtungen.

»Und ob! Ich fühle mich, als hätte ich seit Monaten nichts mehr gegessen.«

»Hältst du es noch bis zum *Robertson Boulevard* aus?«

»Und du?«

Wir brausten über den Freeway. Leslie kannte den Weg noch aus ihrer Zeit in Hollywood, die, wie sie meinte, noch weiter zurückzuliegen schien als ihr früheres Leben in Frankreich... als sie Le Clerc gewesen war.

Das Restaurant war unverändert, ein vegetarisches Paradies für Nichtraucher, in dem der bewußt essende Mensch mit klassischer Musik verwöhnt wird. Mit den Jahren schien es sich allerdings vom Geheimtip zum gut besuchten Restaurant gemausert zu haben, denn der nächste freie Parkplatz fand sich erst einen ganzen Häuserblock weiter.

»Früher einmal habe ich hier gelebt«, sagte sie beim Aussteigen. »Vor wie vielen Leben? Es kommt mir vor, als seien seither unzählige vergangen.«

»*Vor* wie vielen Leben ist eine falsche Fragestellung«, warf ich ein.

Wir kamen an einem neu eröffneten Medienmarkt vorbei, in dessen Schaufenster ein Turm flimmernder Fernsehgeräte um die Aufmerksamkeit der Passanten buhlte. Jedes Gerät zeigte ein anderes Programm. Leslie blieb so abrupt stehen, daß ich annahm, sie hätte etwas im Wagen vergessen. Wie angewurzelt stand sie davor, der nagende Hunger schien ebenfalls vergessen.

»Alle unsere Leben laufen also gleichzeitig ab, richtig?« fragte sie, in den Anblick der Programme versunken. »Jean Paul Le Clercs Leben, der Weltuntergang, Mashara... alle geschehen gleichzeitig, aber wir verstehen es trotzdem nicht.«

»Hm. Es ist ja auch nicht ganz einfach zu verstehen«,

meinte ich. »Wie wär's, wenn wir jetzt wirklich was essen würden?«

Sie klopfte an die Scheibe. »Schau dir das an.«

Fast auf allen Kanälen liefen alte Spielfilme. Scarlett O'Hara schwor, nie wieder einen Bissen anzurühren, die schöne Kleopatra umgarnte Mark Anton, darunter tanzten Ginger und Fred, rechts davon nahm Bruce Lee blutige Rache, nebenan überlisteten Captain Kirk und der spitzohrige Spok einen Herrscher aus einer anderen Galaxie, zu ihrer Linken warf ein gutaussehender Rittersmann mit magischen Kristallen um sich, die seiner Küche einen strahlend sauberen Glanz verliehen.

»Es passiert alles gleichzeitig«, stellte ich fest.

»Richtig. Vergangenheit und Zukunft hängen also nicht wirklich von unserer Definition der Zeit ab, sondern davon, welchen Kanal wir einschalten. Es hängt davon ab, was wir gerade sehen wollen...«

»Es gibt unzählige Kanäle«, fügte ich hinzu, »aber jedes Gerät kann immer nur einen Kanal gleichzeitig zeigen, weswegen man der Illusion anheimfallen könnte, daß man grundsätzlich nie mehr als ein Programm empfangen kann.«

Leslie deutete auf ein anderes Gerät. »Hier, es gibt eine Weiterentwicklung.«

Tatsächlich, es gab eine High-Tech-Neuheit, ein Gerät, dessen Bildschirm in zwei Fenster unterteilt war. Während in dem einen, größeren Fenster des Bildschirms Spencer Tracy in tiefer Verwirrung über Katharine Hepburn gezeigt wurde, konnte man im kleineren Fenster ein Autorennen verfolgen.

»Aha«, sagte ich, »wir brauchen uns nur weiterzuentwikkeln, dann können wir mehr als ein Leben gleichzeitig anschauen.«

Lachend betraten wir unser früheres Lieblingslokal und setzten uns an unseren angestammten Tisch. Leslie schnappte sich sofort die Speisekarte. »Hmmm, Mungobohnensalat«, schwärmte sie und verdrehte genießerisch die Augen.

»Manche Dinge ändern sich nie«, neckte ich sie.

Leslie nickte zufrieden.

23

Während des Essens rätselten wir, ob unsere Beobachtung im Schaufenster des Medienmarktes zufälliger Natur war oder ob wir auch früher schon Antworten hätten finden können, wenn wir darauf geachtet hätten.

»Natürlich war es kein Zufall«, behauptete ich. »Wenn man nämlich darüber nachdenkt, ist alles im Leben, ja das Leben selbst ein Bild.«

»Alles?«

»Laß uns ein Experiment machen«, schlug ich vor. »Wir haben eine Menge gelernt, richtig? Du nennst mir einen Begriff, und ich sage dir, wofür er steht.« Es klang selbst für meine Ohren reichlich verwegen, wenn nicht gar überheblich.

Sie schaute sich um. An der Wand hing ein Gemälde, eine Meereslandschaft. »Ozean«, sagte sie.

»Ein Ozean besteht aus unzähligen Tropfen...«, begann ich, ohne lange nachdenken zu müssen. Das Bild in meiner Vorstellung war so klar, wie die Ideen in Atkins Kristall es gewesen waren. »...Tropfen, die sich von Sekunde zu Sekunde verändern, verdunsten, kondensieren. Jeder Tropfen ist ein Teil des Ozeans. Ohne den Ozean können die Tropfen nicht existieren. Ohne die Tropfen gibt es keinen Ozean. Man kann einen Tropfen nicht von einem anderen unterscheiden. Es gibt keine Abgrenzung, keine Unterteilung in einzelne Tropfen, es sei denn, jemand macht sich die Mühe und erfindet eine.«

»Das ist fabelhaft!« rief sie, »wirklich gut! Jetzt bin ich dran.«

Ich schaute auf meine Platzdecke, einen Miniaturstadtplan von Los Angeles. »Straßen«, sagte ich, und Leslie schloß die Augen.

»Straßen verbinden Orte miteinander«, sagte sie gedehnt. »Jeder Fahrer kann sich seine eigene Route heraussuchen, um an ein bestimmtes Ziel zu gelangen, er kann der Straße bis zum Horizont und darüber hinaus folgen oder aber immer nur eine bestimmte Strecke fahren. Er kann den Wagen aber auch stehenlassen und nirgendwohin fahren.«

Sie dachte ein wenig über das Bild nach. »Er kann vorsichtig fahren oder rücksichtslos, einen Sportwagen oder einen Lkw, er kann sein Auto pflegen oder verkommen lassen. Er kann sich mit Hilfe einer Karte orientieren, um möglichst schnell an ein bestimmtes Ziel zu gelangen, oder dorthin fahren, wohin es ihn je nach Lust und Laune treibt. Jede Straße, für die er sich entscheiden wird, existiert bereits, und auch nachdem er darauf gefahren ist, wird sie weiterexistieren. Wenn er sich für eine Route entscheidet, wird er ein Teil dieser Route. Er entscheidet lediglich jeden Morgen neu, wohin er an diesem Tag fahren will.«

»He, das ist ja perfekt«, rief ich nun meinerseits begeistert, und Leslie lächelte nachdenklich.

»Ich frage mich, ob wir eben etwas Neues entdeckt haben oder ob wir auf etwas gestoßen sind, was schon lange darauf wartete, von uns entdeckt zu werden.« Sie ließ mir keine Zeit, darüber nachzudenken. »Du bist dran«, meinte sie. »Versuchen wir es mit *Arithmetik.*«

Es funktionierte nicht mit jedem Begriff, aber mit erstaunlich vielen. Computersoftware, Spielfilm, Einzelhandel, Bowling, Fliegen, Gärtnern, Maschinenbau, Kunst, Erziehung, Segeln... Hinter jedem Begriff entdeckten wir eine Metapher für die Funktionsweise des Universums.

»Leslie, hast du nicht auch das Gefühl als... Sind wir noch dieselben Menschen wie vor kurzem?«

»Ich glaube nicht«, entgegnete sie. »Wenn wir nach allem, was wir gelernt haben, immer noch dieselben wären...« Sie schaute mich fragend an. »...aber das meinst du gar nicht, oder?«

»Nein«, flüsterte ich. »Schau dir die Menschen hier an.«

Sie schaute sich unauffällig um. »Meinst du, es wird sich auflösen?« fragte sie. »Aber...«

»Sind sie dir wirklich fremd?« bohrte ich weiter, »oder hast du nicht vielmehr das Gefühl, sie alle zu kennen?«

Am Nebentisch saß eine Vietnamesin, dankbar für die Möglichkeit eines Neuanfangs in dem freundlich-grausamen, verhaßten Amerika, stolz auf ihre beiden Töchter, die in der Schule zu den Besten zählten. Wir verstanden ihren inneren Zwiespalt und waren mit ihr stolz darauf, daß sie es geschafft hatte, die Hoffnung nicht aufzugeben.

Am Tisch gegenüber lärmten vier Jugendliche. Sie lachten und schlugen sich gegenseitig bewundernd auf die Schultern. Für sie existierte keine andere Welt außer der ihren. Aus Gründen, die ihnen nicht bewußt waren, buhlten sie um Aufmerksamkeit, und allzu deutlich erstand in uns die Erinnerung an unsere eigenen schmerzvoll intensiven Jahre des Heranwachsens, die uns mit Verständnis und Liebe erfüllte.

An einem anderen Tisch brütete ein junger Mann über einem Stapel von Büchern. Womöglich paukte er für eine Abschlußprüfung. Auch für ihn gab es keine andere Welt außer der seinen, außer der Buchseite vor seiner Nase und den Grafiken, die er mit seinem Bleistift nachzeichnete, wissend, daß er sie nach dieser Prüfung vermutlich nie wieder brauchen würde. Aber er – und wir – wußten, daß das Verständnis dieser Grafiken ein Schritt auf dem Weg zu einem umfassenderen Verständnis bedeutete.

Ein älteres Ehepaar, beide weißhaarig, flüsterte an einem anderen Tisch miteinander. Sie waren in ihre Erinnerungen an ein erfülltes Leben vertieft, zufrieden, weil sie versucht hatten, aus allem das Beste zu machen und ihr Bestes zu geben. Vor ihnen – wie vor uns – lagen so viele Möglichkeiten...

»Ein eigenartiges Gefühl«, sagte ich.

»Ist es dir früher auch schon einmal so ergangen?« fragte Leslie.

»Ich glaube nicht«, erwiderte ich. Bei meinen außerkörperlichen Erfahrungen hatte ich zwar ein Gefühl kosmischer Einheit erlebt, aber noch nie hatte ich dieses Gefühl im Wachzustand erlebt. Noch dazu in einem Restaurant und bezogen auf meine Mitmenschen! Aber lagen nicht, verschüttet unter den vielen Unterschieden, die uns zu trennen schienen, subtilste, weit zurückreichende Verbindungen zu allen?

EinsSein, hatte Pye gesagt. Es ist schwer, zu kritisieren oder zu verurteilen, wenn es um einen selbst geht, dachte ich, aber wenn man die entscheidenden Dinge einmal begriffen hatte, erübrigte sich jegliche Kritik.

EinsSein. Diese Jugendlichen waren keine Fremden: Wir sahen uns in ihnen, in ihrer Abenteuerlust und ihrem Drang, Neues zu erfahren.

EinsSein. Und all die anderen Menschen in dieser Stadt, waren wir auch eins mit ihnen? Das auf Entdeckung hoffende Talent, der Megastar, der Drogenhändler, der Polizist, der Rechtsanwalt, der Terrorist, der Studiomusiker?

Dieses subtile Verständnis blieb uns während der ganzen Unterhaltung erhalten, und ich begriff plötzlich, daß es nicht das Wissen ist, das kommt und geht... entscheidend ist vielmehr, ob wir dieses Wissen wahrnehmen. Was wir wahrnehmen, wird bestimmt von unserem Bewußtsein, und wenn wir lernen, es anzuheben, wie verändert sich dann unser Blickwinkel! Wir entdecken, daß wir Reflektionen, Spiegelbilder voneinander sind.

»Ich glaube fast, wir haben uns mehr verändert, als wir bisher annahmen«, meinte Leslie.

»Und ich habe das Gefühl, als würde unsere Lore ständig

über neue Weichen hinwegdonnern, und während wir darüber rollen, können wir zusehen, wie sie verstellt werden. Aber wohin geht die Reise?«

Wir fanden kein Ende. Ganz allmählich senkte sich die Dämmerung über die Stadt, und als wir endlich aufbrachen, war es draußen stockdunkel.

Arm in Arm spazierten wir zu unserem Wagen zurück. Ein Junge überholte uns auf seinem Skateboard, das er beherrschte wie ein Tänzer seinen Körper, ein engumschlungenes junges Pärchen kam uns entgegen. Wir waren alle unterwegs. Vor uns lagen die Entscheidungen dieser Minute, dieses Abends, dieses Lebens.

24

Um acht Uhr fünfundvierzig am nächsten Morgen folgten wir einer Auffahrtsallee hügelan bis zu den Parkplätzen vor dem Gebäude, in dem die Konferenz stattfinden sollte. Der Duft blühender Narzissen, Tulpen und Hyazinthen erfüllte die Luft und machte dem Namen *Spring Hill* alle Ehre.

Das Gebäude hatte zum Meer hin einen freitragenden Anbau. Hier waren wir in einem weitläufigen Saal untergebracht, durch dessen Panoramafenster das glitzernde Meer die Sonne in brillanten Mustern an die Decke reflektierte. Zur Ausstattung gehörten zwei bogenförmig angeordnete Stuhlreihen, ein Rednerpult, ein Mikrophon und drei Tafeln. Das war alles.

Wir sahen uns um. Auf einem kleinen Tischchen am Eingang lagen in einer Schachtel nurmehr unsere Namensschilder, Informationsbroschüren, Blöcke und Stifte. Wir waren somit die letzten von über fünfzig Teilnehmern, die aus allen Teilen des Landes zu diesem Treffen angereist waren. Die anderen hatten bereits ihre Plätze eingenommen oder standen in kleinen Grüppchen beieinander, als ein untersetzter, älterer Herr mit graumelierten Haaren ans Rednerpult trat.

»Ich darf Sie willkommen heißen«, rief er mit lauter Stimme ins Mikrophon, um die Gespräche im Saal zu übertönen, »es sieht so aus, als wären wir jetzt vollzählig.«

Er wartete, bis das Hüsteln und Stühlerücken aufhörte und Ruhe eingekehrt war. Wir befestigten in aller Eile unsere Namensschilder an unseren Kleidern und warfen einen neugierigen Blick auf unseren Gastgeber. Das Blut gefror uns in den Adern; der Saal schien vor unseren Augen zu verschwimmen.

»Richie, es ist...«

Der Mann nahm ein Stück Kreide zur Hand und ging zur mittleren Tafel hinüber.

»Hat jemand vergessen, das Thema seines Vortrags an die Tafel zu schreiben? Natürlich, die Bachs! Sie sind gerade erst eingetroffen, wie lautet Ihr Thema?«

»ATKIN!« entfuhr es mir.

»Nennen Sie mich Harry«, sagte er. »Wie lautet also Ihr Thema?«

Wir hatten das Gefühl, wieder im Muster gelandet zu sein – in einem Seitenflügel der Ideenfabrik. Waren wir möglicherweise nicht in *unserem* Los Angeles gelandet, sondern in einer Parallelwelt? Was hatten wir diesmal übersehen?

»Kein Thema«, hörte ich mich schwach sagen, »wir halten keinen Vortrag...«

Neugierig drehten sich die anderen nach uns um. Ihre Gesichter waren uns auf den ersten Blick fremd, aber auf den zweiten Blick...

Leslie knuffte mich unauffällig in die Rippen. »Eigentlich kann es ja nicht sein«, flüsterte sie. »Hältst du es für einen Zufall?«

Ein gewisser Harry Atkin hatte uns mit einem Anschreiben zu diesem Treffen eingeladen... *Natürlich,* das erklärte alles! Wir kannten seinen Namen, als wir losflogen. Aber dummerweise hieß er nicht nur Atkin, er sah auch wie Atkin aus!

»Noch jemand?« fragte er weiter. »In der ersten Vortragsrunde hat jeder fünfzehn Minuten Zeit, um sein Thema zu erörtern. Sechs Vorträge sind angesetzt. Danach gibt es eine Viertelstunde Pause, dann weitere sechs Themen und eine Stunde Mittagspause. Noch irgendwelche Themen?«

In der Reihe vor uns meldete sich eine Frau.

Atkin nickte erwartungsvoll. »Marsha?«

»Ist künstliche Intelligenz künstlich? Eine neue Definition des Begriffs Humanität.«

Atkin schrieb das Thema mit großen, steilen Buchstaben auf die mittlere Tafel, ans Ende einer Liste von insgesamt zehn Themen. »MARSHA BAN... ER... JEE«, wiederholte er laut, während er ihren Namen dahintersetzte.

Leslie neigte sich zu mir herüber. »Eine neue Definition des Begriffs Humanität?« flüsterte sie. »Klingt das nicht wie...«

»Ja, aber Marsha Banerjee ist eine *Kapazität*«, gab ich ebenfalls im Flüsterton zurück, »sie ist einer der ganz großen Namen, was die Erforschung künstlicher Intelligenz betrifft! Schon seit Jahren veröffentlicht sie...«

»Ich glaube fast, daß wir den Zufall heute ein wenig überstrapazieren, findest du nicht auch?« wisperte Leslie hinter vorgehaltener Hand. »Schau dir die anderen Themen an, dann weißt du Bescheid.«

Harry Atkin überflog einen Zettel in seiner Hand. »Der Ausschuß hat mich gebeten, das Anliegen von Spring Hill kurz zu erläutern. Es handelt sich um eine Begegnung von sechzig der ungewöhnlichsten Köpfe, die es derzeit in den verschiedenen Wissenschaftsbereichen gibt.« Er unterbrach sich mit einem sympathischen Lächeln. Es war dasselbe Lächeln! »Die Liste der sechzig *intelligentesten* Köpfe«, fuhr er fort, »läse sich wahrscheinlich anders...«

Allgemeines Gelächter.

Atkin war der erste Referent. Sein Thema lautete:

STRUKTUR UND ANWENDUNG VON IDEEN.

Leslie und ich schauten uns vielsagend an.

»Sie wurden eingeladen«, nahm Harry unterdessen seine Einleitung wieder auf, »weil der Ausschuß festgestellt hat, daß Sie sich mit Vorliebe in den Randgebieten der Wissenschaft aufhalten. Spring Hill wurde ins Leben gerufen, um Sie miteinander bekannt zu machen...«

Wir hörten nur mit halbem Ohr zu, denn die Themen an der Tafel fesselten unsere Aufmerksamkeit.

- *Zukunft ohne Grenzen: Der Aufstieg der elektronischen Mediennation*
- *Experimente in der Physik von Gedankenpartikeln*
- *Was tut ein netter Mensch wie Sie in einer Welt wie dieser?*
- *Steuerpolitik oder wie man den Willen des Volkes erkennt*
- *Was wäre wenn: vor-gelebte Entscheidungen*
- *Die Rolle supraleitfähiger Computer der Spitzentechnologie im ökologischen Wiederaufbau*
- *Individuelle Sinnfindung: Eine Therapie gegen Armut und Gewalt*
- *Wege zur Wahrheit: Wo Wissenschaft und Religion sich begegnen*
- *Der Zerstörer als Forscher: Neue Aufgaben für das Militär*
- *Die Vergangenheit verändern heißt die Zukunft kennen*
- *Wahlverwandtschaften: Die Familie im einundzwanzigsten Jahrhundert*
- *Zufall: Der Humor des Universums?*

»...möchte ich Sie alle dazu ermutigen«, sagte Atkin abschließend, »während der Diskussion auf den beiden äußeren Tafeln Ihre Ideen zu Forschungszweigen und alle Anregungen festzuhalten, zu denen der Vortragende Sie inspiriert. Wenn die Tafeln voll sind, wischen Sie die oberste Idee einfach fort und ersetzen sie durch Ihre eigene, dann die zweite und so weiter...«

- *Ist sterben notwendig?*
- *Homo agapens: Der neue Mensch*
- *Das Lernverhalten von Delphinen*

– *Kreative Alternativen für eine Welt ohne Krieg*
– *Gibt es Parallelwelten? Mögliche Beispiele*

»Richie, hast du das gesehen? Sieh dir das letzte Thema an!«

Atkin stellte die Stoppuhr auf fünfzehn Minuten ein. »Eine Viertelstunde vergeht wie im Flug, meine Damen und Herren ...«

Ich war sprachlos vor Erstaunen. Gab es außer uns tatsächlich noch jemanden, der ebenfalls Erfahrungen im Muster gemacht hatte? Der Gedanke an eine solche Möglichkeit war uns noch gar nicht gekommen!

»... und daher ist es erforderlich, daß Sie Ihre Arbeit und die daraus gewonnenen Erkenntnisse so präzise wie möglich umreißen«, hörten wir Atkin sagen, »und natürlich interessiert uns auch, was Sie als nächstes planen. Während der Pausen haben Sie die Gelegenheit, Detailfragen zu erörtern oder Begegnungen außerhalb des Symposiums zu arrangieren. Sobald der Summton ertönt, muß ich Sie jedoch bitten, Ihren Vortrag sofort abzubrechen, weil nach Ihnen jemand anders sprechen wird, der ebenso einmalig und faszinierend ist wie Sie. Noch Fragen?«

Die Atmosphäre war spannungsgeladen, man konnte es in den Köpfen förmlich rumoren hören.

Atkin schaute auf die Uhr. »Wir beginnen in einer Minute, zur vollen Stunde. Alle Vorträge und Diskussionen werden übrigens mitgeschnitten. Ich darf wiederholen, die Mittagspause beginnt um Viertel nach zwölf, das Abendessen ist von fünf bis sechs anberaumt. Gegessen wird im Raum gleich nebenan. Danach geht es weiter bis einundzwanzig Uhr fünfzehn. Morgen beginnen wir um acht Uhr fünfundvierzig. Ich bitte Sie, weitere Fragen aufzuheben, denn ich bin der erste Vortragende.«

Als der Zeiger auf die volle Stunde rückte, drückte er auf die Stoppuhr.

»Fangen wir also an. Ideen sind keine Gedanken, es sind

geordnete Strukturen. Wenn Sie lernen, die Struktur einer Idee zu erkennen, wird sich die Qualität Ihres Denkens enorm verbessern. Sie glauben mir nicht? Nehmen wir Ihre letzte, nein, besser, Ihre beste Idee. Schließen Sie nun die Augen, und halten Sie die Idee in Gedanken fest...«

Ich schloß meine Augen und dachte an unsere letzte Lektion, in der wir gelernt hatten, daß alle Menschen Aspekte voneinander sind.

»Betrachten Sie diese Idee. Heben Sie die Hand, wenn Sie der Meinung sind, daß Ihre Idee aus Worten besteht.« Pause. »Metall?« Pause. »Leerer Raum?« Pause. »Kristall?«

Ich hob meine Hand.

»Sie können die Augen wieder öffnen.«

Zu meinem Erstaunen hatten nicht nur Leslie und ich die Hand gehoben, sondern mit uns auch alle anderen Teilnehmer. Überraschtes Gemurmel, Lachen, laute Ahs und Ohs ertönten.

»Wir haben es nicht zufällig mit Kristall zu tun, und auch die Struktur, die Sie vielleicht erkennen konnten, hat ihren Grund«, sagte Atkin. »Jede erfolgreiche Idee gehorcht den drei grundlegenden Gesetzen des Engineering. Wenn Sie eine Idee anhand dieser drei Gesetze analysieren, wissen Sie, ob sie funktioniert oder nicht.«

Gespanntes Schweigen.

»Als erstes das Gesetz der Symmetrie. Schließen Sie Ihre Augen, und überprüfen Sie die Form Ihrer Idee.«

Noch während Atkin sprach, erhob sich einer der Teilnehmer und ging zur linken Außentafel hinüber. In energischen Buchstaben schrieb er »DESIGN UND KODIERUNG VON IDEEN ZUR WORTFREIEN VERSTÄNDIGUNG VON COMPUTER ZU COMPUTER.«

Natürlich, dachte ich. Worte sind – beispielsweise im Vergleich zu telepathischer Verständigung – ein grobes, unvollkommenes Hilfsmittel. Wie oft hatten wir gerade in Gesprächen mit Pye die Grenzen der Sprache erfahren.

»Wie wäre es mit Geist zu Geist anstelle von Computer zu Computer?« flüsterte Leslie, während sie sich gleichzeitig Notizen machte. »Eines Tages wird sich die Sprache als direktes Kommunikationsmittel erübrigen.«

»...und die vierte Komponente einer funktionierenden Idee heißt Charme«, sagte Atkin eben. »Möglicherweise ist sie sogar die wichtigste aller genannten. Der Maßstab dafür...« Der Summton ertönte und löste enttäuschtes Gemurmel unter den Anwesenden aus.

Atkin stellte die Zeit neu ein und nahm Platz. Ein junger Mann eilte nach vorn.

»Die fortschreitende internationale Vernetzung durch elektronische Medien verbindet schon jetzt weltweit Menschen mit den gleichen Vorstellungen und Ideen... Danke, Harry Atkin, für die treffende Einführung. Diese elektronische Mediennation umgibt uns wie ein unsichtbares Netzwerk, und ihre Bürger, Amerikaner, Spanier, Japaner, Letten, verbindet etwas, das stärker ist als kulturelle Unterschiede und geographische Grenzen...«

Der Vormittag verging wie im Flug. Hatten wir uns bis vor kurzem noch allein mit unseren seltsamen Gedanken gewähnt, so verspürten wir nun eine große Erleichterung, denn wie wir feststellen konnten, befanden wir uns in bester Gesellschaft.

»Die gute Tink!« meinte Leslie. »Sie würde sich hier wie zu Hause fühlen!«

»Was glaubst du wohl, wo die Idee für Spring Hill herkommt?« flüsterte ich zurück.

»Wie meinst du das? Sagte sie nicht, sie wäre *unsere* Ideenfee, auf einer anderen Ebene *unseres* Bewußtseins?«

Ich faßte ihre Hand. »Und wo, glaubst du, hört unser Bewußtsein auf, und wo fängt das Bewußtsein der anderen Menschen in diesem Raum an?«

Wo beginnt der Geist, wo hört er auf? Wo beginnt Liebe, wo hört sie auf? Wo Intelligenz, wo Neugierde? Wie oft schon haben wir uns gewünscht, mehrere Körper gleichzeitig zu besitzen, um dahin und dorthin gehen und gleichzeitig hierbleiben zu können? Um in aller Beschaulichkeit ein Leben am Busen der Natur führen zu können, um den Frieden und die Ruhe eines Sonnenaufganges ungestört genießen zu können? Um ohne Angst die Nähe wilder Tiere erleben zu können? Kurz, um *mit* der Natur und nicht gegen sie leben zu können – während ein anderes Ich sich in den Rummel der Großstadt stürzt? Wie oft möchten wir einerseits Freunde besuchen und uns andererseits allein in eine Einsiedelei zurückziehen, Brücken bauen und Rückzugsstätten schaffen, alle Sprachen sprechen, alles lernen, verstehen und anwenden, was uns interessiert, arbeiten und gleichzeitig nichts tun...

»...und entwickeln eine Loyalität untereinander, die stärker ist als die ihren eigenen Landsleuten gegenüber. Und dies, ohne sich je persönlich begegnet zu sein oder auch nur damit rechnen zu können, sich kennenzulernen. Sie respektieren sich aufgrund der Qualität ihrer Gedanken, ihres Charakters...«

»Alle diese Leute«, flüsterte Leslie, »sind *wir* in anderen Körpern. Sie wollen fliegen, wir haben es für sie getan. Wir wollen mit Delphinen reden, sie haben es für uns getan. Wir interessieren uns für die elektronische Nation, sie haben sich damit beschäftigt. Menschen mit denselben Interessen sind sich nicht fremd, auch wenn sie sich nie begegnet sind.«

Wieder ertönte der Summer.

»...und denselben Wertvorstellungen sind sich nicht fremd«, sagte der junge Mann abschließend, »auch wenn sie sich nie begegnen.«

Wir schauten uns an. Es wurde heftig applaudiert, und schon ging es weiter. Eine junge Frau trat ans Rednerpult.

»Die elementarsten Teilchen der Materie sind nichts anderes als reine Energie«, begann sie, »und, wenn Sie so wollen, die Elementarteilchen der Energie sind Gedanken. Wir haben eine Vielzahl von Experimenten durchgeführt, deren Ergebnisse die Schlußfolgerung zulassen, daß die uns umgebende, physische Welt im wahrsten Sinn des Wortes eine Schöpfung unserer Gedankenenergie ist. Stark vereinfacht formuliert, handelt es sich um zu Materie verdichtete Gedanken. Wir haben ein Kleinstteilchen entdeckt, das wir *Imajon* nennen...«

Unsere Notizbücher füllten sich schnell. Jedes Summen am Ende der angesetzten Redezeit wurde gleichzeitig mit Unwillen und Spannung quittiert. Es gab noch so unendlich viel zu lernen.

War es wirklich möglich, daß wir, daß alle in diesem Raum ein und dieselbe Person waren?

Ich spürte Leslies Blick und sah sie fragend an.

»Ich glaube, wir haben doch ein Thema«, flüsterte sie mir zu. »Meinst du nicht auch, daß wir es uns nie verzeihen würden, wenn wir es für uns behielten? Wo sollten wir sonst darüber sprechen, wenn nicht hier?«

Ich nickte lächelnd.

»...und auf solcher Vielfalt beruht diese bemerkenswerte Einheit«, sagte die Rednerin eben. »Haben wir nicht alle schon oft festgestellt, daß wir genau das vorfinden, was wir uns vorstellen?«

Ich stand auf, ging zur mittleren Tafel und setzte das Thema unseres Vortrags ans Ende der Liste.

EinsSein.

Wieder an meinen Platz zurückgekehrt, nahm ich Leslies Hand in meine. Das Abenteuer hatte gerade erst begonnen.